Kunsttheorie und Kunstgeschichte
des 19. Jahrhunderts in Deutschland

Band 3

Kunsttheorie und Kunstgeschichte des 19. Jahrhunderts in Deutschland

Texte und Dokumente

Band 3

Herausgegeben von
Wolfgang Beyrodt, Ulrich Bischoff
Werner Busch und Harold Hammer-Schenk

PHILIPP RECLAM JUN. STUTTGART

Skulptur und Plastik

Mit 21 Abbildungen

Herausgegeben von
Ulrich Bischoff

PHILIPP RECLAM JUN. STUTTGART

Universal-Bibliothek Nr. 8043 [4]

Gesamtherstellung: Reclam, Ditzingen. Printed in Germany 1985
ISBN 3-15-008043-6

Vorwort

Eine Quellensammlung zur deutschen Kunst, Kunsttheorie und Kunstgeschichte des 19. Jahrhunderts bedarf einer gewissen Rechtfertigung. Das zur Verfügung stehende Material ist nahezu unerschöpflich und häufig genug kaum exakt zu klassifizieren. Nachdem sich im Laufe des 18. Jahrhunderts eine auch und gerade über Kunst räsonierende Öffentlichkeit herausgebildet hatte, sah sich das 19. Jahrhundert einer Vielfalt von Formen gegenüber, in denen über Kunst geschrieben wurde. Da spätestens seit Diderot auch das Laienurteil als notwendig und berechtigt galt, schwand die einst so klare Einteilung einerseits in Künstler, die sich zur Kunst äußerten, und andererseits in Historiographen und gelehrte Kunsttheoretiker, die sich, bei allen Unterschieden im Detail, einer gemeinsamen klassizistisch-idealistischen kunsttheoretischen Basis verbunden sahen. Kunsttheorie für die bildende Kunst wurde seit der Mitte des 18. Jahrhunderts von einer allgemeinen Ästhetik überlagert, der normative Anspruch klassischer Lehre in Frage gestellt und damit beispielsweise auch die Berechtigung geläufiger Gattungsdefinitionen. Der Kunstbegriff selbst wurde fragwürdig, man vermeinte, seiner in der Historisierung wieder habhaft werden zu können. Die Einsicht in die historische Relativität des Schönheitbegriffes führte zu der nicht wieder auflösbaren Spannung zwischen weiterhin erhobenem absoluten Anspruch an die Kunst und der historisch erfahrenen Unmöglichkeit der Einlösung dieses Anspruches in der Kunstpraxis. Ideal und Realität waren auch durch die vermeintliche Autonomisierung der Kunst nicht mehr zu versöhnen.

Die vorliegende Quellensammlung soll einen Überblick über die Entwicklung der deutschen Kunst und Kunstkritik im 19. Jahrhundert geben. Werner Busch richtet in seiner Auswahl von Texten zur Kunsttheorie und Malerei (Bd. 1) das

Hauptaugenmerk darauf, die im gesamten 19. Jahrhundert in Deutschland vorhandene idealistische Basis des Kunstbegriffes deutlich werden zu lassen. Harold Hammer-Schenk und Ulrich Bischoff dokumentieren für die Gebiete der Architektur bzw. der Skulptur und Plastik (Bd. 2 und 3) anhand zahlreicher Beispiele die Vielfalt der zum Teil gänzlich neu entstehenden Gattungen, Stile und Aufgaben. Der Abschnitt mit den von Wolfgang Beyrodt zusammengestellten Quellen zur Entwicklung der Kunstgeschichte (Bd. 1) reflektiert in der Geschichte dieser Disziplin die Bedingungen, unter denen über Kunst geurteilt wurde; insofern fungiert er als verbindendes Element zwischen dem mehr theorieorientierten ersten Beitrag und den folgenden, die sich vornehmlich mit der Kunstpraxis befassen.
Verwandte Quellensammlungen zur deutschen Kunst und Kunstgeschichte des 19. Jahrhunderts gibt es nicht. Im englischsprachigen Raum sind vor allem zwei Textzusammenstellungen zu nennen, die eine gute Ergänzung zu der hier vorgelegten Auswahl bilden: Elizabeth G. Holts »A Documentary History of Art«, deren 3. Band sich mit dem 19. Jahrhundert beschäftigt,[1] und die vier Bände von Lorenz Eitner[2] bzw. Linda Nochlin[3] aus Horst W. Jansons Reihe »Sources and Documents«. Für die besondere Entwicklung in Deutschland sagen diese Bände wenig aus, sie stellen jedoch den gesamteuropäischen Kontext her. – Für die Architektur ist auf einzelne Bände der Reihe »Bauwelt Fundamente« hinzuweisen, die allerdings wesentlich spezialisierter ausgerichtet sind. Fritz Schumachers »Lesebuch für Baumeister«[4] ist für einen engeren Kreis von Architekten gedacht; seine Textauswahl bestimmen sehr weitgespannte, um nicht zu sagen verwirrende Interessen. – In Nikolaus Pevsners »Architectural Writers«[5] liegt das Schwergewicht auf englischsprachigen Theoretikern, wenngleich auch der eine oder andere deutsche oder französische Architekt zu Wort kommt. Pevsners Sammlung hebt sich von allen anderen dadurch ab, daß die Quellen in nur kurzen Passagen, eher als Zitate, in eine Gesamtdarstellung einbe-

zogen sind; das Ergebnis ist gewissermaßen eine Literaturgeschichte der Architekturschriftstellerei des 19. Jahrhunderts.
Die vorliegenden Texte haben einführenden Charakter; sie wenden sich vor allem an Kunstgeschichtsstudenten und an Schüler der gymnasialen Oberstufe sowie an Leser mit Interesse für interdisziplinäre Zusammenhänge. Im Hinblick darauf sind die Quellenkommentare als Interpretationshinweise, nicht etwa als spezialisierte historische Einordnungen verfaßt. Die klassische Trennung in die Bereiche Malerei, Architektur sowie Skulptur und Plastik wurde beibehalten, um die unterschiedliche Gewichtung der Aufgaben ebenso deutlich werden zu lassen wie deren unterschiedlichen historischen Stellenwert.

Anmerkungen

1 Elizabeth G. Holt, *A Documentary History of Art*, Bd. 3: *From the Classicists to the Impressionists*, London / New York 1966.
2 Lorenz Eitner, *Neoclassicism and Romanticism 1750–1850*, Bd. 1: *Enlightenment / Revolution*, Bd. 2: *Restoration / Twilight of Humanism*, Englewood Cliffs (N. J.) 1970.
3 Linda Nochlin, *Realism and Tradition in Art 1848–1900*, Englewood Cliffs (N. J.) 1966; Linda Nochlin, *Impressionism and Post-Impressionism, 1874–1904*, Englewood Cliffs (N. J.) 1966.
4 Fritz Schumacher, *Lesebuch für Baumeister*, Berlin 1947, Nachdr. Braunschweig 1977 (Bauwelt Fundamente, Bd. 49).
5 Nikolaus Pevsner, *Some Architectural Writers of the 19. Century*, Oxford 1972.

Einleitung

In Skulptur und Plastik, dem Mittelbereich zwischen den weniger materialaufwendigen Disziplinen Graphik und Malerei einerseits und der äußerst kostspieligen Baukunst andererseits, ist der Bildhauer den gegensätzlichen Grundbedingungen künstlerischer Arbeit in besonderer Weise ausgesetzt: der Abhängigkeit vom Auftrag, dem Willen des Auftraggebers – man arbeitet keine Marmorskulptur nur für den freien Markt – und der Freiheit des Gestaltens mit Entwürfen und Modellen. Dieses Spannungsfeld wird aus nicht wenigen Texten der folgenden Auswahl sehr deutlich.

Anders als in Malerei und Architektur gibt es in der Bildhauerei des 19. Jahrhunderts ein zentrales Thema: das öffentliche Denkmal. Obwohl seine Zuordnung zur Gattung Skulptur und Plastik korrekt ist, wird damit der spezifischen Bedeutung des neuen Typus nicht angemessen entsprochen: Diese Aufgabe wird zum zentralen Arbeitsgebiet des Bildhauers im 19. Jahrhundert und verändert schließlich die Gattungsgrenzen. Fast ganz auf Gegenstände der profanen Geschichte fixiert, löst das öffentliche Denkmal solcherart das bisher vorherrschende, auf die christliche Heilsgeschichte bezogene Monument ab. Sein Appell an ein Publikum trägt den veränderten sozialen Verhältnissen Rechnung. Es wendet sich an eine erst durch die entstehende bürgerliche Gesellschaft ermöglichte Öffentlichkeit. Schließlich gehört die Argumentation mit künstlerischen Mitteln nun zum Charakteristikum eines Denkmals. So handelt es sich bei der Mehrzahl der Texte um Quellen, die unmittelbar über Denkmäler und Denkmalprojekte Aufschluß geben.

Die Auswahl richtete sich einerseits nach der Bedeutung und Funktion, die ein bestimmter Typus im 19. Jahrhundert gehabt hat (das frühe bürgerliche Denkmal, das Feldherrnstandbild, Reiterdenkmal, Königsdenkmal, die Denkmäler für »Geistesheroen«, Nationaldenkmäler, Kaiser- und Bismarck-Denkmäler, schließlich die Rückkehr zum dynastischen Denkmal in der »Siegesallee«). Andererseits sind mit wenigen kurzen Quellentexten die historisch wichtigsten Einzelbeispiele berücksichtigt. In Fällen, in denen eine knappe Dokumentation nicht möglich war oder die neuere Literatur ausführliches Quellenmaterial zur Verfügung stellt, wie z. B. für das Reiterdenkmal Friedrichs II. von Preußen,[1] wurde selbst auf Ausschnitte verzichtet.

Neben diesem exemplarischen Überblick über Skulptur und Plastik im 19. Jahrhundert soll zugleich aber eine allgemeine Entwicklungslinie erkennbar werden, weshalb übrigens die Abfolge der Texte auch ein chronologisches Prinzip wahrt. Steht der Anfang des Jahrhunderts noch ganz im Zeichen des aufklärerischen Bürgertums, das darum ringt, gesellschaftliche Anerkennung zu bekommen und das deshalb wie in England öffentliche Denkmäler für verdienstvolle Bürger fordert, so mit dem Begriff ›öffentliche Kunst‹ der Kunst eine bildende Funktion zuweisend, so läßt sich die Rede Kaiser Wilhelms II. von 1901 deutlich als Forderung nach einer staatstreuen Propagandakunst lesen. Diese historische Dimension korrespondiert mit der unterschiedlichen Herkunft der Texte: Neben theoretischen Erörterungen über die Funktion von Denkmälern stehen Debatten über Denkmalausschreibungen. Neben Aufrufen bürgerlicher Vereine für die Ehrung eines »Geisteshero« stehen Beschreibungen von Einweihungsfeierlichkeiten als Ausdruck der staatspolitischen Funktion eines Denkmals. Die Quellen dokumentieren, wie sehr die Kunst des Bildhauers im 19. Jahrhundert ins Blickfeld öffentlicher Diskussion rückte und damit Gegenstand auch politischer Auseinandersetzung wurde.

Die Idee des öffentlichen Denkmals

Der Schweizer Philosoph und Ästhetiker Johann Georg Sulzer verfaßte in seinem Hauptwerk »Allgemeine Theorie der schönen Künste« (1771–74) den für die Bildhauerei des 19. Jahrhunderts äußerst einflußreichen Artikel »Denkmal«. Nicht nur die Übernahme in viele andere Lexika, z. B. in die »Oeconomische Encyclopedie« von Johann Georg Krünitz, 1776, beweist den Einfluß dieses Artikels. Es sind vor allem die frühen Denkmäler des 19. Jahrhunderts selbst, die anschaulich davon Zeugnis ablegen, daß Sulzers Formulierung eines »bürgerlichen Denkmals« aufgegriffen und in die Tat umgesetzt worden ist.

Grundgedanke der Sulzerschen Konzeption ist die Verbindung von Kunst und Moral, der von der Aufklärung emphatisch verkündete Bildungsauftrag der Kunst. Das Vorbild für die eigene Lebensform und damit auch für die richtige Verwendung von Skulptur und Plastik als Kunstzweig ist für Sulzer wie für seine bürgerlichen Zeitgenossen die Antike. In der attischen Polis sah das aufgeklärte Bürgertum des späten 18. und frühen 19. Jahrhunderts eine Lebensform verwirklicht, in der Autonomie des einzelnen Subjektes und demokratische Kollektivität des ganzen Volkes zusammenfielen. Für Sulzer wurde das Verdienst des einzelnen in der Öffentlichkeit dergestalt nutzbar gemacht, daß man es durch ein Denkmal vor dem Vergessenwerden bewahrte und so gleichzeitig der Allgemeinheit zur Nacheiferung empfahl. Bei der großen Bedeutung, die Sulzer dem Denkmal zumaß, scheint es selbstverständlich, daß er für die Ausführung und den Entwurf eines Denkmals nur die besten Künstler zulassen wollte. Schließlich forderte er für die Durchführung eines großen Denkmalprogrammes im ganzen Land zur Verbesserung der sittlichen Tugenden die Gründung einer Akademie nach dem Vorbild Frankreichs; damit war die 1663 gegründete Académie des Inscriptions et Belles-Lettres gemeint, deren Aufgabe die

Bestimmung der programmatischen Inschriften an öffentlichen Bauten und auf Ehrenmünzen war. Im Schlußsatz seines Artikels fordert Sulzer noch einmal indirekt die Nachahmung der idealen antiken Lebensform.

1
Johann Georg Sulzer
Denkmal
(Zeichnende Künste)
(1773)

Ein an öffentlichen Plätzen stehendes Werk der Kunst, das als ein Zeichen das Andenken merkwürdiger Personen oder Sachen, beständig unterhalten und auf die Nachwelt fortpflanzen soll. Jedes Denkmal soll das Auge derer, die es sehen, auf sich ziehen, und in den Gemüthern empfindungsvolle Vorstellungen von den Personen oder Sachen, zu deren Andenken es gesetzt ist, erweken. Zu dieser Gattung gehören also die Grabmäler, die Statuen verdienstvoller Personen, Tropheen, Triumphbogen, Ehrenpforten, und solche Werke der Baukunst, auf denen die zeichnenden Künste mit der Nachwelt sprechen. Da der vornehmste Zweck der schönen Künste, in einer lebhaften und auf Erwekung tugendhafter Empfindung abziehlenden Rührung der Gemüther besteht; so gehören die Denkmäler unter die wichtigsten Werke, und verdienen daher in eine ernsthafte Betrachtung gezogen zu werden.

Seit dem die Schrift erfunden worden ist, scheinet eine an öffentlichen Plätzen gesetzte schriftliche Nachricht, das leichteste Mittel den Endzweck der Denkmäler zu erreichen, und daher haben auch die einfachesten der Denkmäler ihren

Ursprung, Pyramiden, Säulen oder bloße Mauern, auf welchen eine Schrift in Stein gehauen, oder in Ertz gegossen, zu lesen ist. Es scheinet überaus natürlich, daß unter einem Volke, das öffentliche Tugend und Verdienst zu schätzen weiß, dergleichen Denkmäler häufig sollten anzutreffen seyn. Man stelle sich eine Stadt vor, deren öffentliche Plätze, deren Spatziergänge in den nächsten Gegenden um die Stadt herum, mit solchen Denkmälern besetzt wären, auf denen das Andenken jedes verdienstvollen Bürgers des Staats, für die Nachwelt aufbehalten würde; so wird man leicht begreifen, was für großen Nutzen solche Denkmäler haben könnten. Man muß sich in der That wundern, daß ein so sehr einfaches Mittel die Menschen auf die nachdrücklichste Weise durch die Beyspiele ihrer Vorfahren zu jedem Verdienst aufzumuntern, fast gar nicht gebraucht wird. Diese Nachläßigkeit beweiset unwidersprechlich, wie wenig man es darauf anlegt, die Menschen zum Verdienst und zur bürgerlichen Tugend aufzumuntern. Man begnüget sich an den Begräbnißstellen, wo niemand gerne hingeht, das Andenken der Verstorbenen durch elende Denkmäler zu erhalten, und auf öffentlichen Plätzen, die jederman mit Vergnügen besucht, und wo man mit leichter Mühe täglich den besten Theil der Bürger versammeln könnte, sieht man nichts, das irgend einen auf rechtschaffene Gesinnungen abziehlenden Gedanken erweken könnte.

In Athen war einer der öffentlichen Spatziergänge, eine bedekte Säulenlaube,* in welcher die Thaten der verdientesten Bürger abgemahlt waren. Was wäre leichter, als alle Spatziergänge durch Denkmäler nicht blos zu verschönern, sondern zu Schulen der Tugend, und der großen patriotischen Gesinnungen zu machen?

Inzwischen soll der wenige Gebrauch, den man von öffentlichen Denkmälern macht, uns nicht abhalten, ihre Arten,

* Der Portikus oder die *Stoa*, darin *Zeno* die Philosophie gelehrt hat, die daher die *stoische* genennt wird.

nebst dem, was zu dem guten Geschmak derselben gehört, in reifliche Erwägung zu ziehen.

Man hat bey jedem Denkmal auf zwey Dinge zu sehen, auf den Körper desselben, der eine freystehende Maße ist, die durch eine gute Form einer eigenen Art das Auge auf sich zieht; und denn auf den Geist oder die Seele desselben, wodurch eigentlich der Haupteindruk, auf den das Denkmal abzielt, soll bewürkt werden.

Die Erfindung des Körpers zu einem Denkmal hat keine Schwierigkeit. Eine Pyramide, ein Pfeiler, eine Säule, eine mit Fuß und Gesims versehene Mauer, entweder ganz einfach, oder mit Pfeilern und Säulen ausgeziert, ist dazu schon hinlänglich. Nur gehört die gesunde Beurtheilung des Schicklichen und Wolanständigen dazu, daß die Größe und Pracht des Werks, genau nach der Wichtigkeit der Sache abgewogen werden, damit man nicht in das Unschikliche verfalle, durch ein Werk, das das große Ansehen eines Triumphbogens hat, das Andenken einer Privattugend, oder durch das bescheidene Ansehen einer ganz schlechten Wand, eine glänzende, den ganzen Staat in die Höhe schwingende Begebenheit, auf die Nachwelt zu bringen. So wol die Größe, als der Charakter des Baues muß der Sache, derenthalben er gemacht wird, auf das richtigste angemessen seyn: und dadurch muß sich der Erfinder, als einen Mann von Geschmak und von richtigem Urtheil zeigen.

Also stehen dem Künstler unzählige Formen und Gestalten der Denkmäler, vom schlechtesten Grabstein, bis auf den majestätischen Triumphbogen, und von der blossen Säule bis auf den prächtigsten Porticus, zu Diensten, damit er für jede Sache, das schiklichste wähle. Nach der guten Wahl der Form, kommt auch sehr viel auf eine schikliche Verzierung an. Hierin thut man insgemein eher zu viel, als zu wenig; daher das sicherste ist, sich der Einfalt zu befleißen. Alle in Rom noch vorhandene Triumphbogen, aus den Zeiten der Cäsare, könnten noch einer Menge von Zierrathen beraubet werden, und würden dadurch nur schöner werden. Bey solchen Gebäuden kommt es blos darauf an, daß für die Schrift, oder für die Bilder, die das Wesen des Denkmals ausmachen, ein schiklicher Platz, der auf eine der Sache anständige Art verziert sey, angeordnet werde. Hat der Bau überhaupt das Auge der Vorübergehenden an sich gelokt, so muß nun auch in der Nähe die Aufmerksamkeit ganz auf den Geist des Denkmals gerichtet werden, mithin in den Verzierungen nichts seyn, das dieselbe von der Hauptsache ablenken könnte. Wichtig ist es, daß die Zierrathen mit dem Charakter der Vorstellung wol übereinstimmen. Große Gegenstände von ernsthafter Art, leiden nichts Zierliches, und die von fröhlicher und belustigender Art erfodern Verzierungen, darin Lieblichkeit und Anmuthigkeit liegt. Auch darin kann der Künstler ein richtiges Urtheil, oder eine ausschweiffende Einbildungskraft zeigen; denn in den schönen Künsten ist nichts so gering, das dem Künstler nicht großes Lob oder strengen Tadel zuziehen könnte.

Indessen bleibt das, was wir vorher die Seele des Denkmals genennt haben, allemal der wichtigste Theil desselben. Diese besteht entweder blos in Aufschriften, von denen an einem andern Ort gesprochen worden, [. . .] oder in bildlichen Vorstellungen, (sie seyen gemahlt, oder gebildet,) die entweder historisch, oder allegorisch seyn können. Man wird allemal, wie schon irgendwo angemerkt worden, von solchen Werken fodern, daß sie mehr sagen, als eine Schrift sagen könnte, weil sonst die bloße Schrift vorzuziehen wäre. [. . .] Also können dergleichen Vorstellungen nie das Werk gemeiner Künstler seyn; denn es gehört gewiß gar sehr viel dazu, die Gemüther der Menschen durch diesen Weg lebhaft zu rühren, und zugleich in dem, was zum historischen gehört, verständlich zu seyn, und den ganzen Geist einer Begebenheit oder einer Handlung in wenig Bildern vorzustellen.

Man hat aus dem Alterthum zwey Denkmäler, die trajanische und die antoninische Säule, auf deren große Begebenheiten, durch eine lange Folge von Bildern historisch vorgestellt werden: allein solche Werke sind zu weitläuftig und zu kostbar;

daher sich für Denkmäler solche Vorstellungen am besten schiken, wo nur das Wesentliche der Sachen, in wenig Bildern ausgedrückt wird. Hiezu aber sind nur die größten Köpfe aufgelegt: daher man wol behaupten könnte, daß ein vollkommenes Denkmal dieser Art, eines der schweresten Werke der Kunst sey. Es ist im Artikel Allegorie eines schönen Denkmals, das den noch lebenden Bildhauer *Nahl* zum Erfinder hat, Erwähnung geschehen, dessen Beschreibung hier einen Platz verdienet.

Es ist ein Grabmal einer tugendhaften und sehr schönen Frauen, welche durch eine schwere Gebuhrt ihr Leben eingebüßt hat. Dieses Denkmal stellt ein Grab vor, mit einem ganz schlechten Stein bedekt. So bald man aber näher herantritt, wird man plötzlich in die erstaunliche Scene versetzt, wo die Gräber sich öffnen und ihre Todten lebendig wieder hergeben werden. Man findet den Grabstein durch ein gewaltiges Beben der Erde mitten von einander geborsten, und durch die daher entstandene Oeffnung sieht man die dort begrabene Person, mit allen Empfindungen der Seeligkeit, in welche sie nebst ihrem Kinde nun soll versetzt werden, auf dem Gesichte und in der ganzen Bewegung. Sie trägt ihr Kind, das nun auch lebt, in dem linken Arm, und mit dem rechten stößt sie den geborstenen Grabstein in die Höhe, um aus dem Grabe heraus zu steigen. Um den Grabstein stehen die Worte: *Hier bin ich, Herr, und das Kind, das du mir gegeben hast*, nebst dem Namen der Verstorbenen.

Wäre der Gebrauch öffentlicher Denkmäler so allgemein, wie er seyn sollte, so wär es alsdenn der Mühe werth, nach dem Beyspiel das Ludwig der XIV in Frankreich gegeben hat, in jedem Land die Erfindung derselben, und die Aufsicht über die Ausführung einer Gesellschaft gelehrter und in den schönen Künsten erfahrner Männer aufzutragen.

Es ist kaum etwas, darin die heutigen Sitten und Gewohnheiten sich von den ehemaligen Sitten der Griechen weiter entfernen, als der Gebrauch der Denkmäler. Man darf, um davon überzeuget zu seyn, nur den Pausanias[2] lesen. Ein

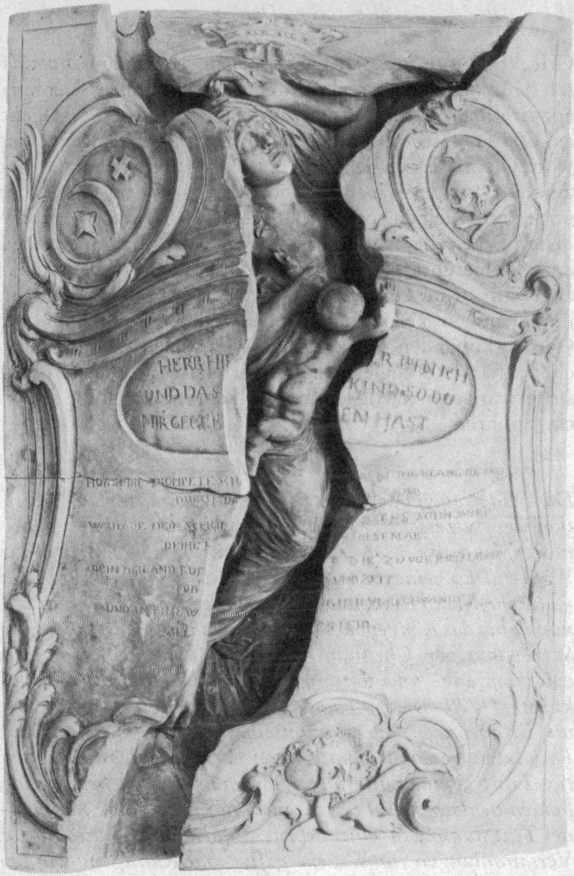

Johann August Nahl d. Ä. Entwurf zum Grabmal der Maria Magdalena Langhans in Hindelbank bei Bern. 1746. Musée des Beaux-Arts, Straßburg

Grieche konnte weder in den Städten noch auf den Landstrassen tausend Schritte gehen, ohne ein wichtiges Denkmal anzutreffen. Die Grabmäler wurden nicht, wie itzt geschieht, an Oerter gesetzt, wo niemand sich gerne verweilt, und wohin kein Mensch geht, um einen vergnügten Spatziergang zu thun, sondern an die Landstrassen, wo sie niemanden unbemerkt bleiben konnten. In den Städten waren alle öffentliche Plätze, alle Spatziergänge und verschiedene besonders dazu aufgeführte Gebäude, mit öffentlichen Denkmälern angefüllt; so daß ein Grieche nirgend wohin gehen konnte, da ihm nicht häufige Gelegenheiten zu sehr ernsthaften und den Geist erhöhenden Betrachtungen, vorkamen. Von dergleichen edeln und zugleich sehr angenehmen Veranstaltungen sieht man gegenwärtig kaum noch hier und da einige schwache Spuhren.

Die beiden folgenden Texte stellen die unmittelbare Rezeption des Sulzerschen Gedankens um 1820 (Rudolph Eickemeyer) und um 1836 (Ludwig Friedrich von Froriep) dar. Während Eickemeyer grundsätzliche Erwägungen über den »Sittlichen- und Kunstwerth öffentlicher Denkmäler« anstellt und dabei das Konzept des bürgerlichen Denkmals, wie es von Sulzer und von Christian Hirschfeld (1742–92), dem Autor einer umfang- und wirkungsreichen »Theorie der Gartenkunst« (1779–85), propagiert wurde, weiterentwickelt und mit Erfahrungen, die er unmittelbar aus dem Frankreich der Revolution gewonnen hatte, anreichert, bedeutet die Konzeption Frorieps eine Entfernung von der ursprünglichen Idee der beiden deutschen Aufklärer. Nicht nur der äußere Rahmen – der Text stammt aus einer Schrift, die als Vortrag » in einer der Versammlungen für Wissenschafts- und Kunstgenuß in den Zimmern Ihrer Kaiserlichen Hoheit der Frau Großherzogin von Sachsen« am 22. März 1836 in Weimar gehalten worden ist – unterscheidet sich von den Aufklärungswerken und auch von der Schrift Eickemeyers, des ehemaligen Offiziers der französischen Revolutionsarmee, sondern auch ihr Inhalt. Es geht in erster Linie um die Frage, wie die Obrigkeit Verdienste angemessen belohnen kann, nicht mehr nur um die Ehrung eines Bürgers durch die Allgemeinheit. Dieser Veränderung entspricht auch die Praxis dieser Zeit: in erster Linie tritt hochgestellter Adel auf; er wirkt als Stifter oder er macht die Denkmalskampagnen zu seiner eigenen Sache und verändert sie damit.

2

Rudolph Eickemeyer

Ueber den Sittlichen- und Kunstwerth öffentlicher Denkmäler

(1820)

Der darzustellende Gegenstand muß uns bei dem Denkmale zur Art der Darstellung bestimmen

Unzählig können öffentliche Denkmäler in Hinsicht auf Form, Größe und Pracht in der Ausführung verschieden seyn; Vernunft und Genie müssen hier den Künstler in seiner Erfindung leiten, so wie die Kunst in der Ausführung selbst. Je mehr das Verdienstliche einer Person oder Handlung, durch sich selbst rührt, desto einfacher kann ihre Darstellung seyn, ja um den moralischen Werth eines Denkmals zu erkennen, müßten wir es uns ohne alle Unterstützung der Kunst gedenken. Ein schlechtes Brett mit der einfachsten Aufschrift bei jener Eiche aufgestellt, wo die drei ersten Eidgenossen der Schweitz der Freiheit schwuren und den kühnen Plan faßten, ihr Vaterland von Tyrannei zu befreien, wäre aller Kunstlosigkeit ungeachtet ein dem Menschenfreunde ehrwürdiges Denkmal. Die ungeschmückte Anzeige der Thaten eines Attila, eines Chensis-Chans, oder Schach Nadris[3] würden auf einem ähnlichen Stücke Holz zum Schandpfahle werden. Wenn dem im Stillen gewirkten Verdienste, wenn dem Weisen und Gelehrten, dem Wohlthäter der Menschheit ein schön geformter Stein, höchstens eine Büste genügt; so müssen kühne Thaten, glänzende Unternehmungen durch prächtige Denkmäler geehrt werden. Nichts weniger als eine Bildsäule schickt sich für den berühmt gewordenen Feldherrn; das Bild des Ueberwinders ganzer Völker, des Beherrschers großer Reiche wird uns nur zu Pferde, oder auf einem Triumphwagen würdig erscheinen.

3

Ludwig Friedrich von Froriep

Ueber öffentliche Ehrendenkmäler

(1836)

Die zweite Frage, »was durch Monumente bezweckt werden könne?« möchte wohl kaum anders als mit Folgendem zu beantworten seyn.
1. Anerkennung und Dank auszusprechen zur Ehre und zum Gedächtnisse Derer, welche sich Verdienste erworben haben:
a) um Fürst und Vaterland (wenn nämlich die Verdienste in Beziehung auf einen einzelnen Staat erworben sind, und in dieser Hinsicht nationale genannt werden können);
b) um Zeitgenossen und Nachkommen (wenn die Verdienste der Art sind, daß sie sich nicht auf einen einzelnen Staat beschränken, nicht nur einer einzelnen Nation, sondern den Bewohnern mehrerer, aller Staaten zu Gute kommen, folglich universale genannt werden können).
2. Nacheiferung zu erwecken bei Solchen, die Gleiches oder Aehnliches leisten können.

Das bürgerliche Denkmal

Ehrendenkmal für Johann Georg Büsch in Hamburg

Die beiden folgenden Quellen stellen in exemplarischer Weise die Motivation zur Setzung eines frühbürgerlichen Denkmals, seine Entstehungsgeschichte und ästhetische Erscheinungsform dar und veranschaulichen auf diese Weise die im Sulzerschen Artikel vorgetragene Konzeption des bürgerlichen Denkmals. Das Denkmal für Johann Georg Büsch wurde am 27. Juli 1802 auf der ehemaligen Bastion Vincent in Hamburg, an der Stelle, an der heute die Kunsthalle steht, enthüllt. Nach zweimaligem Standortwechsel hat es jetzt in den Grünanlagen zwischen Lombards-Brücke und Kennedy-Brücke als erstes Hamburger Personendenkmal seinen Platz gefunden. Johann Conrad Wolff war 1800 aus der Heimatstadt Kassel von Goethe nach Weimar gerufen worden; dort entstand das Relief nach der Totenmaske Büschs, die Ernst Matthäi abgenommen hatte, ein später in Dresden als Akademielehrer und Inspektor des Museums der Gipsabgüsse tätiger Bildhauer.
Büsch (1728–1800) gehörte zu den angesehensten Vertretern des Hamburger Bildungsbürgertums im 18. Jahrhundert. Der Verfasser bedeutender Handelsschriften war auch der Gründer von Handelsschulen, Versicherungsgesellschaften und Armenkrankenhäusern. Mit diesem Denkmal ehrten die Mitglieder der »Patriotischen Gesellschaft« den Mitbegründer ihrer Vereinigung.

Bringe ich nun diese Zwecke in Anschlag, so will mir fast vorkommen, als wenn die jetzige oder überhaupt die neuere Zeit gegen die ältere zurückstehe, als wenn die Denkmäler bei den Alten verhältnißmäßig viel bedeutender gewesen wären, als sie es später waren. Ja man kann wirklich manchmal kaum begreifen, wie eine oft gewissermaßen fast geringfügige Veranlassung so unverhältnißmäßig bedeutende Monumente hervorgerufen hat, [. . .] wenn man nicht annehmen will, daß das Unverhältnißmäßige, die Uebertreibung der Ausführung, der eigenen Eitelkeit der Unternehmer anheimfällt.
Hinsichtlich der Veranlassung und des Zwecks, sind die Denkmäler entweder municipale, oder nationale, oder universale, und was die Errichtung derselben anlangt, so geht diese entweder von dem Staatsoberhaupte aus und geschieht auf öffentliche Kosten, oder die Errichtung wird durch Privatpersonen unternommen, von denen sich entweder mehrere vereinigen, um die Kosten zusammenzubringen, oder von denen einer allein auftritt.
Die gewöhnlichsten Monumente sind locale, und wenn diese nun National- oder gar Universal-Monumente seyn sollen, so kann man von ihnen sagen, daß sie eigentlich ihren Zweck zum Theil verfehlen. Sind es, z. B., Bildwerke oder architectonische Kunstwerke, so existiren sie doch eigentlich nur für den Ort und für die nächste Nachbarschaft des Ortes, wo sie gerade errichtet worden sind.

4

Friedrich Johann Lorenz Meyer

Gedenkrede auf Johann Georg Büsch

(1800)

Am 5. August starb Herr *Johann Georg Büsch*, einer der ersten Stifter und zuerst unterzeichnetes Mitglied unserer Gesellschaft. Ich werde es nicht unternehmen, indem ich dieses edlen und unersetzlichen Mannes, dieses Patrioten im höchsten vollesten Begriff des schönen Wortes, erwähne, eine Schilderung des Ganges seiner weitwirkenden Thätigkeit als Welt- und als Staatsbürger zu entwerfen. Mit belehrender Wahrheit und erschöpfender Vollständigkeit hat er das in seiner Selbstbiographie gethan. Seinen Geist, wenn ich mich so ausdrücken darf, zu umfassen, die Seele seiner rastlosen Wirksamkeit, diesen ächten Gemeingeist, diese warme Vaterlandsliebe, diesen männlichen Eifer für Wahrheit und Recht, diesen grossen und guten Willen zur Mitwirkung in allem Guten und Nützlichen, diesen hohen festen Muht in der Bekämpfung der Vorurtheile und Schwierigkeiten, die sich dem Gelingen des Guten und Nützlichen oft widersetzen, – nein, ich wage es nicht, dieses alles darzustellen. Der Gegenstand ist für den Zweck meines heutigen Vortrags zu vielumfassend, meine Kräfte überwiegend. – Und wie? Umschwebet uns nicht dieser hohe Geist, der unsern *Büsch* beseelte? Lebet er nicht fort für iede Zukunft in den herrlichen Früchten seiner Thätigkeit? Wird sein Andenken nicht ieden Wechsel der zerstörenden Zeit überleben in dem Herzen jetziger und künftiger Generationen? – Er vergegenwärtiget sich uns in allem, was uns umgiebet. *Büsch* war der Stifter oder der mitwirkende Theilnehmer aller guten und gelungenen Anstalten, der mehresten gemeinnützigen Verhandlungen unserer Gesellschaft von dem Tage ihrer Entstehung an bis an seinen Tod. Er war der Veranlasser und Rahtgeber vieler

Verbesserungen in dem Innern unserer Vaterstadt und mehrerer für iede Zukunft wirkenden öffentlichen Institute. Sie, patriotische Männer, daran zu erinnern würde ein Mistrauen in das Gefühl ihrer Verehrung für sein Andenken, in ihre Anerkennung seines Verdienstes, in ihre Dankbarkeit gegen die Manen dieses seltenen Mannes verrathen. Den redendsten Beweis dieser Empfindungen gaben Hamburgs edele Bürger durch den allgemeinen Beifall zu dem Vorschlag, *unserm Büsch ein öffentliches Ehrendenkmal zu stiften*, und durch die Bereitwilligkeit, mit welcher die ansehnlichen Beiträge zur Errichtung dieses Denkmales der Dankbarkeit dargeboten wurden. – Ja, – ich sage es ohne Furcht, von dieser Versammlung edeler Männer misverstanden zu werden – wir ehren uns selbst in diesem Denkmal. Nicht dem Ehrgeitz des flüchtigen Ruhmes soll dadurch gefröhnet werden; nicht dem thörigten Prunk eines grossen Namens bringet die Eitelkeit hier ein Opfer. – Die Dankbarkeit des Bürgers widmet dem Andenken eines verdienstvollen Mitbürgers dieses öffentliche Denkmal, das erste, welches einem hamburgischen Patrioten errichtet wird. Mit einem schönen Beyspiel gehen seine Stifter voran, indem sie darin eine Urkunde ihrer Wehrtachtung, ihrer Würdigung des Verdienstes, ihrer Dankbarkeit gegen das Andenken dieses Mannes des Vaterlandes, und zugleich ein Muster aufstellen, Männer von gleichem Verdienste – mögen sie in Hamburgs Annalen als Vorgänger oder als Zeitgenossen oder als Nachfolger von *Büsch* erscheinen – auf gleiche Weise zu ehren. – *Büschs* Bildniß und Nahmen an diesem einfach schönen Denkstein, werde der laute Aufruf für Männer künftiger Zeiten, ihm nachzustreben in Wort und That, und die Bürgerkrone, die das Vaterland seinem Andenken darbringet, zu verdienen. Sie werde ein von der jetzigen Generation gegebenes Beyspiel, fruchtbringend für iede Zukunft; eine Aussaat reicher Erndten. Mögen die Freunde des Vaterlandes dann immer mehr Thaten des wahren Patriotismus, immer mehr Früchte der bürgerlichen Eintracht, in der Mitwirkung vieler zu dem einen grossen Zweck, dem mit Kraft und Muth beförderten Gemeinwohl, zählen.

5

Beschreibung des Büsch-Denkmals

(1801)

Folgendes ist ein Umriß *der Form und Ansicht des Denkmales*, nach der darüber getroffenen Verabredung, und nach den entworfenen Zeichnungen der Künstler. Zur Unterlage ist ein Sockel von roh gehauenem schwarzbläulichen *Granitfelsen* gewählt. Darauf ruhet das *Postament* mit seinen Platten, Wangen, Seitenstücken und Gesimse, gleichfalls von Granitstein und bläulichen und röthlichen Nüancen, glatt bearbeitet. Der Harthauer *Beckmann*[4] hat diese Arbeit übernommen.
Dieses Postament träget einen viereckten starken *Block* oder *Würfel* von geschliffenem weißröthlichen Sandstein, auf welchem oberwärts ringsumher ein mit Lorbeerlaub umwundener starker *Stab* von *weissem Marmor* lieget.
Ueber diesem Würfel erhebet sich in *Obeliskenform*, eine *Spitze*, gleichfalls von röthlichem geschliffenen *Sandstein* aus einem Stück. Diese beide Theile werden von dem Steinhauer *Wittgreff*[5] ausgeführt.
Die Höhe des Ganzen wird, ohne den darunter aufzuwerfenden und mit einem von Grund aus zu mauernden kleinen *Erdhügel*, etwa zwey und zwanzig bis vier und zwanzig Fuß hamburger Maaß betragen.
Die *Verzierungen, Basreliefs*, und *Inschriften* sind folgende:
An beiden Seiten der Spitze hänget oben ein *Eichenkranz* von *weissem Marmor*, welche, wie der Lorbeerstab des Würfels, in Berlin bestellt sind.
An der Hauptseite des Würfels wird *Büsch's Bildniß*, ein Profilkopf in colossaler Grösse, nach einer von dem Bildhauer *Matthäi* aus Dresden über das Gesicht des Verstorbenen abgenommenen Maske und ausgearbeiteten Gipsform, unter

des Bildhauers *Wolff's* Aufsicht, zu Waimar in Bronze ausgegossen, etwas vertieft eingelassen.
An der andern Seite dieses Würfels sieht man ein *allegorisches Basrelief*, nach der von der Commission angegebenen Idee, von dem Bildhauer *Wolff* in antikem Geschmack gezeichnet, und auch in Waimar in Gips modellirt und sodann in Bronze ausgegossen. Es stellet eine Opferhandlung vor. Auf einem Altar, dessen obere Platte von zwei Genien – des Todes und der Unsterblichkeit – getragen wird, giesset die *Bürgerliebe*, als eine weibliche jugendliche Figur gestaltet, die Maurerkrone auf dem Haupte, ihre Opferschale aus. Ein zwölfjähriger Knabe, *Symbol der aufwachsenden Generation*, stehet mit einem Opfergefäß am Altar ihr gegen über. Im Gefolge der Opfernden sind zwey allegorische Figuren, welche *Büschs* Hauptverdienste bezeichnen, die *Staatswirthschaft* und die *Handlung*, eine weibliche Figur mit ihren Attributen, und die *Gewerbe*, eine männliche Figur mit den ihrigen. Beide tragen Opfergeräthe und Altarkränze.
An dem Postament lieset man auf zwei eingelassenen *Bronzetafeln* folgende Inschriften.

1. unter dem Profilbildniß:

Dem Freunde
des Vaterlandes
Johann Georg Büsch.

2. unter dem allegorischen Basrelief:

Von seinen
dankbaren Mitbürgern.
MDCCCI.

An den Seitenstücken des Postamentes werden noch zwei runde *Tafeln* von *Bronze* eingelassen.
Auf der einen, welche mit einem Kranz von Blüthen und Früchten umgeben ist, steht:

Geburtsjahr 1728.

Auf der andern mit einem Cypressenkranz umgebenen Tafel:

Sterbejahr 1800.

Auch diese vier Tafeln werden nach Zeichnungen des Bildhauers *Wolff* in Waimar gegossen.

Der Kostümstreit

Die künstlerischen Auseinandersetzungen um die angemessene Personendarstellung im Denkmal fanden im »Kostümstreit« ihre Zuspitzung. Ausgangspunkt war die Haltung der strengen Klassizisten, der sog. Römischen Schule, die bei der Darstellung von Personen der antiken Tracht oder der »klassischen« Nacktheit den Vorzug gaben vor der zeitgenössischen Kleidung.
Anschließend an Sulzer stellte Wilhelm Gottlieb Becker in seiner 1776 in Leipzig erschienenen Schrift »Vom Costume an Denkmälern« die Forderung auf, daß man wie in England so auch in Deutschland nicht nur die Fürsten, sondern auch »andere verdiente Männer des Staats« durch Denkmäler ehren solle. Als angemessene Kleidung kommt für ihn grundsätzlich nicht die zeitgenössische Tracht in Frage.

6

Wilhelm Gottlieb Becker

Vom Costume an Denkmälern

(1776)

Man fährt itzt beynahe in allen Ländern, begieriger als jemals, fort, den Fürsten Statuen oder Denkmäler zu errichten; und es wäre zu wünschen, daß sich dieser Gebrauch, wie in England, auch auf Gelehrte, Künstler, oder andere verdiente Männer des Staats erstreckte, welches bey uns nur noch so selten geschieht.

Ein solches Monument, wenn es ein wahres Kunstwerk ist, verewiget sowol denjenigen, zu dessen Ehre es errichtet wird, als auch seinen Urheber. Mit Recht kann man dergleichen Statuen und Denkmäler zu den erhabensten Zweigen der bildenden Kunst rechnen. Und wie nothwendig ist es also, daß sie, wie Sulzer sagt, das Gepräge des guten Geschmacks tragen, welches denenjenigen gewiß fehlet, die zu London in Westminster Abbey errichtet sind, und womit wir unsere Kirchen und Kirchhöfe angefüllt sehen. [. . .]

Ein Denkmal soll nicht die Lebensgeschichte, sondern die hervorstechendsten Verdienste eines großen Fürsten, eines Helden, eines Freundes und Beförderers der Künste und Wissenschaften, oder sonst eines tugendhaften Mannes, der Nachwelt überliefern. [. . .]

Der Künstler, welcher der Statue die einem Fürsten zu Ehren aufgerichtet wird, ein französisches Kleid giebt, und ihn so vorstellt, wie ihn der Geschichtschreiber beschreibt, oder wie Ihro Durchlaucht sich an einem Gallatage angekleidet haben, würde dadurch errathen lassen, daß er nicht mit einem Römer oder Griechen verglichen zu werden verdiene, oder daß er weiter nichts von ihm sagen, ihn durch weiter nichts auszeichnen könne, als durch sein königliches oder fürstliches Gallakleid, welches jedermann, und er selbst, nach Verlauf

einiger Jahre, bey veränderter Mode, belacht. Kreuzigt sich nicht eine Düchesse bey dem Portrait ihrer Grand-mere, ob sich diese gleich gewiß nicht weniger galant zu seyn gedünkt, als ihre Enkelinn. [...]
Die antike Bekleidung ist ganz dem menschlichen Körper angemessen, und zeigt uns auch unter ihrer Verhüllung seine Schönheit, die uns hingegen die Einrichtung unserer Sitten und Gebräuche verbirgt. Wir mögen die Bekleidung eines Helden, eines Weisen, eines Dichters, oder einer weiblichen Person nehmen, so ist sie allemal ihrer Absicht vollkommen gemäß. Wie viele Majestät zeigt ein römischer Held gegen einen parisischen, oder ein griechischer gegen einen deutschen! Die Entblößung der Brust, die Freyheit des Arms und der Füße, und das ungezwungne freye Pallium oder die Toga, die ihn umschwebt, prägen seine Würde in uns ein. Und was für eine elende Gestalt macht dagegen ein Musketier oder Dragoner!

Der Wandel in der Auffassung vom richtigen Kostüm wird deutlich an der Aufstellung der Standbilder für sechs preußische Offiziere des Siebenjährigen Krieges auf dem Wilhelmsplatz in Berlin. Die beiden zuerst entstandenen, nicht original erhaltenen Statuen (Kurd Christoph von Schwerin, 1769; Hans Karl von Winterfeldt, 1777) trugen noch die antikisierende Römertracht. Die beiden folgenden Standbilder (James Keith, 1786, und Friedrich Wilhelm von Seydlitz, 1789, beide von dem in Berlin als Hofbildhauer tätigen Jean-Pierre-Antoine Tassaert) haben schon zeitgenössische Uniform. Johann Gottfried Schadow schuf mit den beiden letzten Offiziersstatuen (Hans Joachim von Zieten, 1794 aufgestellt, vgl. Abb. S. 61, und Fürst Leopold von Anhalt-Dessau, der »alte Dessauer«, 1800) Figuren, an denen die Würdeform des befehlenden Offiziers gefüllt wurde mit den charakteristischen Zügen des lebendigen Menschen. Das Kostüm dient nicht nur, wie bei den Standbildern von Tassaert, der zeitli-

chen Identifizierungsmöglichkeit, sondern ist Teil der porträtartigen, charakterisierenden Abbildung der preußischen Feldherren. Im folgenden Text begründet der Bildhauer die von ihm gewählte Darstellungsform. Anzuschließen ist die in Band 1 dieser Quellensammlung S. 92 ff. in Auszügen wiedergegebene Antwort Schadows auf Goethes in den »Propyläen« 1800 geäußerte Ablehnung des Berliner »Naturalismus«. Goethes Hauptvorwurf hatte gelautet, daß »Charakter und Ideal durch Portrait«, das »allgemein Menschliche durchs Vaterländische verdrängt« würden. In diesen Zusammenhang reichen durchaus auch Ansichten und Maximen, die bei der Diskussion des Rostocker Blücher-Denkmals zwischen Schadow und Goethe geäußert wurden (s. Abschn. 18 und 19). Die Textpassage aus Hegels »Ästhetik« bildet in dieser Sammlung vorerst den Abschluß der Auseinandersetzung um die Frage: antikisch oder zeitgenössisch. Adolf von Hildebrand greift sie später noch einmal auf, um daran Grundsätze seiner künstlerischen Position darzulegen (s. Abschn. 43).

7

Johann Gottfried Schadow

Über historisches oder ideales Kostüm

(1791, 1802)

Geschmacklose Nationaltracht ist Schuld, dass wir grosse Alongeperucken, Stern und Ordensbänder mit der römischen Tunica und dem griechischen Cothurn verbunden sehen. In neuern Zeiten fanden die Künstler gewöhnlich den jedesmaligen Anzug der Nation entweder zu gemein oder zu wenig malerisch. Sie glaubten, wie Saly selbst gesteht, ihren Helden in einer Art von Vergötterung zeigen zu müssen. Sie wählten folglich den römischen Anzug, der ihnen überdies in

allen Theilen mehr Freiheit erlaubte. Je näher aber ein Denkmal mit dem eigenthümlichen Character des Helden übereinkommen wird, je mehr Eindruck muss es ja wohl auf die Nation selbst und überhaupt auf jeden Beschauer machen. Diese Figuren in römischer Tracht scheinen nichts mehr mit uns zu thun haben, und es gehört immer erst eine Art von innerlicher Ueberredung dazu, um sie für das anzusehen, was sie darstellen sollen. [. . .]
Figuren in unserer heutigen Tracht kann man ganz nach dem Leben ausführen; unsere Kleider werfen in derselben Attitüde wieder dieselben Falten oder vielmehr Brüche, und so konnte ich bei den Statuen des Generals von Zieten und des Fürsten von Dessau mit Musse zu Werke gehn. Indessen hat eine solche Aufgabe dennoch ihre Schwierigkeiten. Würde, Geist, Leben, und einen gewissen, dem Zeitalter angemessenen Charakter darzustellen, ist nicht leicht; und das Schicksal dieser unserer Zeitalter-Costüme, wenn sie vorüber sind, ist, dass man darüber lacht. Nur den Vortheil haben sie, nicht wie manches Bild und Statue im poetischen und fantastischen Gewande verwechselt zu werden, und sowohl dieses als jenes vorstellen zu können.

8

Georg Wilhelm Friedrich Hegel

Bekleidung in der Skulptur

(1835–38)

Der letzte wichtige Punkt, der jetzt noch in Betracht kommt, ist die Frage nach der *Bekleidung* in der Skulptur. Auf den ersten Blick kann es scheinen, als wenn die nackte Gestalt und deren geistdurchdrungene sinnliche Schönheit des Körpers in seiner Stellung und Bewegung dem Ideal der Skulptur am gemäßesten und die Bekleidung nur ein Nachteil wäre. In diesem Sinne hört man auch heutigentags besonders wieder die Klage, daß die moderne Skulptur so häufig genötigt würde, ihre Gestalten zu bekleiden, während doch keine Kleidung die Schönheit der menschlichen organischen Formen erreiche. Hieran schließt sich dann sogleich das weitere Bedauern über den Mangel an Gelegenheit für unsere Künstler, das Nackte zu studieren, das den Alten immer vor Augen gestanden habe. Im allgemeinen läßt sich hierüber nur sagen, daß von seiten der sinnlichen Schönheit allerdings dem Nackten müsse der Vorzug gegeben werden, daß aber die sinnliche Schönheit als solche nicht der letzte Zweck der Skulptur sei; so daß also die Griechen keinen Irrtum begingen, wenn sie die meisten männlichen Figuren zwar unbekleidet, bei weitem aber die Mehrzahl der weiblichen bekleidet darstellten.

α) Die Kleidung überhaupt, abgesehen von künstlerischen Zwecken, findet ihren Grund einesteils in dem *Bedürfnis*, sich vor den Einflüssen der Witterung zu schützen, indem die Natur dem Menschen nicht wie dem Tiere, das mit Fell, Federn, Haaren, Schuppen usf. bedeckt ist, diese Sorge abgenommen, sondern ihm dieselbe im Gegenteil überlassen hat. Anderenteils ist es das Gefühl der Schamhaftigkeit, welche den Menschen antreibt, sich mit Kleidern zu bedecken. Scham, ganz allgemein genommen, ist ein Beginn des Zorns über etwas, was nicht sein soll. Der Mensch nun, der sich seiner höheren Bestimmung, Geist zu sein, bewußt wird, muß das nur Animalische als eine Unangemessenheit ansehen und vornehmlich die Teile seines Körpers, Leib, Brust, Rükken und Beine, welche bloß tierischen Funktionen dienen oder nur auf das Äußere als solches deuten und keine direkt geistige Bestimmung und keinen geistigen Ausdruck haben, als eine Unangemessenheit gegen das höhere Innere zu verbergen streben. Bei allen Völkern, bei denen ein Anfang der Reflexion gemacht ist, finden wir deshalb auch in stärkerem oder geringerem Grade das Gefühl der Scham und das

Bedürfnis der Bekleidung. Schon in der Erzählung der Genesis ist dieser Übergang höchst sinnvoll ausgesprochen. Adam und Eva, ehe sie vom Baume der Erkenntnis gegessen haben, spazieren in unbefangener Nacktheit im Paradiese umher, kaum aber ist das geistige Bewußtsein in ihnen erwacht, so sehen sie, daß sie nackt seien, und schämen sich ihrer Nacktheit. [. . .]

β) Bei den Griechen endlich finden wir beides, nackte und bekleidete Figuren. Und so bekleideten sie sich auch in der Wirklichkeit ebensosehr, als sie es sich nach der anderen Seite zur Ehre anrechneten, zuerst nackt gekämpft zu haben. Besonders die Lakedämonier rangen zuerst ohne Kleider. Doch geschah dies bei ihnen nicht etwa aus Sinn für die Schönheit, sondern aus starrer Gleichgültigkeit gegen das Zarte und Geistige, das in der Scham liegt. Im griechischen Nationalcharakter, bei dem das Gefühl der persönlichen Individualität, wie sie unmittelbar da ist und ihr Dasein geistig beseelt, so hoch gesteigert war als der Sinn für freie schöne Formen, mußte es nun auch dazu fortgehen, das Menschliche in seiner Unmittelbarkeit, das Leibliche, wie es dem Menschen gehört und von seinem Geist durchdrungen ist, für sich auszubilden und die menschliche Gestalt als Gestalt, da sie die freieste und schönste ist, über alles andere zu achten. In diesem Sinne warfen sie allerdings, nicht aus Gleichgültigkeit gegen das Geistige, sondern aus Gleichgültigkeit gegen das nur Sinnliche der Begierde, um der Schönheit willen jene Scham ab, welche das bloß Körperliche am Menschen nicht will sehen lassen, und eine Menge ihrer Darstellungen sind daher mit voller Absicht nackt. [. . .]

γγ) Einen ganz anderen Gesichtspunkt nun aber müssen wir aufstellen, wenn es sich fragt, ob die moderne, überhaupt jede andere als die antike Kleidung in allen Fällen durchaus solle verworfen werden. Diese Frage gewinnt besonders bei Porträtstatuen an Wichtigkeit, und wir wollen sie, da ihr Hauptinteresse ein Prinzip für die Gegenwart der Kunst berührt, hier etwas ausführlicher behandeln.

Wenn in unseren Tagen das Porträt eines seiner Zeit noch angehörigen Individuums gemacht werden soll, so gehört dazu notwendig, daß auch die Bekleidung und äußere Umgebung aus dieser selbst individuellen Wirklichkeit genommen sei, denn eben weil es eine wirkliche Person ist, die hier den Gegenstand des Kunstwerks abgibt, wird gerade auch dies Äußerliche, wozu wesentlich die Kleidung gehört, in seiner Wirklichkeit und Treue das Notwendigste. Hauptsächlich ist dieser Forderung Folge zu leisten, wenn es darauf ankommt, bestimmte Charaktere, die in irgendeiner *besonderen* Sphäre groß und wirksam gewesen sind, ihrer Individualität nach vor Augen zu stellen. In einem Gemälde oder in Marmor erscheint das Individuum für die unmittelbare Anschauung in körperlicher Weise, d. h. in der Bedingtheit des Äußeren, und das Porträt über diese Bedingtheit hinausheben zu wollen wäre um so widersprechender, als das Individuum sodann etwas schlechthin in sich selbst Unwahres an ihm hätte, indem das Verdienst, das Eigentümliche und Ausgezeichnete wirklicher Menschen eben in ihrer Tätigkeit auf das Wirkliche, in ihrem Leben und Wirken in bestimmten Berufskreisen besteht. Soll uns diese individuelle Tätigkeit anschaulich werden, so muß die Umgebung nicht heterogen und störend sein. Ein berühmter General z. B. hat in Ansehung der unmittelbaren Umgebung unter Kanonen, Flinten, Pulverdampf als General existiert, und wenn wir ihn uns in seiner Tätigkeit vorstellen wollen, so denken wir daran, wie er seinen Adjutanten Order austeilt, Schlachtlinien ordnet, den Feind angreift usf. Und näher ist solch ein General nicht General überhaupt, sondern zeichnet sich besonders in einer bestimmten Waffengattung aus; er ist etwa Anführer der Infanterie oder ein tüchtiger Husar und dergleichen mehr. Zu diesem allen gehört nun auch seine eigentümliche, ebendiesen Umständen anpassende Kleidung. Ferner ist ein berühmter General – ein berühmter General, doch darum noch kein Gesetzgeber, kein Dichter, vielleicht nicht einmal ein religiöser Mann, regiert usf. hat er auch nicht, kurz, er ist keine

Totalität, und diese allein ist idealischer, göttlicher Art. Denn die Göttlichkeit der idealen Skulpturgestalten ist gerade darin zu suchen, daß ihr Charakter und Individualität keinen besonderen Verhältnissen und Zweigen der Tätigkeit angehört, sondern diesem Geteiltsein entnommen oder, wenn die Vorstellung solcher Verhältnisse angeregt wird, so dargestellt ist, daß wir von diesen Individuen glauben müssen, sie seien alles in allem zu leisten imstande.

Deswegen bleibt es eine sehr oberflächliche Forderung, die Helden des Tages oder der jüngsten Vergangenheit, wenn ihre Heldenschaft beschränkterer Art ist, in idealer Kleidung darzustellen. Diese Forderung zeigt zwar einen Eifer für das Schöne der Kunst, aber einen Eifer, der unverständig ist und aus Liebe für die Antike übersieht, daß die Größe der Alten zugleich wesentlich in dem hohen Verstande alles dessen, was sie taten, liegt, indem sie zwar das, was an sich idealisch ist, dargestellt haben, dem aber, was es nicht ist, eine solche Form nicht haben aufdringen wollen. Ist der ganze Gehalt der Individuen nicht idealisch, so darf es auch nicht die Kleidung sein, und wie ein kräftiger, bestimmter, entschlossener General nicht deshalb schon ein Gesicht hat, das die Formen eines Mars vertrüge, so würden hier die Gewänder griechischer Götter dieselbe Mummerei sein, als wenn man einen bärtigen Mann in Mädchenkleider steckte.

Dessenunerachtet macht auch die moderne Kleidung wieder dadurch manche Schwierigkeit, daß sie der *Mode* unterworfen und schlechthin veränderlich ist. Denn es ist die Vernünftigkeit der Mode, daß sie über das Zeitliche das Recht, es immer von neuem wieder zu verändern, ausübt. Ein zugeschnittener Rock kommt bald wieder aus der Mode, und damit er gefalle, dazu gehört, daß er eben Mode sei. Wenn aber die Mode vorüber ist, hört auch die Gewöhnung auf, und was vor wenigen Jahren noch gefiel, wird sogleich lächerlich. Deshalb sind auch nur solche Bekleidungsarten für Statuen beizubehalten, welche den spezifischen Charakter einer Zeit in einem mehr dauernden Typus ausprägen; im allgemei-

nen aber ist es rätlich, einen Mittelweg zu finden, wie es unsere heutigen Künstler tun. Dennoch bleibt es im ganzen immer mißlich, Porträtstatuen, wenn sie nicht entweder klein sind oder es bei ihnen nur auf eine familiäre Darstellung abgesehen ist, moderne Kleider zu geben. Am besten machen sich deshalb bloße Büsten, die denn auch leichter ideal gehalten werden können, mit bloßem Halse und Brust, da hier der Kopf und Physiognomie die Hauptsache bleiben und das übrige nur ein gleichsam unbedeutendes Beiwesen ist. Bei großen Statuen dagegen, besonders wenn sie ruhig dastehen, sehen wir eben, weil sie in Ruhe sind, sogleich, was sie anhaben, und ganze Männerfiguren selbst in Porträtgemälden können sich in ihrer modernen Kleidung nur schwer über das Unbedeutende erheben. So sind z. B. Herder und Wieland vom alten Tischbein[6] in ganzer Figur sitzend gemalt und von guten Künstlern in Kupfer gestochen. Man fühlt jedoch gleich, daß es ganz etwas Mattes, Ödes und Überflüssiges ist, ihre Hosen, Strümpfe und Schuhe zu sehen und vollends ihre gemächliche, selbstgefällige Haltung auf einem Sessel, wo sie die Hände behaglich über dem Magen zusammenlegen.
Anders aber verhält es sich mit Porträtstatuen von Individuen, die entweder der Zeit ihrer Wirksamkeit nach weit von uns abliegen oder überhaupt in sich selbst von idealer Größe sind. Denn das Alte ist gleichsam zeitlos geworden und in die unbestimmtere allgemeine Vorstellung zurückgetreten, so daß es bei dieser Loslösung von seiner partikulären Wirklichkeit auch in seiner Bekleidung einer idealen Darstellung fähig wird. Mehr noch gilt dies für Individuen, welche, durch ihre Selbständigkeit und innere Fülle der bloßen Beschränktheit eines besonderen Berufs und der Wirksamkeit nur in einer bestimmten Zeit entzogen, für sich selbst eine freie Totalität, eine Welt von Verhältnissen und Tätigkeiten ausmachen und deshalb auch in Ansehung der Bekleidung über die Familiarität des Alltäglichen in ihrer gewöhnlichen zeitlichen Äußerlichkeit hinweggehoben erscheinen müssen. Schon bei den Griechen finden sich Statuen des Achill und Alexander, bei

denen die individuelleren Porträtzüge so fein sind, daß man in diesen Gestalten eher Götterjünglinge als Menschen zu erkennen glaubt. Bei dem genialen großherzigen Jüngling Alexander ist dies vollständig am Platz. In ähnlicher Weise steht nun aber auch Napoleon z. B. so hoch und ist ein so umfassender Geist, daß nichts hindert, ihn in idealer Kleidung hinzustellen, die selbst bei Friedrich dem Großen nicht unpassend sein würde, wenn es sich darum handelte, ihn in seiner ganzen Größe zu feiern. Zwar kommt auch hier wesentlich der Maßstab der Statuen in Betracht. Bei kleinen Figürchen, die etwas Familiäres haben, stören Napoleons dreieckiger kleiner Hut, die bekannte Uniform, die übereinandergeschlagenen Arme keineswegs, und wollen wir den großen Friedrich als »den ollen Fritz« vor uns sehen, so kann man ihn mit Hut und Stock wie auf Tabaksdosen vorstellen.

Themen und Vorbilder

Die folgenden Texte von Ludwig Schorn und Johann Wolfgang Goethe sind eine theoretische Erörterung der Charakteristika und Möglichkeiten, die die Bildhauerei auszeichnen. Wichtigste Quellen für die Themen der bildenden Künste allgemein sind nach Schorn die Poesie, die Religion, die Dichtungen aller Völker und schließlich die Geschichte. Als besonders geeignete Gattung für ihre Umsetzung ins Bild erkannte auch er schon das Denkmal, das bereits zum bevorzugten Arbeitsfeld der Bildhauer geworden war.
Goethe stellt in seinem Vorschlag zur Gründung eines »Vereins der deutschen Bildhauer« die griechische Antike als eigentliches Vorbild des lernenden Bildhauers dar. Er rät, diesen deutschen Künstlern eine Studienreise nach London als Stipendium zu gewähren, damit sie dort die besten allgemein

zugänglichen Originalskulpturen der Antike studierten: die von Lord Elgin 1811 ins Britische Museum geschafften Skulpturen vom Athener Parthenon des Phidias und den Fries des Apollon-Tempels von Bassae-Phigalia ebendort. Kannte man nämlich bisher nur römische Kopien griechischer Skulpturen, so waren die Originalwerke im Britischen Museum für die an der Antike sich orientierenden Künstler nun das wichtigste Anschauungsmaterial, sie waren eine »Wallfahrt nach London« wert.

Die Stipendien sollten, nach Goethes Vorschlag, aus der Städelschen Stiftung finanziert werden, einer Schenkung des Frankfurter Kaufmanns Johann Friedrich Städel (1728–1816), der nicht nur seine bedeutende Kunstsammlung, sondern auch sein großes Vermögen testamentarisch »einem zu gründenden Städel'schen Kunstinstitut« – es besteht als Kunstakademie und Museum heute noch in Frankfurt a. M. – zur Verfügung stellte.

Der Text von Schasler, die Ausstellungsbesprechung von 1859, veranschaulicht, was die deutschen, zumindest die Berliner Bildhauer aus diesen theoretischen Ansätzen gemacht haben. Wir begegnen beim Rundgang mit Schasler einer Vielfalt von Plastiken, die in allen damals wichtigen Stilrichtungen ausgeführt wurden. Ebenso ist die Themenvielfalt zu bemerken, die um die Jahrhundertmitte schon auf das Jahrhundertende vorzuweisen scheint.

9

Karl Ludwig Schorn

Ueber die Quellen der Plastik und Malerey

Eine Skizze

(1826)

Von den *Gegenständen* der bildenden Kunst, unter welcher man im engern Sinne die Plastik und Malerey verstand, ist öfter gehandelt worden, und man hat nicht ohne Erfolg untersucht, welche der Darstellung günstig, welche schwierig, und welche ganz und gar untauglich seyen; aber indem man die Wahl derselben in die Willkür des Künstlers sezte, hat man nicht erwogen, welches Gebiet überhaupt einzunehmen die Kunst da, wo sie in ihrer vollen Entwicklung steht, so berechtigt als genöthigt sey. Wäre die bildende Kunst nur etwas Aeußeres und Zufälliges; ein Ergebniß des Luxus und des verfeinerten Geschmacks, als welches man noch vor nicht langer Zeit sie anzusehen gewohnt war, so bliebe es wohl ziemlich gleichgültig, auf welche Gegenstände sie da oder dort verfiele, wenn sie nur ihren Gönnern zu Gefallen und sich selbst zum Nutzen arbeitete. Doch gegenwärtig ist man ziemlich allgemein dahin gekommen, sie als eben so wesentlich für den geistigen Wohlstand der Menschheit wie Poesie und Tonkunst und wie jede nützliche Wissenschaft zu betrachten, und dasjenige Volk für unentwickelt zu halten, welches die bildende Kunst nicht besizt oder sich nicht um sie bemüht. Daß aber ein bedeutender Theil der allgemeinen Bildung eine innere Nothwendigkeit haben und mit den übrigen in entschiedenem und innigem Zusammenhange stehen müsse, leuchtet von selbst ein. Jene Nothwendigkeit oder Nöthigung ist das Bedürfniß der menschlichen Natur, künstlerisch zu schaffen, das was die Seele fühlt, zum Bilde zu gestalten und als ein Ganzes äußerlich hinzustellen; dieser

Zusammenhang aber besteht in der Verwandtschaft des künstlerischen Vermögens mit den höchsten menschlichen Erkenntnissen, Hervorbringungen und Thaten, aus denen es Nahrung schöpft, und welche die belebenden Säfte seiner Blüthen sind. Diese geistigen Stoffe, ohne welche die Kunst nicht besteht, und welche sie, einmal zu kräftiger Thätigkeit gelangt, nicht blos frey wählt, sondern nothwendig verarbeiten muß, nennen wir die *Quellen* der bildenden Kunst.
Doch ehe wir dieselben näher betrachten, werfen wir auf das künstlerische Vermögen selbst einen Blick, um zu erkennen, in welcher Art es seine Stoffe erfaßt. Die innere Nöthigung der menschlichen Natur, was die Seele fühlt, zum Bilde zu gestalten und äußerlich hinzustellen, ist *Poesie*. Die bildende Kunst, indem sie Ideen ergreift und durch Gestalten sinnlich vorträgt und anschaulich macht, ist *Poesie*. Vom Hauche des Göttlichen bewegt, erzittert die Seele bey der Berührung eines großen und schönen Gedankens, die Innigkeit und das Feuer des Gefühls durchdringt die Phantasie, und dieser schöpferisch begabten Kraft entsteigt ein Gebilde, welches die Idee in neuem Leben, in verschöntem Daseyn wiedergibt, ein Eigenthümliches, aus welchem derselbe Geist sprechender und glänzender hervortritt. Was daher die bildende Kunst erfasse, sie erfaßt es poetisch, und was sie auch darstelle, sie wirkt immer zunächst durch Gemüth und Phantasie, denn ihr Gebiet ist das Schöne, und sinnliche Gestalt ihr Mittel, den geistigen Gedanken zu bezeichnen. Die geistigen Quellen aber, aus welchen die Kunst schöpft, können überhaupt nur solche Gebiete seyn, welche Gegenstände für Gemüth und Phantasie, und zwar in sinnlich darstellbaren Ideen liefern.
Ein solches Gebiet ist das höchste menschlicher Erkenntniß, die *Religion*. Die Geschichten unsrer heiligen Bücher sind die edelsten Quellen der Kunst, eine unerschöpfliche Fundgrube schöner Motive und mannichfaltiger Darstellungen, welche eben so sehr dem frommen gottergebenen Sinn als der Phantasie entsprechen; diese Gegenstände sind deßhalb auch seit Anbeginn der christlichen Kunst von Bildnern und Malern

aufgefaßt worden und ihre Darstellung wird immer von neuem zum Bedürfniß werden. Aber schwerer war es, die geheimnißvollen Lehren der Kirche, und den Blick, den sie in das Reich des Ueberirdischen eröffnete, auch der Kunst anzueignen, und für die Bilder ihrer Rede schaubare Gestaltung zu finden. Plastik und Malerey behalfen sich daher mit einzelnen Andeutungen und Symbolen, welche dürftig blieben, weil die Zeit selbst keine Blüthe begünstigte, bis es einem großen poetischen Geiste gelang, die Lehren und Traditionen der Kirche, und Alles, was die neuere Welt Großes erlebt und Tiefsinniges erkannt hatte, in ein erhabenes Gedicht zusammenzufassen. Dieser Geist war *Dante*. Sein göttliches Gedicht lebt in der Gesinnung tiefer Frömmigkeit; ergriffen von tiefer Ehrfurcht vor dem Göttlichen und Heiligen, schildert er die Erniedrigung des Menschen im Pfuhl der Sünde, den Kampf und die Leiden der Reinigung und die ewige Seligkeit der Frommen und Gerechten. Alle Kenntnisse seiner Zeit hat seine große Phantasie in ein unermeßliches Weltgemälde verarbeitet, vor welchem er selbst ein tiefsinniger Beschauer steht, das Erhabene und Edle verehrend, die Bewegungen menschlicher Leidenschaften bewundernd, welche aus der Tiefe des Gemüths gewaltige Thaten und schwere Verhängnisse bringen, und erglühend von unauslöschlicher Sehnsucht nach dem ewig Schönen, Guten und Wahren, dessen tiefe Ahnung ihm als göttliche Liebe im Herzen wohnt. Die schimmernden Gestalten, mit welchen er die himmlischen Regionen bevölkert, die Scenen menschlicher Geisteskraft und Tugend, menschlicher Schwäche und Lasterhaftigkeit, die er mit flammender Begeisterung und erschütternder Wahrheit geschildert, waren eben so viel glänzende Gemälde, deren überraschender Anblick den Genius verwandter Geister aufrief, und zu ähnlichen Schöpfungen entzündete. Giotto und seine Nachfolger bis auf Rafael und Michel-Angelo waren ergriffen von jenem Geiste göttlicher Ahnung, epischer Größe und tiefer Lebensweisheit, welcher aus Dante's unsterblichem Werke zu dem aufgeregten, dem Großen anstrebenden Zeitalter sprach; und wenn gleich die früheren dieser Künstler nicht immer zu sondern verstanden, was ihrem Gebiet angemessen und was ihm widrig war, wenn sie sich im Einzelnen zu dunklen Allegorien und zu Schilderungen des Häßlichen, welches dem Dichter leichter erlaubt ist, als dem Bildner und Maler, verleiten ließen: so fanden sie doch, von seinem Geiste im Allgemeinen durchdrungen, bald den Weg, auf welchem sie in ihrer Sphäre zu demselben erhabenen und glänzenden Ziele gelangen konnten. Durch Dante war die christliche Religion im Gebiete der Dichtkunst einheimisch und ihr Eigenthum geworden; jene Künstler gaben der bildenden Kunst eine Sprache für sie, deren Wohllaut allen Herzen und Geistern verständlich war, und welche für alle Zeiten die schönste und angemessenste bleiben wird. Aus lauterem Gemüth, aus einer von der Göttlichkeit der Religion begeisterten Phantasie sprachen sie die geheimnißvollen Symbole deutlich, die heiligen Geschichten würdig und ergreifend aus; in ihnen lebte das Gefühl, ohne welches Darstellungen der Religion nicht denkbar sind, das *Gefühl des Heiligen*. Als die nachfolgende Kunstepoche dieses verlor, entfernte sie sich auch von der reinen Auffassung der Gegenstände, und ihre Darstellungen wurden, je willkürlicher, desto minder ansprechend und erhebend. Die Künstler wandten sich auf das Aeußerliche; aber da ihnen der innere Kern, sowohl die rechte poetische Auffassung als der tiefe Sinn mangelte, brachten sie es auch im Aeußerlichen nicht mehr so hoch, wie die Heroen jener reichen und vortrefflichen Zeit. – Ausdruck des Erhabenen, Bezeichnung der Reinheit menschlicher Natur, ernste Einfachheit und Entfernung von allem Zufälligen und Leichtsinnigen, wird stets der Charakter religiöser Kunst bleiben, und die Darstellungen, welche die Meister jener glücklichen Epoche geliefert, sind deßhalb in vieler Hinsicht als typisch zu betrachten. Wenn wir nun auch wissen, daß sie fast alles im Gewand ihrer Zeit geschildert, daß Christus und die Apostel ganz anders bekleidet gewesen als sie in Rafaels Bildern erscheinen: so hat doch auch diese

Aeußerlichkeit der Darstellung eine Sanction erhalten, welche sie zu ändern schwer, ja fast unmöglich macht. In jenen Werken lebt die christliche Kunst, und welcher Spätere in ihrem Geiste schafft, wird den besten beyzuzählen seyn. Schon hat sich jener gute Geist wieder zum Theil erneut; warum sollten wir nicht hoffen, auch Kirchen und Altäre von neuen und würdigen Werken der Kunst geschmückt zu sehen? Wie die Dichtkunst durch ihre Psalmen, die Musik durch ihre heiligen Chöre, so wird auch die dritte Schwesterkunst wieder mitwirken zur äußern Erweckung der Andacht und zur würdigen Ausstattung jeder religiösen Feyer.

Ein anderes Gebiet und eine noch reichere Quelle von Gegenständen eröffnet sich der Kunst in den *Dichterwerken* aller Völker, und Plastik und Malerey haben es von jeher für eine ihrer schönsten Aufgaben gehalten, das was Dichter im Klange der Rede vor das Ohr gebracht, durch Bildwerk und Gemälde dem Auge darzustellen. Unter dem Volke, wo sie am reichsten keimte und zur schönsten Blüthe sich entfaltete, hat die Kunst aus der vollsten und frischesten Dichterquelle geschöpft, und durch die belebende Kraft derselben sich viele Jahrhunderte hindurch in blühender Jugend erhalten. Die frühen Gesänge des *Homers* hatten zerstreute religiöse Begriffe der Phantasie angeeignet, eine Welt von göttlichen Gestalten den Helden des Volks und ihren Thaten gegenübergestellt, und beyde mit dem Glanze der Schönheit und allem edlen Schmucke des Lebens bekleidet. So wurde die Religion den Griechen völlig zur Poesie, und die Kunst ihre unmittelbare Dienerin. Alle Reiche der Natur waren belebt von göttlichen Wesen, die in menschlicher Weise dachten und handelten. Das Gewaltige heroischer Kraft, die Anmuth der zarten Schönheit, des Lebensgenusses üppige Fülle, Hoheit, Ernst, Lieblichkeit, Frohsinn und muthwilliger Scherz waren in diesen Kreis aufgenommen und durchdrangen die Kunst mit der Wahrheit der Natur, wie mit der Idealität der Phantasie. Für uns haben diese Dichtungen keinen religiösen Anklang, aber ihr poetischer Zauber führt uns zu dem Naturleben der alten Welt zurück und berührt jede Saite unsres Gefühls. Die Bedeutsamkeit der Weltanschauung, die in ihnen herrscht, die tiefe Entfaltung der menschlichen Seele, welche jeder Handlung geheimste Triebfeder zeigt, und die lebendige Schilderung aller Scenen und Gestalten, bieten der Plastik und Malerey eine unerschöpfliche Fülle von Gegenständen, einen unendlichen Stoff zu immer neuen, der Empfindung und Phantasie aller Zeitalter entsprechenden Combinationen. An den Werken, die uns noch vor Augen stehen, erkennen wir, wie griechische Künstler den reichen Stoff ihrer Dichtkunst angewandt haben; wie sie ihre Gegenstände aufgefaßt, in derselben Art sollen auch wir dieselben nachbilden, denn was dort religiöses Symbol war, ist bey uns poetische Allegorie und durch lange Anerkennung zur stehenden allgemeinverständlichen Kunstsprache geworden, bey deren Vortrag wir nur nicht vergessen dürfen, daß menschliches Leben und menschliches Gemüth allen Motiven der Kunst zu Grunde liegen müssen. In diesem Sinne haben auch Rafael und seine Schüler die Dichtungen des Alterthums für die Malerey benuzt, indem sie das Allegorische mit Naivetät bezeichneten, und das Sinnliche im Gewande der Schönheit und Anmuth wiedergaben.

Doch es stehen der Kunst die Dichtungen aller Zeiten zu Gebot, und vorzüglichen Stoff findet sie in den Gesängen, die entweder aus der Geschichte des Volks entstanden, oder mit ihrem Geist in den der Nation eingedrungen, folglich auf eine oder die andere Weise Nationalgedichte sind. So werden die altdeutschen Heldengedichte und die Gesänge des Ariost und des Tasso noch oft Gegenstände der bildenden Kunst werden, und unter den Werken neuerer Dichter vorzüglich diejenigen, welche Sagen des Volks enthalten. Die erzählende Poesie liefert ihrer Natur nach den meisten Stoff, doch wird auch die dramatische und selbst die lyrische nicht ausgeschlossen seyn, denn die edlen Gedanken, die anmuthigen oder ergreifenden Scenen, welche die Kunst aus ihnen entnehmen kann, werden im Bilde desto ansprechender, je bekannter sie schon durch die Rede sind. Wie aber die alte Kunst überall nicht das Wort, sondern den Sinn ihrer Dichter faßte, so soll auch die unsrige, von der Phantasie des Dichters zwar geleitet, aber nicht von ihr beherrscht, stets den Gedanken ergreifen und durch die Natur ihn beleben. Jedes Kunstwerk strebt, seinem Wesen nach, ein freyes in sich harmonisches Ganzes zu seyn; daher schafft auch der bildende Künstler den poetischen Stoff wieder neu, aus einem neuen Gesichtspunkt, in neuer Verbindung seiner Theile; er liefert ein eigenes Gedicht. Die Räume zur umfassenden Darstellung seiner Ideen bietet dem Bildner und Maler die Architektur; Statue und Basrelief schließen sich unmittelbar den Formen der Baukunst an; größere flache Räume bedürfen der Malerey, und ihre Vertheilung liefert dem Maler gleichsam von selbst die Anordnung seines Werks in Haupthandlungen und Episoden, Charakterfiguren und umgebende Verzierungen. Einzelne Bilder und Sculpturen als willkürlicher Schmuck der Wände sind eben so viel einzelne Gedichte. Solche mehr oder minder umfassende Darstellungen sind die schönste Zierde für die Wohnungen der Fürsten, Großen und Reichen, für Gebäude, welche den Wissenschaften und Künsten, der öffentlichen Geistesbildung und der geselligen Vereinigung gewidmet sind; sie nähren den Sinn, erheitern und beleben die Phantasie, und erhalten auch dem äußern Leben jenen dichterischen Reiz, ohne welchen keine geistige Erhebung und Veredlung möglich ist.

Die dritte Quelle der Plastik und Malerey ist die *Geschichte*. – Große Erinnerungen aufzubewahren, edle Thaten zu feyern, das Andenken verdienter Menschen zu erhalten, ist, nach der Kunst der Rede, die bildende Kunst vorzüglich geeignet und berufen. Zwar ist die Geschichte der ganzen Menschheit ein Gemeingut aller Individuen, und die Thaten fremder Völker werden oft ein edler Reiz zur Nacheiferung, wie uns die des griechischen und römischen Alterthums ewige Vorbilder menschlicher Geistesgröße und Kraft sind; aber dem Gemüthe, welches sich dem Gegenwärtigen zuwendet, wird immer das, was Vorältern und Zeitgenossen Rühmliches gethan, was das Vaterland Großes erlebt und hervorgebracht, am nächsten bleiben, und darum kann auch die bildende Kunst keinen schönern Stoff aus der Wirklichkeit ergreifen, als die vaterländische Geschichte. Die Malerey der Athener verherrlichte ihre Thaten in einer eigenen Halle, wo die Nachkommen sie mit Bewunderung sahen; im Dogenpallaste der Republik Venedig haben die größten ihrer Maler die Triumphe abgebildet, welche sie mächtigen Gegnern in kühnen Seekriegen abgewann; auf solche Weise werden auch in Deutschland allmählich die öffentlichen Versammlungshallen, die Gebäude der Staatsbehörden und Obrigkeiten mit den Bildern vaterländischen Ruhmes bekleidet werden. Aber nicht blos allgemeine Begebenheiten, Verhandlungen, Vergrößerungen und Verluste bilden eines Volks Geschichte, sondern das, was aus seinem und seiner Fürsten Gemüth, Sinnesart und Charakterkraft hervorgegangen, und leider haben wenige deutsche Geschichtschreiber solches dargestellt oder nur das Material dazu gesammelt. Für die Kunst sind Bücher, in diesem Sinne geschrieben, die willkommenste Hülfe, denn auch sie soll nicht Ereignisse, sondern *Thaten* zur Anschauung bringen. Das Ereigniß kann wohl eine Scene bilden, aber in ihm erscheinen die Charaktere nicht aus innerer Bewegung, sondern nur aus äußerem Antrieb handelnd, und lassen, selbst gemüthlos, auch das Gemüth des Beschauers kalt. Die That hingegen zeigt uns die Entfaltung eines bestimmten Charakters zu einer kraftvollen und entschiedenen Aeußerung, welche gewöhnlich ein eben so entschiedenes Leiden voraussezt oder hervorruft, und so regt ihre Schilderung unser Innerstes zu tiefer Mitempfindung auf. Daher werden alle historische Gegenstände, welche nicht den Charakter, die Seele, das Gemüth in Thätigkeit zeigen, für die bildliche Darstellung große Schwierigkeit haben, und der

Künstler, welcher sie zur Aufgabe erhält, wird besser thun, sie durch Hervorhebung von Episoden, oder durch symbolische Andeutungen und allegorische Figuren zu schmücken, als bey todter Erzählung der trocknen Wirklichkeit zu bleiben. – Zu großen umfassenden Darstellungen aus der Geschichte ist die Malerey vorzuglich geeignet, da sie über den ausgedehntesten Raum und die sinnlichsten Mittel gebietet; dagegen wird die ernstere Sculptur, wenn sie in Gruppen oder Basreliefs die Geschichte behandelt, öfter zu jenen poetischen Hülfsmitteln sich wenden müssen. – Eine Gattung historischer Darstellung aber hat die Plastik vor der Malerey voraus, das *Denkmal*, in welchem der Begriff der Dauer, der Erhaltung des Andenkens auf späte Zeiten, sich mit den Gefühlen der Liebe und Dankbarkeit verbindet. Sey es nun das einfache Bildniß eines verdienten Regenten, Kriegers oder Bürgers, oder sey es die liebende Andeutung rühmlicher Verdienste und Tugenden, oder enthalte es die Hinweisung auf eine große That, die aus vereinigten Kräften hervorging – die Plastik reicht dazu die würdigsten, großartigsten und dauerndsten Mittel, und indem sie ihr Werk einzeln und selbstständig als Schmuck öffentlicher Plätze vor die Augen des gesammten Volks hinstellt, knüpft sie die Gegenwart an die Erinnerungen jüngster oder früherer Vergangenheit unauflöslich fest und erhebt dadurch das Bewußtseyn des Volks und sein Streben nach dem Edlen und Großen. Denn die Sprache des Schönen wirkt tief und ergreifend, weil sie mit dem Gedanken zugleich das höchste Wohlgefallen und das innigste Mitgefühl erweckt.

Dieses sind die Quellen geistiger Ueberlieferung, aus welchen die Kunst nicht blos willkürlich und nach Gefallen schöpft, sondern, welche sich in jeder blühenden Zeit durch eine nothwendige Richtung ihr darbieten, und, von eminenten Geistern erkannt, ihr Wirken in Anspruch nehmen. Daher kann in solchen Zeiten auch nicht die Frage seyn, ob diese oder jene Gegenstände ihr vortheilhaft oder minder günstig seyen; sie muß sie *bearbeiten*, und den hohen zauberischen Kräften, welche ihr verliehen sind, gelingt es, das Rechte zu ergreifen und die größten Schwierigkeiten zu beseitigen. Ein neues Aufblühen der Kunst hat sich unsrer Zeit nicht blos angekündigt, sondern durch viele Beweise bestätigt, und so dürfen wir hoffen, sie den Kreis, der im Gebiet menschlicher Geisteskräfte ihr angewiesen ist, auch wieder völlig und mit großartiger Wirksamkeit erfüllen zu sehen. – Es war der Zweck dieser Andeutungen, nur von diesem geistigen Gebiete zu handeln, sonst hätten wir noch eine reiche Quelle künstlerischer Auffassung berücksichtigen müssen, welche mit Religion, Poesie und Geschichte innig verbunden ist, das *Leben* und die *Natur*. Aber von diesen, deren unmittelbare Anschauung die *zufälligen* Gegenstände und Motive liefert und die mannichfaltigsten Abstufungen der Künste veranlaßt, zu sprechen, sey einer andern Gelegenheit vorbehalten.

10

Johann Wolfgang Goethe

Verein der deutschen Bildhauer

(1817)

Da von allen Zeiten her die Bildhauerkunst das eigentliche Fundament aller bildenden Kunst gewesen und mit deren Abnahme und Untergang auch alles andere Mit- und Untergeordnete sich verloren; so vereinigen sich die deutschen Bildhauer in dieser bedenklichen Zeit, ohne zu untersuchen, wie die übrigen verwandten Künste sich vorzusehen hätten, auf ihre alten, anerkannten, ausgeübten und niemals widersprochenen Rechte und Satzungen dergestalt, daß es für Kunst und Handwerk gelte, wo erhobene, halb und ganz runde Arbeit zu leisten ist.

Der Hauptzweck aller Plastik, welches Wortes wir uns künftighin zu Ehren der Griechen bedienen, ist, daß die Würde des Menschen innerhalb der menschlichen Gestalt dargestellt werde. Daher ist ihr alles außer dem Menschen zwar nicht fremd, aber doch nur ein Nebenwerk, welches erst der Würde des Menschen angenähert werden muß, damit sie derselbigen diene, ihr nicht etwa in den Weg trete oder vielleicht gar hinderlich und schädlich sei. Dergleichen sind Gewänder und alle Arten von Bekleidungen und Zuthaten; auch sind die Thiere hier gemeint, welche diejenige Kunst ganz allein und würdig bilden kann, die ihnen ihren Theil von dem im Menschen wohnenden Gottesgebilde in hohem Maße zuzutheilen versteht.

Der Bildhauer wird daher von frühster Jugend auf einsehen, daß er eines Meisters bedarf, und aller Selbstlernerei, d. h. Selbstquälerei zeitig absagen. Er wird das gesunde menschliche Gebilde vom Knochenbau herauf durch Bänder, Sehnen und Muskeln auf's fleißigste durchüben; welches ihm keine Schwierigkeit machen wird, wenn sein Talent als ein Selbstgesundes sich im Gesunden und Jugendlichen wieder anerkennt.

Wie er nun das vollkommene, obschon gleichgültige Ebenmaß der menschlichen Gestalt männlichen und weiblichen Geschlechts sich als einen würdigen Kanon anzueignen und denselben darzustellen im Stande ist, so ist alsdann der nächste Schritt zum Charakteristischen zu thun. Hier bewährt sich nun jener Typus auf und ab zu allem Bedeutenden, welches die menschliche Natur zu offenbaren fähig ist, und hier sind die griechischen Muster allen andern vorzuziehen, weil es ihnen glückte, den Raupen- und Puppenzustand ihrer Vorgänger zur höchstbewegten Psyche hervorzuheben, alles wegzunehmen, und ihren Nachfolgern, die sich nicht zu ihnen bekennen, sondern in ihrer Unmacht Original sein wollen, in dem Sanften nur Schwäche und in dem Starken nur Parodie und Karikatur übrig zu lassen.

Weil aber in der Plastik zu denken und zu reden ganz unzulässig und unnütz ist, der Künstler vielmehr würdige Gegenstände mit Augen sehen muß, so hat er nach den Resten der höchsten Vorzeit zu fragen, welche denn ganz allein in den Arbeiten des Phidias und seiner Zeitgenossen zu finden sind. Hiervon darf man gegenwärtig entschieden sprechen, weil genugsame Reste dieser Art sich schon jetzt in London befinden, so daß man also einen jeden Plastiker gleich an die rechte Quelle weisen kann.

Jeder deutsche Bildhauer verbindet sich daher, alles, was ihm von eignem Vermögen zu Gebote steht oder was ihm durch Freunde, Gönner, sonstige Zufälligkeiten zu Theil wird, darauf zu verwenden, daß er eine Reise nach England mache und daselbst so lang als möglich verweile, indem allhier zuvörderst die Elginischen Marmore, sodann aber auch die übrigen dort befindlichen, dem Museum einverleibten Sammlungen eine Gelegenheit geben, die in der bewohnten Welt nicht weiter zu finden ist.

Daselbst studire er vor allen Dingen auf's fleißigste den geringsten Überrest des Parthenons und des Phigalischen Tempels; auch der kleinste, ja beschädigte Theil wird ihm Belehrung geben. Dabei bedenke er freilich, damit er sich nicht entsetze, daß es nicht gerade nöthig sei, ein Phidias zu werden.

Denn obgleich in höherem Sinne nichts weniger von der Zeit abhängt als die wahre Kunst, sie auch wohl überall immer zur Erscheinung kommen könnte, wenn selbst der talentreiche Mensch sich nicht gewöhnlich gefiele, albern zu sein, so ist in unserer gegenwärtigen Lage wohl zu betrachten, daß ja die Nachfolger des Phidias selbst schon von jener strengen Höhe herabstiegen, theils in Junonen und Aphroditen, theils in ephebischen und Herculischen Gestalten, und was der Zwischenkreis alles enthalten mag, sich jeder nach seinen Fähigkeiten und seinem eigenen Charakter zu ergehen wußte, bis zuletzt das Porträt selbst, Thiere und Phantasiegestalten von der hohen Würde des Olympischen Jupiters und der Pallas des Parthenons participirten.

In diesen Betrachtungen also erkennen wir an, daß der Plastiker die Kunstgeschichte in sich selbst repräsentiren müsse; denn an ihm wird sogleich merklich, von welchem Puncte er ausgegangen. Welch ein lebender Meister dem Künstler beschieden ist, hängt nicht von ihm ab; was er aber für Muster aus der Vergangenheit sich wählen will, das ist seine Sache, sobald er zur Erkenntniß kommt, und da wähle er nur immer das Höchste: denn er hat alsdann einen Maßstab, wie schätzenswerth er noch immer sei, wenn er auch hinter jenem zurückbleibt. Wer unvollkommene Muster nachahmt, beschädigt sich selbst; er will sie nicht übertreffen, sondern hinter ihnen zurückbleiben.
Sollte aber dieser gegenwärtige Vereinsvorschlag von den Gliedern der edlen Zunft gebilligt und mit Freuden aufgenommen werden, so ist zu hoffen, daß die deutschen Gönner auch hierhin ihre Neigung wenden. Denn obgleich ein jeder Künstler, der sich zum Plastischen bestimmt fühlt, sich diese Wallfahrt nach London zuschwören und mit Gefahr des Pilger- und Märtyrthums ausführen muß, so wird es doch der deutschen Nation viel anständiger und für die gute Sache schneller wirksam werden, wenn ein geprüfter junger Mann von hinreichender Fertigkeit dorthin mit Empfehlungen gesendet und unter Aufsicht gegeben würde.
Denn gerade daß deutsche Künstler nach Italien ganz auf ihre eigene Hand seit dreißig Jahren gegangen und dort nach Belieben und Grillen ihr halb künstlerisches, halb religiöses Wesen getrieben, dieses ist Schuld an allen neuen Verirrungen, welche noch eine ganze Weile nachwirken werden.
Haben die Engländer eine afrikanische Gesellschaft, um gutmüthige, dunkel strebende Menschen in die widerwärtigen Wüsten zu Entdeckungen abzusenden, die man recht gut voraussehen konnte, sollte nicht in Deutschland der Sinn erwachen, die uns so nahe gebrachten, über alle Begriffe würdigen Kunstschätze auch für das Mittelland zu benutzen?
Hier wär' eine Gelegenheit, wo die Frankfurter ungeheure und wirklich disproportionirte Städelische Stiftung sich auf

dem höchsten bedeutenden Punct entschieden sehen lassen könnte. Wie leicht würde es den dortigen großen Handelshäusern sein, einen jungen Mann zu empfehlen und durch ihre mannichfaltigen Verbindungen in Aufsicht halten zu lassen.
Ob freilich ein echtes plastisches Talent in Frankfurt geboren sei, ist noch die Frage, und *die* noch schwerer zu beantworten, ob man die Kunst außerhalb der Bürgerschaft befördern dürfe.
Genug, die Sache ist von der Wichtigkeit, besonders in dem gegenwärtigen Augenblick, daß sie wohl verdiente, zur Sprache gebracht zu werden.

11
Max Schasler

Besprechung der Kunstausstellung der Berliner Akademie Abteilung: Die Skulptur

(1859)

Die Ueberschau über die *Skulpturen* gliedert sich am besten nach der Gattung der Motive, je nachdem diese nämlich der *antiken*, der *allegorischen*, der *religiösen* oder der *historischen* Richtung angehören, oder ob sie endlich in das Gebiet des *Genres*, des *Portraits* oder der *Thierdarstellung* fallen. Aus allen diesen verschiedenen Gebieten werden wir nur die hauptsächlichsten Arbeiten anführen, wobei wir jedoch im Voraus bemerken, daß, mit Ausnahme einiger wenigen Werke, diesmal die Leistungen der Bildhauerei nichts boten, was als sehr hervorragend über das gewöhnliche Niveau zu betrachten gewesen wäre.
In dem *antikisirenden* Felde haben wir vor Allem die treff-

lichen Arbeiten von *Reinhold Begas* anzuführen, nämlich: »Pan, Psyche tröstend« (Nr. 1488), eine in Gyps ausgeführte Gruppe von ungemeiner Lebendigkeit und fast zu scharfer Individualisirung; wir meinen damit, daß sie für ein antikes Motiv einen gewissen Beigeschmack von Genrehaftigkeit hat. Am besten ist die Figur des Pan, sowohl im Ausdruck wie in der Haltung, doch auch die Psyche ist gut, wenigstens in der Haltung, welche viel Kindlichkeit und Naivetät verräth, weniger im Ausdruck und in der allgemeinen Form des Körpers, der etwas edler hätte gehalten werden können. Sein »Junger Bacchus« (Nr. 1489) und »Nymphe und Amor« (Nr. 1490), beide in karrarischem Marmor, vortrefflich modellirt und ebenfalls sehr lebendig in der Komposition, tragen dasselbe Gepräge von allzugroßer Genrehaftigkeit, auch dünkt uns der Kopf des Amor bei der zweiten Gruppe zu groß. – *Hassenpflug's*[7] »Amor und Psyche« (Nr. 1570) war eine Marmorgruppe von tüchtiger Ausführung, die jedoch den Fehler besaß, daß sie nicht von allen Seiten gleich schön war, was durch die etwas gezwungene Stellung der Psyche bewirkt wurde. Der Aufschwung des Amor war glücklich gedacht, und doch machte die Gruppe mehr einen malerisch-, als plastisch-bedeutsamen Eindruck, gleichsam als ob sie nach einem alten Gemälde komponirt wäre. – Die »tanzende Bacchantin« (Nr. 1375) von *R. Schweinitz*[8] verrieth eine gute Schule und zeichnete sich durch energische Bewegung aus, noch mehr sein »Faun« (Nr. 1376), welcher das Pendant dazu bildete.

In der *Historie* war nur die treffliche »Statue Gustav Adolphs, als Glaubensheld« (Nr. 1143) von *Wolgast*[9] zu erwähnen, welche wir schon bei anderer Gelegenheit rühmend anerkannt haben. Das Gebiet der *allegorischen* Darstellung war, da es vorzugsweise der Skulptur, im Gegensatz zur Malerei, angemessen ist, zahlreicher vertreten, als die vorerwähnten. Die dahinschlagenden Werke waren in ihren Motiven meist mit praktischen, architektonischen oder andern, Bestimmungen verknüpft, namentlich fand man darunter mehrere Brunnenmotive. Das im Umfang bedeutendste Werk dieser Art war *Franz's* »Najade auf einem Seelöwen« (Nr. 1060). Es ist das Gypsmodell zu einer für den sicilianischen Garten in Potsdam bestimmten Gruppe, in welcher der Seelöwe zum Wasserspeien eingerichtet ist. Die Najade erschien uns im Gesichtsausdruck etwas modern; sonst war die Komposition glücklich gedacht und die weibliche Figur zeichnete sich besonders durch eine gefällige Gewandung aus. – *Fläschner's*[10] »Wassernixe« (Nr. 1059) in Gips, war ebenfalls ganz hübsch in der Idee, aber die Figur erschien nicht schlank genug, wiewohl wir gern darauf Rücksicht nehmen, daß die Formen in der freien Luft sehr schwinden; das Haar war nicht schön. – Ein glücklicher Gedanke war die Verwendung des Göthe'schen Motivs: »Halb zog sie ihn, halb sank er hin« zu einem Brunnenaufsatz; wir sahen sie in der Gruppe »der Fischer« (Nr. 1128), von *F. W. Stürmer*[11] verwirklicht. Jedoch schien es uns, als ob sich der Göthe'sche Gedanke in der Komposition nicht deutlich genug ausspräche. Namentlich zeigte sich nichts von der zwischen Widerstreben und Sehnsucht schwankenden Gemüthsbewegung in der Haltung und dem Ausdruck des Fischerknaben, welcher nur in passiver Weise über den Kopf der Nymphe fortsieht. Diese war gut aufgefaßt. – Das »Modell einer Fontaine« (Nr. 1111) von *Aurelio Micheli*[12] in Bronceabguß, hatte in der Gesammtkomposition einen gefälligen Charakter architektonischer Gliederung. Das Ganze bestand aus zwei verschieden großen Schaalen von schwarzem Marmor, wovon die untere größere von sechs Elfstieren getragen wurde. In der Mitte erhob sich darüber hinaus eine Baumgruppe, um welche sich vier weibliche Figuren, darstellend die Elfen der Linde, Eiche, Buche und Tanne, gruppirten. Diese trugen ihrerseits die kleine Schaale, worauf schließlich Oberon und Titania standen. Hierbei ist nur der kompositionelle Fehler zu rügen, daß die beiden Hauptfiguren, welche ohnehin das ganze Werk krönen, und für welche die unteren gleichsam nur die Träger bilden, kaum so groß sind als die letzteren. Schon vom ideellen Gesichtspunkt aus müßten Oberon und Titania größer sein als ihre untergebenen Elfen. – Von anderen Allegorien führen wir an: *J. Moser's* Medaillonrelief: »Die vier Jahreszeiten« (Nr. 1114), eine recht gefällige und lebendige Komposition von fleißiger Ausführung, *G. Früh's*[13] Relief »die Wissenschaft« (Nr. 1067), etwas glatt und ohne feinere Modellirung, *Tondeur's*[14] »Mutterliebe« (Nr. 1132), eine hübsche Gruppe in Gyps, welche viel Empfindung verrieth und ohne sentimentalen Beigeschmack war, *Genschow's* »Knabe mit der Muschel« (das Wasser darstellend) (Nr. 1069), in karrarischem Marmor, etwas portraitartig und genrehaft im Ausdruck, namentlich auch in dem seitwärts gescheitelten Haar, auch nicht glücklich in dem gleichsam am Leibe festklebenden Gewand, sonst aber recht gefällig in der Gesammtwirkung. Ein zweites Werk des Künstlers: »Mädchen, Seifenblasen machend« (die Luft darstellend) (Nr. 1071), zeigt dieselbe, über die Grenze der plastischen Darstellbarkeit hinausgehende Genrehaftigkeit, und zwar in noch höherem Maaße. Zwar ist die Haltung des Mädchens, welches einer emporschwebend gedachten illusorischen Seifenblase nachblickt, ganz hübsch, aber der in dem Motiv liegende Zwang verleiht der Komposition etwas Kleinliches und Gemachtes, das den Eindruck plastischer Wahrheit vernichtet. – Außerdem ist der Künstler noch durch »vier allegorische Figuren: Handel, Ackerbau, Pferdezucht und Fischerei darstellend« (Nr. 1072–75) vertreten, welche für den Thronsaal des Großherzoglichen Schlosses zu Schwerin modellirt wurden. Sie sind geschmackvoll, obwohl ohne tiefere Bedeutsamkeit in der Charakteristik. Dagegen machte *Franz's* »Flora, Blumen aus dem Füllhorn auf die Flur streuend« (Nr. 1061), eine in der March'schen Fabrik gebrannte Thonfigur, einen recht gediegenen und edlen Eindruck, namentlich auch durch die geschmackvolle und einfach schöne Gewandung. *Dunaiszky's*[15] (Pesth) »Unschuld« (Nr. 1050), eine in karrarischem Marmor ausgeführte Gruppe erschien wunderlich und unschön, obwohl von sorgfältiger Technik.

Unter den *religiösen Werken* stellen wir *Afinger's*[16] »Engel, der die Auferstehung verkündet« (Nr. 1038) und *Renard's* »Himmelskönigin mit dem Christuskinde« (im Kat. nicht verzeichnet) oben an. Das erstgenannte Werk stellte eine kniende Figur dar und versinnbildlichte die Worte: »Er ist nicht hier, den ihr suchet, er ist auferstanden!« Im kirchlichen Stil gehalten, trägt das Werk doch das Gepräge einer tiefen und innigen Empfindung, so daß die durch die Aufgabe gebotene Stilisirung eine wahrhafte und innerliche Berechtigung in der gewählten Form findet. Ein Gleiches können wir von der schönen Arbeit *Renard's* sagen. Eine keusche und fromme Beseligung überhaucht die ganze Figur und verleiht dem auch technisch sehr durchgeführten Werk den Charakter wahrer Frömmigkeit. Namentlich ist auch das Christuskind, welches Maria auf ihrem rechten Knie sitzend hält, tief empfunden und im Ausdruck wunderbar schön. – Wegen der Aehnlichkeit der Motive schließen wir hieran die Erwähnung von *Janda's*:[17] »Himmelskönigin mit dem Christuskinde« (Nr. 1097), ebenfalls in altdeutschem Stil, nur vielleicht in der Gewandung etwas zu wenig stilisirt. Von demselben Künstler war eine »Madonna« (Nr. 1571) in Gyps ausgestellt, von *Heidemann* »ein Christuskopf« (Nr. 1087). – Von andern, der religiösen Tradition angehörigen Statuen heben wir hervor: *Elis. Ney's*[18] »heiliger Sebastian« (Nr. 1120), eine ausgeführte Skizze von gutem Ausdruck, nur vielleicht etwas malerisch in der Wirkung, aber von Talent zeugend; *Bayerle's*[19] »Statue der heiligen Elisabeth von Thüringen« (Nr. 1042), etwas steif in der Haltung, aber mit wohlstudirter Gewandung; *Willgohs'* »Statuen der vier Evangelisten« (Nr. 1138 bis 41) in ⅔ Lebensgröße, mit sehr kleinen Köpfen aber guter Haltung, besonders in der des Markus. Von den beiden hierher gehörigen Reliefs: »Der auferstandene Christus, von Cherubim umgeben« (Nr. 1076) von *Genschow* und »die Grablegung Christi« (Nr. 1539) in Marmor von *Wittich*[20] zeichnete sich das letztere durch Innigkeit der Empfindung und gute Gruppirung aus; das erstere gleicht auf den ersten Anblick einem großen Adlerorden in Gyps.

Das *Genre* war durch einige recht ansprechende, daneben aber auch durch viele mittelmäßige Werke vertreten. Wir heben besonders die meisterhaften Statuetten von *Mehnert*:[21] »ein Soldat vom kaukasischen Regiment Fürst Paskiewitsch in der Winteruniform« (Nr. 1109) und »ein kaukasischer Sappeuroffizier« (Nr. 1110), beide in Gyps, meisterhaft individualisirt und von höchst drastischer Wirkung, hervor; ferner ein »tanzender Kesselflicker« von *Pohle*,[22] etwas karrikirt, aber recht lebendig humoristisch; dagegen ist desselben Künstlers Relief: »Joseph mit dem Weibe Potiphars« (Nr. 1123) als verunglückt zu betrachten. – Das »junge Mädchen, ein Zicklein tränkend« (Nr. 1146) von *Zurstraßen*[23] zeugt von großem Talent, namentlich für Wiedergabe natürlicher Lebendigkeit. Es ist ein hübsches Salonstück voll naiver Empfindung. – *Schmitz's* »Eulenspiegel« (Nr. 1514) war alles Andere, am ersten noch ein gemüthlicher, derber Bauernbursche, als ein Eulenspiegel, und *Freund's*[24] »Spinnerin mit der Katze« (Nr. 1062), »Kleines Mädchen mit der Katze,« (Nr. 1063) und »Knabe mit einem Hunde« (Nr. 1064) lassen nur eine derartige Verwendung der schönen Marmorstücke bedauern. – Endlich erwähnen wir noch einen sehr hübschen »Frauenkopf« in Marmor von *Dietrich*,[25] der sich besonders durch Schönheit des Ausdrucks auszeichnet, sowie das etwas sentimentale »Mädchen, in die Ferne sehend« (Nr. 1113) von *K. Möller*.

Unter den *Portraitsdarstellungen* heben wir ebenfalls nur die bedeutendsten hervor: *Afinger's*[26] »Männliche Büsten« (Nr. 1039, 1040), wovon namentlich die erstere, welche den Genremaler Hosemann darstellte, in überraschend ähnlicher und geistvoller Weise individualisirt war. Ausgezeichnete Arbeiten waren ferner die beiden Büsten *Bläsers*, wovon namentlich die (im Kataloge nicht verzeichnete) des verstorbenen Prof. Stier, obwohl sie in Betreff der Aehnlichkeit vielleicht nicht ganz befriedigt, doch durch die edle und geistvolle Auffassung einen sehr bedeutenden Eindruck macht. Durch gute Charakterisirung und plastische Wirkung zeichneten sich ferner aus die Büsten des Frhrn. *von Ledebur* (Nr. 1105) »Büste des General-Lieutenants Hans Karl von Winterfeld« im Zeitkostüm und »eine weibliche Portraitbüste« (Nr. 1106), von *Elis. Ney.*[27] »Büste von Jakob Grimm« (Nr. 1121), *Müller* (Nr. 1495), *Gilli*[28] (Nr. 1080), *Tondeur*[29] (Nr. 1133), *Genschow* (Nr. 1068) und *Janda*[30] (Nr. 1094, 1095) unter denen namentlich die letztere, den Professor Hensel darstellend, durch ihre lebendige und würdevolle Haltung sehr anerkennenswerth ist. – Unter den *Portraitstatuetten* waren vor Allem zu nennen: die »Statuette des Prof. Rauch, am Entwurf des Friedrich-Denkmals stehend« (Nr. 1144) von *Wolgast,*[31] welcher auch eine »Statuette des hochseligen Königs« (Nr. 1142) ausgestellt hatte: ferner eine andere »Portraitstatue Rauchs« (Nr. 1492) von *L. Druke* [Drake], die sich besonders durch große Aehnlichkeit bemerkbar macht, und »A. von Humboldts« (Nr. 1493) von demselben Künstler; sehr bedeutend in Haltung und Ausdruck waren auch die »Portraitstatuetten des Kaisers Nikolaus« und »des Kaisers Alexander« (Nr. 1107 und 1108) von *Mehnert,*[32] woran wir die »Portraitstatuette I. K. H. der Prinzeß Friedrich Wilhelm« (Nr. 1066) anschließen, welche nur etwas allzusehr ins Krinolinartige ging. Eine ganz eigenthümliche Richtung repräsentirten die zahlreichen »Kinderportraitstatuetten« (Nr. 1088–1093) in Elfenbeinmasse von *Janda.* Sie zeichnen sich durch ungemeine Lebendigkeit und höchst sorgfältige Detaillirung aus. – Unter den *Reliefportraits* endlich erwähnen wir die Arbeiten von *Kullrich:*[33] »Bildnißmedaillons des Prinzen und der Prinzessin Friedrich Wilhelm von Preußen« (Nr. 1101 u. 1102), von *Dietrich*[34] ausgeführt, von *Eggering* (desgleichen in einem Medaillon), (Nr. 1054), von *Moser* »Reliefportraits« (Nr. 1116–18), und von *Jungermann* (Nr. 1098).

Was die *Thierdarstellungen* betrifft, so war es mit dieser sehr schwach bestellt. Von Wilhelm *Wolff*[35] war eine »Löwenfamilie« (Nr. 1503) ausgestellt, welche einen über dem getödteten Körper der Löwin heulenden Löwen darstellte. Der Löwe aber zeigte wenig von dem im höchsten Schmerz rasenden König der Thiere, es ist ein Löwe aus dem Käfig des zoologischen Gartens. – Sehr artig in der Idee und von geschmackvoller Einfachheit in der Ausführung ist ein »Kandelaber« (Nr. 1497) von *Rosenthal*,[36] den wir deshalb hierher ziehen, weil der am Fuße des von Weinreben mit hängenden Trauben umschlungenen Kandelaberschaftes angebrachte Fuchs in Lebensgröße, der mit sehnsüchtigen Blicken nach den über ihm außer Sprungweite hangenden Trauben emporblickt, die Hauptsache bildet. Der ganze Kandelaber ist der Ausführung in Bronce würdig, jedoch möchten wir dem Künstler anrathen, die obere, etwas kahle Hälfte des Schaftes noch etwas mehr zu ornamentiren, etwa durch Fortsetzung der Reben und Trauben bis zur Spitze. Endlich erwähnen wir noch einen nach der Natur modellirten »Hasenkopf« (Nr. 1043) von *Boldt*.

Das Feldherrndenkmal

In seinen Erinnerungen von 1849 macht Johann Gottfried Schadow detaillierte Angaben zu den Entstehungsbedingungen seines berühmten, sowohl in der Stilentwicklung als auch in der Denkmalgeschichte einen Wendepunkt markierenden Standbildes des Generals Hans Joachim von Zieten. Aus diesem Bericht wird deutlich, mit welchen Schwierigkeiten ein Bildhauer jener Zeit bei der Arbeit an einem öffentlichen Standbild zu kämpfen hatte. Die 2,57 m große Marmorstatue, die den berühmten General der Kavallerie in Husarenuniform darstellt, war ursprünglich zusammen mit den anderen Offiziersdenkmälern der Zeit Friedrichs II. auf dem Wilhelmsplatz in Berlin (vgl. S. 29f.) aufgestellt. Heute wird das öffentliche Geschichtsdenkmal als Kunstwerk im Museum, in der Nationalgalerie Berlin (DDR), aufbewahrt, inzwischen mit einem neuen Sockel versehen (vgl. Abb. S. 61).

12

Johann Gottfried Schadow

Das Berliner Zieten-Standbild

(1849)

Hans Joachim von Zieten, geb. am 16. Mai 1699, nach Frau *von Blumenthal* am 18. In der Zeit zu bleiben, schliesset sich hier an, der Bericht von dem Denkmal dieses Helden auf dem Wilhelmsplatz zu Berlin.
Das Schreiben des Ministers *von Heinitz* an den Rector und Hofbildhauer *Schadow* vom 22. Mai 1790 besagt: daß Bedenken zu tragen sei, in dieser kriegerischen Epoche bei des Königs Majestät diese Statue in Antrag zu bringen. Der Künstler möge dies thun. – – – Es ist mir nicht mehr erinnerlich, was mich ermuthigte, zwei Modelle zu skizziren, deren Verschiedenheit aus den beigefügten Umrissen wahrzunehmen ist.
Der Sohn des Helden und Offiziere, welche im siebenjährigen Kriege mit gefochten hatten, hätten die Skizze gewählt – dastehend mit gezogenem Säbel, als dessen entschlossenem Charakter angemessen.
König Friedrich Wilhelm II. befahl jedoch zur Ausführung jene, welche den in Ueberlegung begriffenen Feldherrn darstellt. Wir Zeitgenossen sahen ihn doch jährlich einmal zu

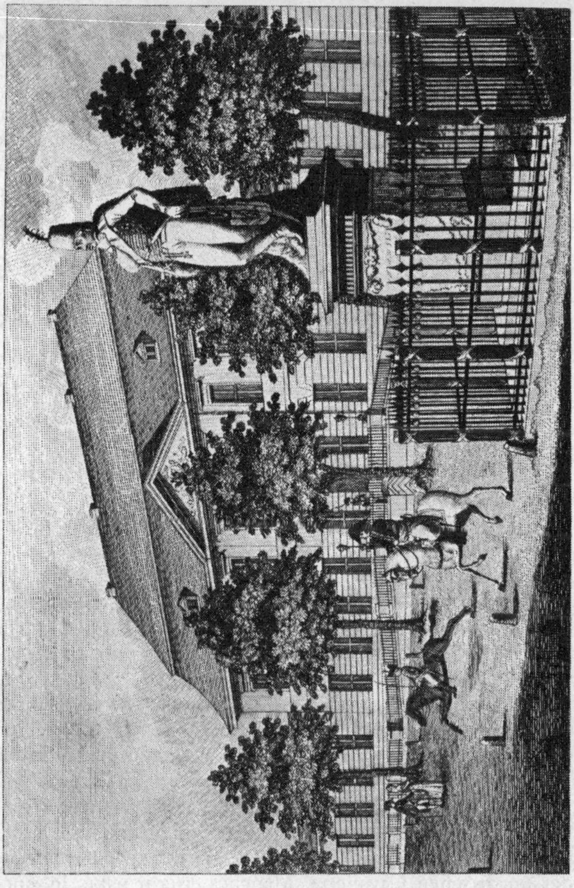

Johann Gottfried Schadow. Denkmal des Generals Hans Joachim von Zieten. 1794. Ehem. Berlin, Wilhelmsplatz. Stich von Peter Haas nach einer Zeichnung von Louis Serrurier

Pferde bei der großen Revue, aber dermaßen gekrümmt, daß ein Drittel seiner sonstigen Größe eingeschrumpft schien.
Dem Bildhauer verzieh man es, hier von den Proportionen der wirklichen Natur abgewichen zu sein und die Seelengröße durch das Handgreifliche und Sichtbare ausgedrückt zu haben. Der Künstler hat sich jedoch in den Basreliefs am Piedestal, in der Figur des General von Zieten zu Pferde, Mühe gegeben, der natürlichen Erscheinung nahe zu kommen.
Damals schaffte das Ober-Hofbauamt aus Italien den Marmor zu den Königlichen Arbeiten. Am 6. März 1791 erhielt ich von demselben die Meldung: »daß ein großer Block Carrara-Marmor für mich bereit liege, und wenn von diesem kostbaren Stück Marmor etwas abfallen sollte, was zu anderer Königlicher Arbeit verwendet werden könnte, solches zurück zu liefern sei.«
Der Abschnitt gab den nöthigen Stein zu zwei von den Basreliefs am Postamente.
Die Vorderseite sollte die Inschrift enthalten, welche in vergoldeten Bronce-Lettern auf einer Tigerhaut zu lesen ist.
Wenn schon die Statue eine mühevolle Arbeit war wegen der vielen Einzelnheiten in der Husaren-Uniform, so ergab sich bei den Aufgaben zu den drei Basreliefs, daß sie noch mehr Schwierigkeiten darboten. Der Künstler war jung und gefiel sich in Ueberwindung derselben.
Der Sohn unsers Helden (der Landrath von Zieten), damals Offizier im Regimente seines Vaters, that das Beste, um durch Beibringung von lebenden Modellen die zeitgemäße Waffenbekleidung vor Augen zu führen. Es wurde gewünscht, daß der Marmor auch Bildliches aus dem ersten und zweiten schlesischen Kriege geben möge, was in Erinnerung brächte, daß Zieten auch in Kaiserlichen Diensten, bei der ungarischen Cavallerie, Manches erlernt habe, in einer Schule welcher Friedrich der Große einen hohen Rang einräumte. Hierbei ist bemerklich zu machen, daß der König Friedrich Wilhelm I. nach damaligem Reichsgebrauche dem

Kaiser 1734 ein Hülfscorps stellte, in welchem Zieten, unter Commando des K. K. Generals Baronay, zu stehen kam und seine erste Schule machte. König Friedrich der Große war durch die Umstände geleitet worden, die Waffen gegen Oesterreich zu richten, wo der Zufall es fügte, daß General Baronay und Oberst von Zieten als Feinde auf einander stießen. Dies geschah 1741 am 17. Mai bei Rothschloß. Das feindliche Corps wurde von Zieten bei einer Wassermühle in die Enge getrieben, die Brücke brach, ein ganzes Regiment mußte sich gefangen ergeben. Baronay rettete sich zu Fuß auf einem übergeworfenen Brette. Das Basrelief zeigt diesen, sich auf einen ungarischen Grenadier stützend, und Zieten, sein Pferd anhaltend und die Säbelklinge ziehend. Der Geschichte nach erfuhr Zieten durch ein Handbillet des Generals Baronay, mit wem er zu schaffen gehabt habe. Hier kam es darauf an, einen Moment darzustellen, entnommen aus dem ersten Schlesischen Kriege, unsern Helden betreffend. Frankreich und Italien besitzen neue und alte Basreliefs, kriegerische Begebenheiten vorstellend; da ist dann in langen Linien Raum für dergleichen. Hier ist die Fläche der Marmortafeln dermaßen beschränkt, daß der Künstler beim Hinwerfen der ersten Linien zu solcher Aufgabe sich eingeschränkt fühlt, und doch in die Beschränkung sich fügen muß. Zur Erinnerung an den zweiten Schlesischen Krieg ward die Aufgabe zu einer Darstellung gestellt, wie Zieten bei katholisch Hennersdorf am 23. November 1745 vier sächsische Regimenter überfällt. Er ließ sie nicht zur Besinnung kommen, umringte das Dorf und nahm die Besatzung größtentheils gefangen. Hier war es auch, wo sein Regiment die silbernen Pauken eroberte, die demselben als immerwährende Trophäen verblieben sind. Ein Bericht, der diese mitten im Dorfe gegen vier Regimenter vollführte Action beschreibt, ist vorhanden, aber dem Künstler verblieb von dem reichhaltigen Gemälde nur, eine Andeutung zu geben. Man sieht den Commandirenden etwas im Hintergrunde, und im Vordergrunde einen von den Seinen, welcher auf den feindlichen Pauker das Pistol abdrückt.

Aus dem siebenjährigen Kriege wählten die Sachkundigen als Aufgabe: »die Schlacht bei Torgau am 3. November 1760.« Der König in großer Bedrängniß, nur noch Meister von Sachsen, wagte noch spät im Jahre, den in einem gut verschanzten Lager stehenden Feldmarschall Daun zu delogiren, theilte seine Armee in zwei Heereshaufen, von dem der eine dem Commando des General Zieten anvertraut wurde. Diesem Theile gelang es, in die Nähe der feindlichen Batterien zu kommen, die dann sogleich erstürmt wurden. Unter den ruhmvollen Tagen wird dieser in der Geschichte unsers Helden den Glanzpunkt behalten.

Wie arm ist dagegen unsere bildliche Darstellung. Der Feldherr, auf einem ermüdeten Rosse sitzend, deutet mit dem Säbel nach den Siptitzer Höhen, ein vorbeireitender Adjutant mit abgezogenem Hute hat einen Rapport zu überbringen; jenseit sieht man einen Grenadier herabkommen mit einer feindlichen Fahne. Vorn ein Wachtmeister von der schweren Reiterei, dessen Pferd erschossen ist, und endlich soll der Offizier hinter dem General einen Adjutanten vom Regiment Kunheim vorstellen, welches Regiment zuerst zur Attaque kam.

Bei dem Reiter zu Fuß stand Modell ein alter Wachtmeister; wir mußten einen Küraß herbeischaffen, indem diese Schutzwaffe zu jener Zeit bei der Armee abgelegt war. [...]

Der Minister *von Heinitz* meldete dem Künstler unterm 3. December 1792, daß zur Aufstellung des Denkmals vom General Zieten vorläufig der Dönhofsplatz in Vorschlag gebracht sei, aber nach der Kabinets-Ordre vom 27. November 1793 sollte die Statue auf dem Wilhelmsplatz zwischen den Generalen von Keith und von Seidlitz zu stehen kommen. Im Monat März 1794 ward dies Denkmal ganz beendet und dem Publicum sichtbar. Die Basreliefs sind vielfach beschädigt worden von Knaben, die mit harten Feldsteinen den minder harten Marmor bei Seite schafften.

Das Reiterdenkmal

Die anspruchsvollste Aufgabe für Bildhauer war im Denkmalbereich schon seit Jahrhunderten das Herrschermonument. Seit der römischen Antike ist die Reiterstatue dafür die bevorzugte Denkmalform, man denke nur an die Reiterstatue des Marc Aurel, die auf Vorschlag Michelangelos 1538 auf dem Kapitolsplatz in Rom neu aufgestellt wurde. Gabriele Paleotti, Erzbischof von Bologna, hatte 1582 für die Errichtung von Fürstendenkmälern die Forderung erhoben, sie sollten nicht nur als Herrscherabzeichen den Ruhm und die Autorität des Fürsten verkünden, sondern darüber hinaus dazu beitragen, die Ausübung des Herrscheramtes durch Erwekkung von Ehrfurcht und Gehorsam zu bewirken.
Die Reiterstatue blieb bis zum Ende des Denkmalkultes dem Regenten vorbehalten. Die wenigen Reiterdenkmäler für Söldnerführer in der Renaissance, z. B. Donatellos Gattamelata in Padua (1447–53) und Verrocchios Colleoni in Venedig (1480–88), entsprechen genau dem Typus des fürstlichen Reitermonuments. Im 18. Jahrhundert hatte Friedrich II. von Preußen den Vorschlag seines Bildhauers Jean Tassaert (1727–88), dem Sieger von Roßbach, Reitergeneral Friedrich Wilhelm von Seydlitz, ein Denkmal dieser Art zu errichten, strikt abgelehnt, mit der Begründung, er wolle »nicht einführen [. . .], daß die nicht zu souverainen Familien gehörigen Personen durch Standbilder zu Pferde gefeiert« würden. Unter den etwa 200 deutschen Reiterstandbildern des 19. und frühen 20. Jahrhunderts sind bis auf wenige Ausnahmen (u. a. Bismarck und Moltke) die geehrten Personen Mitglieder »souverainer Familien«. Vor diesem Hintergrund erhalten die folgenden Texte ihre Bedeutung.
Das Weimarer Projekt fand seinen Abschluß 1869–72 in der Reiterstatue des Rietschel-Schülers Adolf Donndorf (1835–1916) vor dem Fürstenhaus. Die Braunschweigischen Reiterstandbilder für zwei Herzöge des Landes wurden 1874

neben dem Schloß aufgestellt. Heute stehen sie, überlebensgroß, an der Südspitze der großen Platzanlage am Löwenwall in Braunschweig. Das Monument des Herzogs Karl Wilhelm Ferdinand (reg. 1780–1806) entwarf Franz Xaver Pönninger (1832–1906), das des Herzogs Friedrich Wilhelm (reg. 1813–15) Ernst Hähnel (1811–91). Gegossen wurden beide von Hermann Howaldt (gest. 1891) in Braunschweig.

13

Über den Plan zu einem Denkmal für Karl August von Sachsen-Weimar als Reiterstatue

(1857)

Vor längerer Zeit sprach sich *Adolph Stahr*[37] mit großer Befriedigung über die von dem Bildhauer *Drake* damals eben vollendete kolossale Monumentalstatue des Kurfürsten *Johann Friedrich des Großmüthigen* aus, welche wie bekannt in Jena bei der Feier des dreihundertjährigen Bestandes der Universität aufgestellt werden soll. *Stahr* hält diese Portraitstatue für die gelungendste, welche *Drake* bis jetzt geschaffen, und findet in ihr die ausgeprägteste Portraittreue mit dem höchsten Adel der Ausführung vereinigt, die Haltung durchaus motivirt und den Eindruck harmonisch großartig. Insbesondere rühmt er, daß der Künstler die Schwierigkeit, welche eine fast übermäßige Beleibtheit, wie sie bekanntlich dem fromm- und treuherzigen Churfürsten eigen war, der plastischen Darstellung bietet, nicht nur überwunden, sondern für den Eindruck der Mächtigkeit verwerthet habe, was ihm unter Anderem auch durch die durchdachte Behandlung des Faltenwurfs gelungen sei. Zugleich erwähnt *Stahr*, daß anfänglich eine Reiterstatue beabsichtigt war, die Besteller aber von diesem Plane wieder abgegangen seien, und knüpft daran einige Bemerkungen über das *Karl-August-Denkmal*, insbesondere über die von Seiten des regierenden *Großherzogs* ausgesprochene Idee einer *Reiterstatue* auf der *Altenburg* an. Er erklärt sich mit Recht gegen diese Idee und verlangt für einen Heros, dessen Bedeutung und Wirksamkeit wesentlich geistiger Art war, ein *Standbild*. So einverstanden man mit dieser Ansicht sein muß, so möchten doch seine Motive dafür nicht unbedingt zu unterschreiben sein. *Stahr* findet im Allgemeinen die Reiterstatue nur da angemessen, wo die »quantitative Erhabenheit« zum Ausdruck zu bringen sei, bei Feldherrn und bei Herrschern weiter Reiche. Nun würde aber beispielsweise eine Reiterstatue Karl des Großen kaum angemessen zu finden und auch das Roß für eine Monumentalstatue Napoleons keineswegs für nothwendig zu erachten sein, wogegen umgekehrt es sich wohl von selbst versteht, daß ein Reiterführer – (z. B. auch ein solcher, der es nicht einmal zum General gebracht hat, aber doch eines Denkmals werth gefunden werden könnte, wie Schill) – zu Pferde darzustellen sein würde. Napoleon antwortete allerdings bekanntlich auf die Frage *David's*,[38] wie er ihn darstellen solle: »ruhig auf wildem Roß«, allein hier handelte es sich um ein Gemälde, nicht um ein Monument. Jenen Anspruch, den Napoleon an sein Bildniß machte, hat *Crawford* in der Reiterstatue *Washingtons*[39] verwirklicht; aber weder besteht Washingtons Größe in seinem Feldherrn-Talente, noch läßt sich seiner staatsmännischen Thätigkeit ein außerordentlich weiter Umfang oder ein ausgedehntes Terrain zusprechen: seine Größe beruht vielmehr in der Hoheit seines Charakters und in der das Freiheitsgefühl des amerikanischen Volks in sich repräsentirenden Kraft seiner Persönlichkeit. Wenn also das im Zaum gehaltene Roß hier – wie es eben auch Napoleon im Sinne hatte – die Volksleidenschaft versinnlichen soll, so ist hier (bei der Washingtonstatue) gewiß nicht von Bezähmung, sondern von Leitung derselben zu einem gemeinsamgewollten Ziel die Rede. – Anders ist es, wenn es sich um Fürsten handelt. Selbst für solche, denen eine besondere geschichtliche Bedeutung, der Charakter historischer Größe nicht zukommt, mag es sich um Beherrscher weiter Reiche oder kleiner Länder handeln, scheint die Reiterstatue deshalb angemessen, weil die Erhöhung auf dem Roß und die Beherrschung desselben ein vorzugsweise plastisches Ausdrucksmittel für die abstrakte Fürstlichkeit, den Fürsten*beruf* als solchen abgiebt. Nach *Stahr's* Meinung aber ist die Reiterstatue nur bei Beherrschern weiter Reiche geboten und die monumentale Darstellung überhaupt gerechtfertigt: weil sie eine quantitative Größe repräsentiren; woraus dann folgen würde, daß dagegen den Fürsten kleiner Länder, wenn sie nicht an sich bedeutend sind, überhaupt kein Denkmal, insbesondere aber keine Reiterstatue zu setzen wäre. Allein das Denkmal eines persönlich unbedeutenden Fürsten wird immer nur – gleichviel wie groß sein Reich sei – ein nominelles Denkmal sein und thatsächlich nur die Bedeutung einer Platzzierde haben: es ist eine Kaiser-, eine Königs- oder eine Fürstenfigur, wie man an bestimmter Stelle eine Ritterfigur oder eine Landesknechtsfigur anbringt. Anders stellt sich die Sache, wenn der betreffende Fürst zwar keine geschichtliche Größe in dem Sinn der historischen Aktivität, aber doch eine individuell bedeutsame Persönlichkeit besitzt, die sich als solche der Volkserinnerung einprägt. In diesem Falle muß der darstellende Künstler das Bild der Volkserinnerung, wie es von ihr festgehalten wird, entnehmen. So lebt auch *Karl August* – abgesehen von dem, was er für die deutsche und demnach für die allgemeine Kulturenwirkung gewesen ist – als *populärer* Fürst und *originelle* Persönlichkeit in der Volkserinnerung, aber seine Gestalt ist dieser nicht als Reiterfigur, sondern in dem einfachen Jagdgewand und in bequemer, praktischbeschaulicher Haltung gegenwärtig. Wäre also bei einer Monumentalstatue *Karl August's* seine historische Bedeutung nicht zu berücksichtigen, so hätte er doch das Recht auf ein wahrhaftes Denkmalbild und folglich ein Recht darauf, daß das Charakteristische seiner Gestalt und Haltung dem Ausdrucke abstrakter Fürstlichkeit nicht aufgeopfert werde. Was die historische Größe anbetrifft, so scheint uns im Allgemeinen der Unterschied geistiger und materieller Wirksamkeit zu abstrakt und der Begriff quantitativer Erhabenheit zu unbestimmt, als daß die Symbolik der Roßbeherrschung auf das bloße Heerführerthum oder aber auf die äußerliche Macht zu beschränken wäre. Wenn ich daher auch zu demselben Schlusse wie *Stahr* gelange, und mich ebenfalls gegen eine Reiterstatue für *Karl August* erkläre, so bin ich doch andererseits der Meinung, daß der Ausdruck der *Fürstlichkeit* nicht aufgegeben werden dürfe, zwar nicht wegen der fürstlichen Würde als solcher, sondern weil *Karl August* den Höhepunkt der Weimarischen Geschichte, die hier allerdings wesentlich Kulturgeschichte ist, vertritt. Neben diesem Ausdruck der Fürstlichkeit aber kann das Gepräge der individuellen Persönlichkeit in prägnantester Weise sehr wohl bestehen, und dürfte gerade in diesem Falle nicht nur unter dem abstrakten Moment der Fürstlichkeit nicht leiden, sondern im Gegentheil eher vorwiegen.

14

Debatte im Braunschweigischen Landtag über die Finanzierung der Reiterstatuen vor dem Schloß

(1864)

Am 24. Juni 1864 kam es im Braunschweigischen Landtage zu einer sehr interessanten Debatte, deren Verlauf wir unsern Lesern in großen Zügen schildern wollen. Abgeordneter *Othmer* stellt den Antrag, die Landesversammlung wolle die Herzogliche Regierung ersuchen, zu genehmigen, daß der zur Ausführung der Reiterstatuen der Herzöge Karl Wilhelm

Ferdinand und Friedrich Wilhelm noch fehlende Betrag von 25000 Talern von den Überschüssen der vorigen Finanzperiode genommen werde.

Abg. Rechtsanwalt *Baumgarten* führte aus, der Zug der Zeit gehe ja auf Errichtung von Statuen und Denkmälern, aber so lange er im Hinblick auf die einen oder anderen Landesteile noch so manches dringendes Bedürfnis gewahre, wofür die Mittel fehlen,

glaube er, seine Stimme für den Antrag nicht abgeben zu dürfen.

Abg. *Köpp* konte es *nicht billigen,* daß für den fraglichen Zweck über Landesmittel verfügt werde. Das Unternehmen sei eine Privatangelegenheit, von der sich nicht sagen lasse, mit welchem Recht und aus welchem Anlaß sie in diese Versammlung geworfen sei [. . .]. Man möge bedenken, daß allein die Last des Militäretats jährlich 1½ Taler pro Kopf betrüge: bei solchen Verhältnissen sei es geboten, die Aktivreste der Finanzverwaltung in naturgemäßer Weise zugunsten derer, aus deren Beitragskräften sie hervorgegangen, zu verwenden; er empfahl daher Ablehnung des Antrages.

Abg. *Stöler* sagte: Die Idee eines Denkmals für die Herzöge habe im Lande nur mäßig befriedigt. In Hannover z. B. trete uns das neue Reiterdenkmal für Ernst August[40] entgegen, der seinem Volke die Verfassung genommen hat:

er schlüge vor, die betr. Mittel an Bedürftige zu verteilen oder sie sonstigen wohltätigen Zwecken zuzuführen.

Abg. *Müller*: Angesichts des vielgerühmten Wohlstandes der braunschweigischen Bevölkerung müsse man es für

eine äußerst ärmliche Bekundung der Sympathie ansehen, wenn nur 17000 Taler aus dem ganzen Lande zusammengekommen seien [. . .].

Die Kommission wolle auch die Kunst mit dem Unternehmen gefördert sehen, er sei auch ein Kunstfreund, könne es aber nicht billigen, den Aufwand dafür, der die Hauptstadt bzw. die höchsten Kreise in ihr angehe, aus dem gemeinen Säckel zu bestreiten, wenn dessen Inhalt noch immer nicht

ausreiche, den wichtigsten Trägern der Bildung und Gesittung,
den Volksschullehrern, durchgehend eine anständige und sorgenfreie Existenz zu gewähren.
Die solide Stellung dieses Standes möge ein Denkmal sein, an dem man verweilen möchte, wenn an den Standbildern der Reiz der Neuheit längst verflogen und wenn an ihnen
der arme Dorfschullehrer vorbeigehen und mit bitterem Gefühle berechnete, wie mit diesem Aufwand ihm und seinen Berufsgenossen hätte aus der Not geholfen
werden können. (Erst die Republik hat bekanntlich den Lehrern ein menschenwürdiges Dasein geschaffen. Die Red.) [...] Würde eine Stiftung gegründet, von der keine Gemeinde ausgeschlossen sei – *wie ja denn auch in jenen Kriegszeiten kaum eine Familie, die nicht ihr Blutopfer gebracht hätte* – so würde dies gewiß wünschenswerter sein als die Errichtung von Reiterstatuen. – Sage man etwa, es sei ein Ehrenpunkt für das Land, *das unüberlegt begonnene Denkmalsunternehmen* vor dem Scheitern zu bewahren, so könne er es nicht gut heißen, wenn man den *Mangel der freudigen Gesinnung*, an dem das Zustandekommen gescheitert sei, mit dem Prunklappen einer eben ermöglichten Anstandsbewilligung zu verdecken suche.
Abg. *Köpp* wies nochmals darauf hin, daß man mit der Bewilligung der 25000 Taler aus Landesmitteln *schwerlich in Übereinstimmung mit dem Willen des Landes handle*, da, wenn wirklich ein lebhaftes und tief gehegtes Gefühl für das Denkmalsprojekt vorhanden wäre (welches allein die Bewilligung rechtfertigen könne), die freiwilligen Beiträge einen anderen Betrag erreicht hätten.
Abg. *Höppner* erklärte, daß er *gegen* die Denkmäler stimmen werde, zumal *in anderen deutschen Städten* in der letzten Zeit vielfach Männern Denkmäler gesetzt seien, die dieses keineswegs um das deutsche Volk verdient hätten. Dazu käme, daß in der ganzen Entstehungsgeschichte des Denkmalsprojektes etwas läge, was *Zweifel an der freudigen Zustimmung der*

Bevölkerung erwecken müsse. Redner schließt: »*Wir stehen hier als Repräsentanten unserer Wähler*, hätten sie das Unternehmen gewollt und gewünscht, so wäre ja die gegenwärtige Frage überhaupt hier nicht Gegenstand der Verhandlung geworden.

Es ist aber nicht gelungen, die Bevölkerung des Landes für die freiwillige Ausführung des Unternehmens zu interessieren [. . .].«

Der Kommissionsantrag wurde dann auch nur mit 23 gegen 18 Stimmen angenommen.

Königsdenkmäler für Friedrich Wilhelm III. von Preußen

Um die Mitte des 19. Jahrhunderts, vor allem nach der Revolution von 1848, wurde in Preußen eine Vielzahl von Denkmälern für den 1840 verstorbenen König der Befreiungskriegszeit, Friedrich Wilhelm III., errichtet. Die drei folgenden Quellen beziehen sich auf drei Monumente für diesen König.

Der erste Text ist ein Bericht über die Entstehung und Ausführung des frühesten, das als Standbild 1849 im Berliner Tiergarten errichtet und in dessen Grundstein er versenkt wurde. Er macht zusätzlich deutlich, in welcher Weise sein Verfasser, ein preußischer Universitäts-Kunsthistoriker, sich in den Dienst des Denkmalerrichters König Friedrich Wilhelm IV. zu stellen vermochte. Der Bericht beleuchtet insofern zugleich die Rolle der Kunstwissenschaft jener Zeit. Die heute noch erhaltene Marmorstatue Friedrich Drakes (vgl. Abb. S. 75) stellt den König als Friedensbringer dar, der mit der Öffnung des Tiergartens, auf die im Sockelrelief angespielt wird, einen dauerhaften Beweis seiner Untertanenfreundlichkeit erbracht hatte. Damit verkörpert das Denkmal nicht den preußischen Herrscher der Befreiungskriegszeit und der folgenden Restauration, sondern den ersten Bürger seines Staates in der Gestalt des liebenden Familienvaters und des um seine Frau, die Königin Luise, trauernden Witwers. Das dem Betrachter nahegebrachte Thema ist die Versöhnung zwischen König und Volk.

Max Schaslers Text ist die ausführliche Besprechung der ausgewählten Entwurfsskizzen zum Berliner Reiterstandbild Friedrich Wilhelms III. im Lustgarten (vgl. Abb. S. 95). Vorangestellt sind ihm zwei detaillierte Programmvorschläge, davon einer aus der Feder des preußischen Geschichtsschreibers und Hofhistoriographen Leopold von Ranke. (Das »Friedrichsdenkmal« in der von Schasler zitierten Ausschreibung ist Rauchs Berliner Monument für Friedrich II., Unter den Linden.)

Auf dieses zweite, nicht erhaltene Berliner Denkmal, von dem Rauch-Schüler Albert Wolff ausgeführt und erst beim Einzug der siegreichen Truppen 1871 eingeweiht, folgte 1878 die Enthüllung des Kölner Heumarkt-Denkmals von Gustav Bläser (vgl. Abb. S. 99); der Aufruf zur Konkurrenz für das Kölner Reitermonument 1860 hatte sich deutlich an den Berliner Vorstellungen orientiert. Dieser Wettbewerb wurde übrigens 1863 (erfolglos) wiederholt, nachdem offensichtlich das überladene Darstellungsprogramm überzeugende Entwürfe verhindert hatte. Bläser in Berlin, ebenfalls Rauch-Schüler, erhielt den Auftrag dann vom Denkmalkomitee zugewiesen, er war Kölner. Hermann Schievelbein sollte den Sockel entwerfen; er starb 1867, und Bläser übernahm auch seinen Part. Die langen Entstehungszeiten lassen u. a. auch erkennen, welche Bedeutung die Errichtung solcher – im übrigen sehr aufwendigen – Monumente gewonnen hatte und wie sehr das Interesse der deutschen Bildhauer damit verbunden war.

15

Franz Kugler

Das Denkmal König Friedrich Wilhelms III. im Thiergarten zu Berlin

(Geschichte seiner Entstehung und Ausführung, in den Grundstein eingelegt)

(1849)

Am 7. Juni 1840, kurz vor Vollendung seines siebzigsten Lebensjahres, war König *Friedrich Wilhelm III.* gestorben. Nachdem er mit seinem Volke das Joch der Fremdherrschaft siegreich abgeworfen, hatte er ein Vierteljahrhundert in ungestörtem Frieden geherrscht und vielfältige Wohlthaten über seinen Staat und über sein Volk ausgebreitet. Seine Residenzstadt Berlin hatte sich deren vorzugsweise zu erfreuen gehabt. Daher sprach sich in ihr unverholen, durch alle Stufen der Gesellschaft, die tiefste Trauer über seinen Hintritt aus; daher ward in ihr sofort der Wunsch rege, dem hohen Verewigten, als bleibendes Zeichen treuer Liebe und Verehrung, ein Denkmal zu errichten. Ein Verein von patriotischgesinnten Männern trat zusammen, um diesen Gedanken ins Leben zu führen. Ein aus seiner Mitte gewählter Ausschuss übernahm die zu diesem Zwecke erforderlichen Geschäfte. Jeder unter den Bewohnern Berlins ward zur Theilnahme aufgefordert; jede Beisteuer wurde dankbar entgegengenommen.

Eins der letzten Geschenke, welche Berlin der Huld des hingeschiedenen Königs verdankt, war die Umschaffung des Thiergartens in einen weiten, reizvollen Park, der die Bewohner der Stadt von den Mühen der Tagesarbeit und dem Staube der Strassen fort und fort in seine grünen Schatten hinauslockt, ihnen Erheiterung, Erfrischung, Kräftigung gewährend. Der Thiergarten ward zur Stätte des Denkmales ausersehen; auf seine Neugestaltung sollte dasselbe zunächst Be-

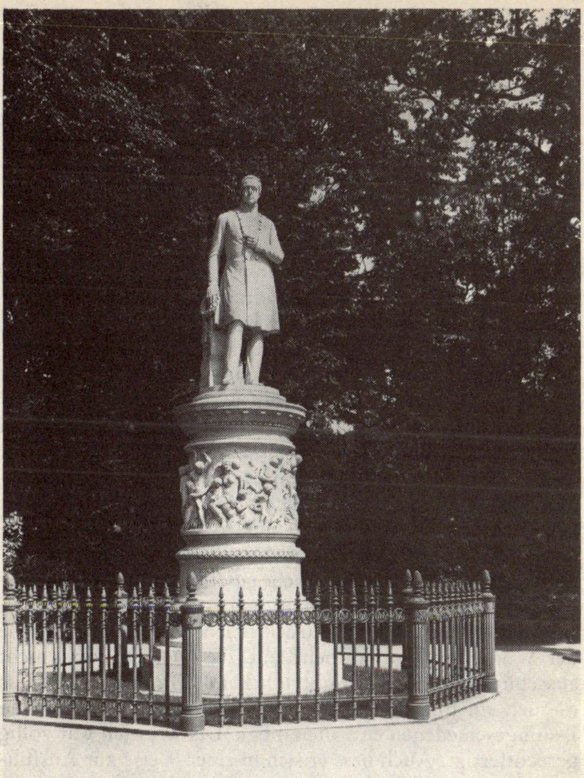

*Friedrich Drake. Denkmal Friedrich Wilhelms III. Marmor.
1841–49. Berlin, Tiergarten*

zug haben; ihm sollte es, wie es den bleibenden Dank für die königliche Gnade aussprach, selber zur bleibenden Zierde gereichen. Der Bildhauer *Friedrich Drake*, zur Ausführung der künstlerischen Arbeit ausersehen, fertigte den Entwurf des Denkmales. Der Nachfolger des verewigten Monarchen, König Friedrich Wilhelm IV., gab dem Plane, in warmer Anerkennung des zu Grunde liegenden Gedankens, seine hohe Zustimmung.

Eine kleine Insel des Thiergartens ist dem Gedächtniss der hochseligen Königin *Louise* gewidmet. Alljährlich, wenn der Schnee schmilzt, bedeckt sie sich in Fülle mit den ersten Blumen des Frühlings. Auf ihr steht ein kleines Marmordenkmal, welches, ohne weitere bildliche Darstellung, die daran enthaltene Inschrift nur mit einer einfach künstlerischen Schmuckform umgiebt. Das Denkmal für König Friedrich Wilhelm III. war ähnlich entworfen, aber umfassender, reicher, mit belebteren künstlerischen Zierden ausgestattet. Man hatte geglaubt, sich in solcher Art auf ein sinnbildliches Schmuckwerk beschränken zu müssen, da es den Bewohnern der einzelnen Stadt, Berlins, nicht zukam, ein Denkmal aufzuführen, welches die eigentliche geschichtliche und königliche Bedeutung des Verewigten, sein grosses Wirken für den gesammten Staat zum Ausdruck brächte. Doch aber wurde der Wunsch mehr und mehr laut, dass das Denkmal nicht ausschliesslich in seiner sinnbildlichen Form erscheinen, dass es auch ein Bild der körperlichen Erscheinung des theuren Dahingeschiedenen enthalten möge. Der Wunsch war völlig gerechtfertigt. Auch liess er sich in einer Weise zur Ausführung bringen, die, ohne den ursprünglichen Gedanken zu verläugnen, denselben nur noch inniger und ausdrucksvoller wiedergab. Der Künstler lieferte, nach mancher Umgestaltung des früheren, einen Entwurf, in welchem das Sinnbildliche auf das Piedestal beschränkt ward; die Cylinderfläche desselben wurde mit einer reichen Folge bewegter halberhabener Bilder bedeckt, welche ein heiteres, glückliches Leben im Genusse der freien Natur entfalteten, während sich über dem Piedestal das Standbild des Königs erhob, in aller Haltung innerer königlicher Würde, aber nicht mit der äusseren Pracht der Herrscher-Majestät, schlicht und inniges Vertrauen erweckend, ein Vater der Seinen. Nach diesem Entwurfe schritt der Künstler zur Ausführung.

Der erwünschten möglichst raschen Vollendung des Denkmales stellten sich aber auch von da ab manche unvorhergesehene Hemmnisse, theils technischer Art, theils in Betreff der Beschaffung der dazu erforderlichen Geldmittel, entgegen. Es dauerte geraume Zeit, ehe aus den Brüchen von Carrara Marmorblöcke von der Grösse und Güte, wie sie zu diesem Zwecke nöthig waren, gewonnen und hiehergeschafft werden konnten. In den ersten Jahren des Unternehmens ward der Wohlthätigkeitssinn Berlins zur Aufhülfe der von einem verderblichen Brande heimgesuchten Stadt Hamburg aufs Höchste in Anspruch genommen, so dass die entbehrlichen Mittel der Bewohner Berlins sich vorzugsweise dorthin wandten. Schwere, drückende Nothjahre für den preussischen Staat selbst folgten; dann eine Zeit, in welcher das innere Leben des Staates einem völligen Umsturze Preis gegeben und die Noth des Augenblickes die Pflichten der Dankbarkeit gegen eine grosse Vergangenheit fast vergessen zu machen schien. Aber alle diese Zeit hindurch arbeitete der Künstler, ob auch kaum eines persönlichen Lohnes gewärtig, mit unermüdeter Beharrlichkeit, mit unverringerter Begeisterung an seinem Werke fort. Er legte den Meissel nicht eher zur Seite, als bis das Beste geleistet war, was er vermochte, und bis – wie wir glauben – die Summe der künstlerischen Kraft unsrer Zeit in dieser Arbeit ihren Ausdruck gefunden hatte.

Das Werk ist vollendet und die schweren Wetterwolken, die über unserm Vaterlande hingen, sind zerrissen. Ein neuer Tag der Geschichte Preussens ist angebrochen, und mit Muth, Hoffnung und Vertrauen blicken wir dem, was er uns bringen wird, entgegen. Darum ist es jetzt an der Zeit, das Denkmal aufzustellen. Es soll nunmehr aus der Werkstätte des Künstlers hinaustreten, es soll dem Leben der Gegenwart und der Nachwelt angehören und dazu beitragen, dass beide sich ihrer Verbindung mit der grossen Vergangenheit bewusst bleiben. Am heutigen Tage, dem Geburtstage des verewigten Königes, wird der Grundstein des Denkmales gelegt. Der Platz ist unfern der Louisen-Insel, nach deren Denkmal das Standbild des Königes hinüberblicken wird. Die Aufstellung selbst wird, wie wir hoffen, in kürzester Frist nachfolgen. Möge das Denkmal lange Jahrhunderte hindurch ungestört und unentweiht an seiner Stelle stehen! Und möge es, wie es aus der Liebe zwischen Volk und König hervorgegangen ist, die Liebe zwischen Volk und König stets lebendig erhalten!

Berlin, am 3. August 1849.

16

Max Schasler

Ausstellung der Konkurrenz-Skizzen zum Denkmal Friedrich Wilhelms III. in Berlin

(1860)

Die Konkurrenzentwürfe für die Statue des hochseligen Königs Friedrich Wilhelm III., welche im Lustgarten, dem Königlichen Schlosse gegenüber, aufgestellt werden soll, sind nach einem von dem Herrn Minister den Künstlern übergebenen Plan angefertigt, wobei ihnen jedoch die freie Wahl der Idee zu dem Kunstwerke überlassen blieb. Die Statue wird den hochseligen König zu Pferde darstellen, und die Reliefs des Postaments sollen die wesentlichsten Momente aus seinem Leben enthalten. Die Bildhauer *Möller, Albert Wolf, Schievelbein, Kiß, Wredow, Franz, Hagen* in Berlin, *Emil Wolf, Mathiae* und *Troschel* in Rom haben Entwürfe zu diesem Denkmal eingesandt.[41] [. . .] Um unsere Leser über

den Inhalt und Umfang der Aufgabe, sowie über deren besondere technische Requisite vollständig zu unterrichten, geben wir zuvörderst das im Frühjahr veröffentlichte *Programm*, welches die allgemeinen Bedingungen des Themas enthält, sodann zwei »Vorschläge zum Denkmal Friedrich Wilhelms III.«, von denen der eine von *Ranke* herrührt. Beide wurden neben dem Programm durch den Minister Herrn v. *Bethmann-Hollweg*[42] den zur Betheiligung an der Konkurrenz eingeladenen Künstlern zugesandt, sind also gleichsam als officielle, wenn auch als unmaaßgebliche Propositionen zu betrachten.
Nach Einsicht und auf Grund derselben wird dann unsere Beurtheilung der ausgestellten Skizzen selbst erfolgen.

Programm

Seine Königliche Hoheit der Prinz-Regent haben zu bestimmen geruht, daß Seiner Majestät dem Hochseligen *König Friedrich Wilhelm III. ein Denkmal* in *Berlin zwischen dem Königlichen Schloß und dem Museum*, dem Schloß zugewandt, errichtet werden soll.
Das *Denkmal* soll bestehen aus einer *broncenen kolossalen Reiterstatue* des *Königs im militairischen Kostüm seiner Zeit, auf einem mit Bildwerken geschmückten Piedestal von Bronce und Granit.*
Die *Reiterstatue* soll *gleiche Größe* haben wie die des *Friedrichsdenkmals*; dagegen sind für das *Piedestal*, so weit dies künstlerische Rücksichten gebieten, *geringere Dimensionen* zulässig.
Hinsichtlich näherer Bestimmungen über die *Statue* (die *Haltung* derselben, die *Anwendung von Mantel und Kopfbedekkung* etc.) ist dem *Künstler freie Hand* gelassen.
Auch in Betreff der Anordnung des *Piedestals* und der *Wahl der Darstellungen* an demselben soll seiner Erfindung nicht vorgegriffen werden. Doch sind zu *eventueller Berücksichti-*

gung zwei *verschiedene Vorschläge anliegend beigefügt*; auch wird auf die *Entwürfe Rauch's*, welche in dessen Nachlaß vorhanden sind, aufmerksam gemacht.
Im Fall der Betheiligung an der Konkurrenz ist eine *Skizze*, in welcher die *Höhe der Reiterstatue* ohne das Piedestal etwa *20 Zoll beträgt*, bis zum 15. September 1860 bei dem Minister der geistlichen, Unterrichts- und Medicinal-Angelegenheiten nach vorgängiger Anmeldung einzuliefern.

Erster Vorschlag

Wenn zur glücklichen Lösung einer künstlerischen Aufgabe die möglichste Individualisirung des Gegenstandes gehört, so dürfte es sich empfehlen, im vorliegenden Falle König Friedrich Wilhelm III. nicht ganz allgemein »als Regenten«, sondern in einer bestimmten, seine Regierung vorzugsweise verherrlichenden Beziehung zu denken. Diese scheint darin gegeben, daß *er nach siegreichem Kampfe um die Freiheit des Vaterlandes dieses in 25 Friedensjahren zu neuer Blüthe erhoben hat.*
Diesem Grundgedanken gemäß würde *der König* in dem schönsten, selbst im Volksliede fortlebenden Moment seiner Regierung, in seiner *siegreichen Heimkehr* in die Hauptstadt seines Reichs, im Kriegsmantel mit flatterndem Federhut, das entgegenkommende Volk mit der Hand grüßend, das Pferd im Schritt, darzustellen sein. Es gewährte dies den Vortheil, daß der Herrscher in der vollen Kraft des männlichen Alters (nach *Rauch's* früherer Büste)[43] und nicht in seiner gewohnten steifen Haltung, sondern in einer ruhigen, dem großen Moment entsprechenden Bewegung erschiene.
An den vier Ecken des hohen Postaments würden *vier Viktorien*, nur mit den Zehen der (geschlossenen) Füße die Erde berührend, mit großen Flügeln die Seiten des Postaments beschattend, mit beiden Händen Siegeskränze dem Volke, das mit seinem Könige gekämpft und gesiegt, austheilend,

ihre Stelle finden. Diese großen Figuren, in voller Gestalt, flatternden Gewändern und starker Ausladung, mit den ausgebreiteten Flügeln, würden dem Piedestal die Fülle, den Charakter und das Leben verleihen, welche das Monument Friedrich's II. auszeichnen.

Die vordere Fläche des Piedestals würde unter dem eisernen Kreuz die Inschrift tragen; die drei anderen in Basreliefs unter dem Schatten der Viktoriaflügel die geistigen Mächte darstellen, die der König geschützt und als deren Frucht seine großen Friedenswerke zu betrachten sind, *Wissenschaft*, *Kunst* und *Religion*, allegorisch durch weibliche, etwas erhaben thronende, Figuren vertreten.

Die *Wissenschaft* würden die berühmtesten Gelehrten und Forscher der Zeit umgeben; ihr zunächst *Wilhelm* und *Alexander von Humboldt*, die Weltkugel (den Kosmos) betrachtend, sodann auf der einen Seite *Wolff* als Schöpfer der neueren Philologie, *Niebuhr* und *Savigny* als Repräsentanten der historischen Schule, in freundlichem Gespräch mit *Schleiermacher* (sitzend), dem Begründer der neueren Theologie; auf der andern Seite *Fichte*, stehend, durch den Ernst seiner Züge und die erhobene Rechte an die »Reden an die Deutsche Nation« erinnernd, *Hegel*, sitzend und von zahlreichen Schülern umgeben, als *der* Philosoph der Zeit, der am nachhaltigsten in die Breite gewirkt.

Die Figur, welche die *Kunst* repräsentirt, würde auf der einen Seite als Vertreter der *schönen* Künste *Rauch*, *Schinkel* und *Cornelius*[44] mit entsprechenden Symbolen, auf der anderen *Thaer* und *Beuth*[45] mit den Symbolen des Ackerbaus und der Industrie als Vertreter der *nützlichen* Künste zu Begleitern haben. Auf der hinteren schmalen Seite würde die *Religion*, in ähnlicher Weise thronend, den Bund der beiden Kirchen, der lutherischen und reformirten, durch zwei weibliche Gestalten, die sich die Hände reichen, dargestellt, segnen und also das schöne Werk des Königs, die Union, verewigen.

Da durch diese Reliefdarstellungen die großen Friedenswerke des Königs selbst aber keineswegs erschöpft sind, so könnte ein zweiter, unter den Füßen der Viktorien um das Postament laufender schmalerer Fries dies ergänzen. Nur wären, um die Einheit des Grundgedankens nicht aufzuheben, die kriegerischen Ereignisse der Regierung König Friedrich Wilhelms III., die überdies durch die Monumente der Generale und die Bildwerke der Schloßbrücke ausreichend vertretend sind, ganz auszuschließen. Als die denkwürdigsten Werke der *Gesetzgebung* und *Verwaltung* dürfte die Einführung der allgemeinen Wehrpflicht, der Städteordnung, der Gewerbe- und Handelsfreiheit (Aufhebung des Zunftzwanges, Zollverein u. s. w.), die Aufhebung der Erbunterthänigkeit und die Befreiung des ländlichen Grundeigenthums (Gemeinheitstheilung, Separation, Ablösung der Grundgerechtigkeiten) zu betrachten sein. Würden die dadurch bedingten Lebensverhältnisse, also z. B. auf der Vorderseite die allgemeine Volksbewaffnung im stehenden Heere, Landwehr und Landsturm, auf den drei anderen Seiten das städtische Verfassungsleben mit Magistrat und Bürger-Vertretung, die Blüthe des freien Handels und Gewerbes, der Segen des durch Gutsherrlichkeit und Weideservituten[46] nicht mehr behinderten Ackerbau's, auf diesem, dem Auge des Beschauers näheren Friese mehr realistisch und *haut-relief* ausgeführt, so würden damit in einer dem Volke anziehenden Weise die Wohlthaten der großen Reformen König Friedrich Wilhelms III. vergegenwärtigt.

Zweiter Vorschlag

König Friedrich Wilhelm III. zeichnete sich mehr durch moralische Eigenschaften aus, als durch geistige Genialität. Sein Wesen war einfache Würde, gedrungene, selbst knappe Geschlossenheit, wohlwollender Ernst. Diesem Charakter muß ohne Zweifel auch das Monument entsprechen, das ihm errichtet werden soll, sowohl in der Portraitstatue zu Pferde,

in der man seine Persönlichkeit darzustellen, als in den Ornamenten, mit denen man das Postament derselben zu schmükken gedenkt. Nur von dem letzten darf hier die Rede sein.
Ohne einer besseren Meinung vorzugreifen, würde ich vorschlagen, an den vier Ecken des Postaments die vornehmsten moralischen Eigenschaften, die den Charakter des Königs bildeten, durch eine symbolische Darstellung derselben zu vergegenwärtigen. Ich meine: strenge Sittlichkeit, Gottesfurcht, Tapferkeit und Gerechtigkeit. Für den Künstler ein in unseren Zeiten nicht verbrauchter und doch großartiger Stoff idealer Gestaltung.
Wenn man die Inschrift auf den Sockel verwiese, so würde man über die vier Flächen des Piedestals und über den Fries verfügen können, um die Geschichte dieses Fürsten in Erz zu schreiben. Die Summe der Geschichte Friedrich Wilhelms III. aber liegt in dem Unglück, das ihn sammt seinem Volke durch überlegene Gewalt betraf und in der Befreiung aus demselben in einem gigantischen Kampf auf Leben und Tod. Es leuchtet ein, daß in dem Erz nicht geradezu das Faktische wiedergegeben werden kann, wie das ja auch von dem Geschichtsschreiber durch allgemeine Ideen, die sich noch von demselben sondern, verstanden und verständlich gemacht wird. Für ein Kunstwerk wird eine wenigstens theilweise symbolische Darstellung unerläßlich sein.
Doch würde sich empfehlen, dabei noch einen Unterschied zu machen. Die eigentlich politischen und kriegerischen Handlungen und ihre Erfolge müßten den Gegenstand der größeren Formen des Piedestals ausmachen; für den Fries würden kleinere, mehr genreartige, das Faktische unmittelbar bezeichnende Darstellungen vorbehalten bleiben.
Davon, die ersten Jahre des Königs in die monumentale Darstellung aufzunehmen, würde man wohl absehen müssen. Die äußere Politik jener Jahre war eine Fortsetzung der Politik der vorangegangnen Regierung, die innere eine Verbesserung derselben, doch mehr in den Intentionen als durch durchgreifende Umbildung. [. . .]

Dagegen würde nach meinem unmaaßgeblichen Dafürhalten das Unglück von 1806 und 1807 auch in dem Erz nicht übergangen werden dürfen. Man darf nicht vergessen, daß es eine Zeit gab, wo Napoleon eine Medaille mit der Inschrift »deletis Borussis«, (»nach der Vernichtung Preußens«) schlagen lassen konnte. Ich bekenne, es wird für den Künstler schwer sein, diesen Moment des Unglücks bezeichnend und ohne Anstoß auszudrücken. Aber ohne den Fall ist die Erhebung nicht zu verstehen. Nach meinem Dafürhalten müßte beides auf der Rückseite des Piedestals neben einander zur Darstellung kommen. Tapferkeit im Unglück und Regeneration. Es würde sehr erwünscht sein, einen oder den andern Akt der letzteren, etwa die Ertheilung der Städteordnung, oder die Stiftung der Universität, ausdrücklich hervorzuheben, doch weiß ich nicht, ob da nicht anderes ebenso Wesentliche wegbleiben, oder eine unangenehme Verwirrung entstehen würde: vielleicht wäre es gut, für den Entwurf nur den Hauptgedanken festzuhalten: den zum Tode verwundeten niedergeworfenen Kämpfer, der sich aber bald wieder kampffähig daraus ermannt, gleich dem *Antäus*, nachdem er seinen Boden, die in der Nation schlummernde Kraft, berührt hat.

Auf der ersten längeren Fläche müßte dann der große Kampf selbst dargestellt werden. Als nächsten Gegenstand der Darstellung könnte man wohl an einen großen Schlachttag denken, etwa den Tag bei Culm, an dessen glücklichem Ausgang der König selbst großen Antheil hatte, – aber das dürfte sich namentlich in den gegebenen Dimensionen nach den inneren Gesetzen monumentaler Plastik schwerlich ausführen lassen. Für den Entwurf wird es genügen, die großen Momente zu bezeichnen, die zur Anschauung kommen müßten. Der erste: die enge Vereinigung von Fürst und Volk zu einer gemeinschaftlichen Kraftanstrengung ohne gleichen; der zweite: die Flucht des Feindes; der dritte: die große Allianz und das wiedererwachende Germanien.

Anschließend hieran würde die zweite vordere schmalere Fläche die völlige Niederwerfung des Feindes, den entschiedenen Sieg zum Gegenstand haben. Da würde dann die Verbindung mit England zu symbolisiren sein, und ein neues Motiv hinzufügen; oder sollte vielleicht die gesammte Allianze erst auf diese Fläche verwiesen werden? – Der Wahl oder schöpferischen Empfindung des Künstlers bliebe alles Nähere überlassen.

Zwischen diesen beiden Flächen würde die Figur der Tapferkeit erscheinen: zwischen der zweiten schmalen und der zweiten längeren die Gestalt der Gerechtigkeit.

Denn diese vierte Fläche würde nur der Zeit des Friedens gewidmet werden; der Bewegung der früheren Scenen müßte die gesammelte und selbstbewußte Kraft in ihrer Ruhe folgen. Die größte politische Handlung des Königs in dieser Epoche war ohne Zweifel die Erhaltung des Friedens selbst, – im Jahre 1830, – doch läßt sie sich nicht wohl zur verständlicher Anschauung bringen.

Vorzuziehen wäre vielleicht die Darstellung der verschiedenen Provinzen in ihrer Besonderheit und nunmehr geschehenen Vereinigung auf immer, in friedlicher und befriedigter Haltung. Man könnte den Moment wählen, wo ihnen der König die Provinzial-Verfassung ertheilt. Ich lasse dahingestellt, ob eine Andeutung einer engeren Verbindung mit dem übrigen Deutschland, wie sie in dem Zollverein zu Stande kam, hier damit verknüpft werden könne.

So würde der Umkreis des historischen Lebens dieses Fürsten bezeichnet sein. Und nur darauf käme es an. Es wäre schon genug, wenn der Uebergang von der Niederlage zur Regeneration, der Kampf und der Sieg und der Friede versinnbildet würde, mit mehr oder minder anschließender Bezeichnung des Faktischen, nach der Wahl und dem Genius des Künstlers.

Dagegen müßte nur das Thatsächliche in dem *Fries* vorwalten. Auch dafür bietet die Regierungsgeschichte Friedrich

Wilhelms III. einen so unermeßlich reichen Stoff dar, daß die Auswahl nicht leicht sein dürfte. Soll man hier eine oder die andere von den großen Schlachten darstellen? Ich glaube nicht, denn das würde doch in den Gedankenkreis zurückführen, den das Piedestal ausdrückt. Vielmehr würde nach einem bereits ausgesprochenen Gedanken das Verhältniß des Königs zu den verschiedenen Ständen der Unterthanen und seine Fürsorge für sie als der geeignetste Gegenstand der künstlerischen Arbeit auf dem Fries zu betrachten sein.
Wenn die Stiftung der *Universität* nicht auf dem Piedestal vorkäme, so würde sie auf dem Fries erscheinen müssen, doch wohl zugleich mit der Stiftung der *rheinischen Universität*; dem würde sich die Gründung des *Museums* anschließen. Aber ich sollte glauben, daß die Fürsorge für das gesammte Unterrichtswesen eine Stelle finden müßte. Gestalten, wie Wilhelm v. *Humboldt* und *Altenstein*[47] und einer oder der andere der großen *Gelehrten der Zeit* würden hier angebracht werden können. Wäre der *Union* nicht schon anders gedacht, so würde sie an dem Fries nicht fehlen dürfen; denn ohne Zweifel war sie eine der vornehmsten Gedanken des Königs; gegen die Symbolisirung derselben, wie sie angeführt worden, könnten selbst die Andersgesinnten nichts einwenden, da doch nur das innigste Bündniß der beiden protestantischen Kirchen ausgedrückt würde. Wünschenswerth, aber kaum möglich würde es sein, auch die Herstellung der katholischen Bisthümer anzudeuten.
An Kirche und Unterricht würde sich das städtische Leben anschließen: einmal die Verleihung der Städteordnung, wenn sie am Piedestal wegbliebe, und gewiß aber die Umgestaltung des Verkehrs. Man würde andeuten, daß die Städte nicht mehr geschlossene Packhöfe blieben, was sie bis dahin waren, sondern freie Vereinigungen, man würde die Schlagbäume fallen, und das blühende Gewerbe einziehen sehen. Dann käme die Landeskulturgesetzgebung an die Reihe, die Aufhebung der Gutsunterthänigkeit, die Begründung eines freien Bauernstandes.

Endlich würde auch der Organisation der Armee aus Gründen der allgemeinen Dienstpflicht eine Stelle gebühren. Vielleicht ließe sich hiermit eine Darstellung des Königs in der Mitte seiner vier blühenden Söhne, welche eine gesicherte Zukunft andeuten, in ihrer militärischen Qualität in Verbindung bringen. Aber auch hier käme es darauf an, die leitenden Ideen zur Erscheinung zu bringen, ohne durch Häufung der Gegenstände die Anschauung und Auffassung zu verwirren. Dem Künstler bliebe die Auswahl überlassen, wenn er nur die Intention im Allgemeinen ausspräche.
Der König würde in dem Fries mehr als Landesvater, in dem Piedestal mehr in seiner politischen Thätigkeit und seinen Schicksalen, in den Eckfiguren des Postaments in seinen Eigenschaften, in der Reiterstatue selbst in seiner Persönlichkeit erscheinen. Wie er war und lebte, so würde sein Bild auf alle Zeiten vor Mit- und Nachwelt dastehen.

gez. *L. Ranke.*

Nachschrift. Ausdrücklich mag noch hinzugefügt werden, daß der vorstehende Entwurf für den Künstler nicht maaßgebend sein soll, weder in Bezug auf die Vertheilung der Räumlichkeiten noch für die einzelnen Darstellungen.

Diskussion der Entwürfe

Dies die beiden Vorschläge. Man kann nicht leugnen, daß sie viel – zuviel! – Stoff enthalten. Aber jedenfalls geben sie dem komponirenden Künstler, ohne daß dieser sich sehr um die Details der Geschichte zu kümmern braucht, eine Menge Motive zur beliebigen Auswahl. Ob dies grade ein Vortheil sei, möchten wir bezweifeln. Denn grade die nur durch das Selbststudium gewonnene Totalanschauung, welche für die organische, aus einem Guß hervorgehende Gesammtkomposition von unersetzlicher Wichtigkeit ist, wird durch diese sozusagen als Eselsbrücken – man verzeihe diesen etwas trivialen aber allein passenden Schulausdruck – fungirende Vorlagen gradezu abgeschnitten. Unsere Künstler lesen leider ohnehin nicht viel. Wird ihnen nun noch in officieller Weise statt des dornigen, aber auch mit den Rosenknospen selbsteigner Begeisterung bestreuten Pfades der eignen Forschung ein ebener Weg vorgezeichnet, gewissermaaßen eine praktische Blumenlese einzelner passender Motivchen zur beliebigen Auswahl offerirt, wo soll dann die eigene Anschauung, das eigenthümliche Erfassen ihres Gegenstandes auf Grund der vollen Erkenntniß des geschichtlichen Gesammtbildes herkommen? Besser wäre gewesen, Herr *von Bethmann-Hollweg*[48] hätte – falls er dies überhaupt für nöthig erachtet – den Konkurrenten einfach ein gutes monographisches Geschichtswerk, und wenn es auch nur Eylert's »Leben des Königs Friedrich Wilhelm III.«[49] gewesen wäre, angedeutet und im Uebrigen ihnen überlassen, was sie aus dem gewissenhaften Studium der Geschichte als Resultat ihrer Gesammtanschauung für die plastische Darstellung herausgezogen. Denn es giebt in dem vielbewegten Leben des Königs wie jedes Menschen unendlich viel kleine Züge, welche als solche zwar nicht darstellbar aber für die Erfassung des Charakters von höchster Wichtigkeit sind.

Wir wären fast versucht, vor einer Kritik der Skizzen selbst die mitgetheilten Vorschläge einer solchen zu unterwerfen. Indessen wird man sehen, daß die Skizzen eben die beste Kritik der Vorschläge abgeben, sei es daß sie denselben folgen, sei es daß sie von ihnen abweichen, sei es endlich daß sie dieselben mißverstanden haben. Es sind im Ganzen zwölf, nämlich von *Troschel, Kiß, Albert Wolff (2), Möller, Fischer, Kalide, Franz, Hagen, Genschow, Schiefelbein* und *Wilgohs.* Wir nennen sie hier in der Reihenfolge, in welcher sie aufgestellt sind und werden sie auch so besprechen, indem wir uns dagegen verwahren, in dieser Folge irgendwie eine qualificirende Anordnung andeuten zu wollen. Schließlich bemerken wir, daß noch drei Skizzen, von *Wredow*, Emil *Wolff* und *Matthiä* (letzterer in Rom), in Aussicht stehen.

Eine Skizze kann ihrer Natur nach nichts weiter geben wollen, als eine klare Anschauung 1. über die Gesammtwirkung der Verhältnisse zwischen den einzelnen Theilen des ganzen Entwurfs, 2. über die Auffassung der Hauptfigur, die deßhalb verhältnißmäßig am meisten ausgeführt sein muß, 3. über die leitenden Ideen in den Nebenfiguren und Reliefdarstellungen, sowie über das allgemeine Arrangement in der Komposition der letzteren. – Wer mehr davon verlangt, begeht eine Ungerechtigkeit gegen den Künstler, dessen wahrhaft künstlerische, d. h. schöpferische Thätigkeit erst bei der Einzelgestaltung und Detailausführung seiner Ideen beginnt. Wir bemerken dies ausdrücklich, um unser Urtheil selber nicht Mißverständnissen auszusetzen. Die oben berührten Punkte lassen sich übrigens auf zwei Hauptkriterien zurückführen, welche wir als *ideelle* und *materielle* (architektonische) *Disposition des Grundgedankens* bezeichnen möchten. Die ausgestellten Skizzen unterscheiden sich nach diesen beiden Seiten hin sehr wesentlich, indem die einen einen stärkeren Accent auf die ideelle, zum Nachtheil der architektonischen Disposition, die andern einen stärkeren auf die materielle Disposition, zum Schaden der ideellen, legen. Mehrere lassen allerdings beide Momente in gleicher Weise vermissen: aber in *keiner* einzigen erscheinen beide Seiten in gleicher Berechtigung und Bedeutsamkeit.

1. *Troschel.* Das übermäßig große Piedestal, dessen Eckstücke mit kränzewerfenden Genien geziert sind, läßt die Hauptfigur oben viel zu klein und unbedeutend erscheinen. Abgesehen von diesem principiellen Mißverhältniß, gewährt auch der König weder den Eindruck von Würde noch von Liebenswürdigkeit. Er sitzt in steifer Haltung, mit einem Palmzweige in der Hand, auf einem Pferde, welches aussieht, als wäre es vor einem schweren Fuhrwerk angespannt und würde stark angetrieben. Den Sockel umgiebt eine, abwechselnd von Adlern und Engelfiguren gehaltene Guirlande, die ziemlich geschmacklos aussieht. Die Reliefs sind unbedeutend und allzu aphoristisch behandelt.

2. *Kiß.* Die Hauptfigur ist lebendig aufgefaßt: Der König zieht nach dem Siege in seine Hauptstadt ein und grüßt sein ihn mit Jubel empfangendes Volk mit leichter Handbewegung. Vielleicht würde dieser Gedanke sich noch lebendiger aussprechen, wenn nicht der Federhut und der Mantel die Bewegung etwas zu sehr beschränkte. Das Pferd ist vortrefflich, in parirender Stellung, welche für ein Denkmal entschieden günstiger ist als das Vorwärtsschreiten oder Traben, da sie einen natürlichen Ruhepunkt gewährt. Das Piedestal macht einen reichen Eindruck, obwohl es etwas schmal erscheint und nach unten durch zu geringe Ausladung etwas an Festigkeit verliert. Diesen Mangel an hinreichender Breite und Festigkeit bemerkt man übrigens an den meisten Skizzen, von denen einige fast eine ofenförmige oder sarkophagartige Gestalt haben. – Die Kompositionen am Piedestal sind zum großen Theil wohl durchgedacht und mit Geschick arrangirt. Besonders glücklich scheint uns der Gedanke, die Figuren der 8 Provinzen des preußischen Staats paarweise an den Ecken als karyatidenartige Trägerinnen der Sockelvorsprünge anzubringen, wodurch sehr klar die Idee ausgedrückt wird, daß der König von der Liebe seines gesammten Volkes getragen wird. Die schmalen Seiten des Piedestals treten in leichter Bogenschwingung etwas heraus, während die Langseiten gerade Flächen bilden: auch diese, die strenge Architektonik etwas mildernde Behandlung der Durchschnittslinie trägt wesentlich zu der reichen und malerischen Wirkung des Piedestals bei. – Was die Reliefdarstellungen betrifft, so gliedern sie sich doppelt übereinander, indem die oberen als Fries behandelt sind. Diese stellen dar: auf der Vorderseite die Inschrift, darüber der preußische Adler und zwei Friedensgenien mit der Krone, auf der Rückseite »die Begründung der Union,« auf der rechten Langseite »Blüthe der Wissenschaft und Kunst,« auf der linken »die Reorganisation der Gesetzgebung.« Die Hauptreliefs zeigen: vorn »die Volksbewaffnung,« auf der Rückseite »die Zusammenkunft Blüchers mit Wellington bei Waterloo,« auf der rechten

Langseite »die drei Monarchen empfangen bei Leipzig die Siegesmeldung durch Schwarzenberg,« auf der linken »der Einzug der Verbündeten in Paris.« Diese Motive sind einfach und deutlich und bedürfen keiner Erklärung: in der oberen Reihe die Errungenschaften des Friedens, in der unteren die durch kriegerische Thaten begründete Selbstständigkeit der Monarchie. Man erkennt in dieser Anordnung einen klaren Geist und guten Geschmack. – Im Ganzen ist es eine tüchtige Meisterarbeit, welche sicher auf die engere Wahl kommen wird. Der Eindruck der Skizze als Ganzes würde übrigens bedeutend gewinnen, wenn das Piedestal nach unten zu sich mehr in die Breite ausdehnt, so daß das Ganze sich mehr der pyramidalen Form nähert.

3. *Albert Wolff.* Aus dem Umstande, daß dieser Künstler zwei verschiedene Entwürfe – wenigstens für die Hauptfigur – eingesandt hat, darf man schließen, daß er besondere Anstrengungen gemacht und die ganzen Mittel seiner Phantasie und seiner Technik aufgeboten hat, um etwas vorzugsweise Tüchtiges zu leisten. Wenn sich seine Anstrengungen hierauf beschränkt hätten, würde der Künstler nur in seinem Rechte sein. Allein es sind – um nur bei dem Werke selbst zu bleiben – darin zwei Punkte, welche auf die Absicht hindeuten, das Urtheil des Beschauers durch Wirkungsmomente, die der Aufgabe als solcher fremd sind, gefangen zu nehmen. Der eine dieser Punkte ist der für eine Skizze sehr hohe Grad der Ausführung, wodurch von vorn herein dieses Werk alle übrigen gegen sich in Nachtheil bringt, der zweite ist die für ein Werk dieser Größe sehr vortheilhafte Lebendigkeit und Drastik der Bewegung in den Nebenfiguren, die vorwaltende malerische Mannigfaltigkeit des Piedestals im Ganzen wie in den Details. Wir sagen: für ein Werk dieser Größe; denn es kann Niemandem zweifelhaft sein, daß bei der Ausführung im Großen diese Lebendigkeit und Drastik zur Unruhe, und diese malerische Mannigfaltigkeit zu einer unplastischen Genrehaftigkeit sich gestalten würde. Endlich deutet auch die Einsendung zweier Skizzen – ein weiterer Vortheil gegen die

übrigen Künstler, dessen Einräumung uns kaum gerechtfertigt scheint – auf die oben berührte Absicht hin. Der Künstler scheint damit den Preisrichtern sagen zu wollen: Gefällt euch die bei der Hauptskizze gewählte Auffassungsweise des Königs nicht, wohlan, hier ist eine andere, die euch vielleicht besser zusagen wird; ich will mich gern akkomodiren, wenn ich nur den Preis erhalte. Die Frage ist aber, welche Form der Auffassung ist nach der Ansicht des Künstlers die charakteristischste und würdigste. Diese gebe er uns als seine künstlerische Ueberzeugung und überlasse es der Jury, ob diese seine Ueberzeugung theile. Die zweite Skizze hätte unsrer Ansicht nach zurückgewiesen werden müssen, weil sie die Waffen des Wettkampfes ungleich macht und darum einen ungerechten Vortheil gewährt. Gerade darum fühlen wir uns – aufrichtig gesagt – veranlaßt, die *Wolff*'sche Skizze mit um so strengerem Maaßstab zu beurtheilen. Ist doch anderwärts hinreichend dafür gesorgt, sie in den Himmel zu erheben.
Der Künstler hat seiner Skizze ein gedrucktes Programm beigegeben – die andern Künstler haben sich bescheidener Weise mit einigen geschriebenen Notizen begnügt –, in welchem er die »leitenden Gedanken des Denkmals« auseinandersetzt. Werfen wir zunächst einen Blick auf das Programm, da es die Intentionen des Denkmals enthält. Es beginnt mit dem Gedanken, daß »die Persönlichkeit des Königs, im Lichte seiner gesammten Erlebnisse betrachtet, hauptsächlich den Eindruck des *Siegers* mache. Aus diesem Grunde stelle sich die Gestalt des Königs selbst im Siegerschmuck dar mit Lorbeerkranz und Königsmantel« – ist der Königsmantel ein Abzeichen des Sieges? – »aus eben diesem Grunde sei am Postamente die Siegesgöttin in den verschiedenen Gestaltungen die am meisten hervortretende Idee.« Weiterhin aber heißt es, wo von der Reiterstatue im Besondern die Rede ist: »die Wurzel der vielfachen Herrschertugenden des Königs, die wahre Quelle seiner gewissenhaften Hingebung an die Pflichten seiner Stellung, seiner Tapferkeit in allen Widerwärtigkeiten des Leben ist aber seine tiefe, *väterliche Liebe zu*

seinem Volk, getragen von einer echt *religiösen Gesinnung. Frömmigkeit* also muß die Bewegung des Königs bestimmen und dafür erscheint als die passendsten Form die Geberde des *Segnens*«. Wenn zwischen diesen beiden Gedanken, daß der König als *Sieger* und zugleich als *segnender frommer Landesvater* dargestellt werden müsse, kein Widerspruch herrscht, so enthält ihre Verbindung doch eine gefährliche Spaltung zwischen Form und Ausdruck. Frömmigkeit ist Demuth und Milde, der Charakter des Siegers aber beruht in dem stolzen Triumph, in der selbstbewußten Würde und kraftvollen Hoheit. Dergleichen verständige Reflexionen leiten, wenn sie sich von der Einfachheit entfernen, durch die Kombination auf Abwege. Unsrer Ansicht nach ist die einzig passende Auffassungsweise für Friedrich Wilhelm III., daß er als *Vater seines Volks* im weitesten und edelsten Sinne des Wortes dargestellt werde. Denn die väterliche Gesinnung, überhaupt die gemüthvollen Familientugenden bildeten den Grundzug seines Charakters. Er war stark im Ertragen, aber männliche Energie und vorwärts stürmender Enthusiasmus, wie sie den »Sieger« kennzeichnen, waren ihm fremd. Daß also der Künstler das Piedestal zum Fußgestell eines Triumphators gemacht, finden wir entschieden uncharakteristisch, umsomehr, als der Triumphator selbst fehlt. Und mit welcher, der ruhigen, natürlichen, segnenden Würde des Königs widersprechenden Gewaltsamkeit spricht sich das Princip des Sieges in den Piedestalfiguren aus! Nicht nur daß die vier Viktorien, welche an den Ecken des Piedestals figuriren, fast so groß sind, wie die Figur des Königs selbst und bei der Ausführung im Großen etwa acht Fuß hoch werden würden, so sind sie auch in so leidenschaftlicher Bewegung dargestellt, daß sie die Aufmerksamkeit von der Hauptfigur geradezu abziehen. Sie entbehren durchaus der für ein Monumentalwerk nöthigen Ruhe, so geistvoll aufgefaßt sie auch als Einzelfiguren sein mögen. Was die Reliefs betrifft, die in zwei übereinander geordneten Darstellungen angebracht sind, so sind die in den Vorschlägen angedeuteten Ideen mit Geschick benutzt.

Indessen vermissen wir eine eigentliche Gliederung dieser Ideen, wie sie z. B. in dem *Kiß*'schen Entwurf mit Glück versucht worden ist. Die Motive für die untern Reliefs könnten, einzeln herausgenommen, beliebig mit einzelnen in den oberen vertauscht werden, ohne die Ordnung zu stören. Auf der schmalen Vorderseite befindet sich die Inschrift: »Friedrich Wilhelm dem Gerechten«; also nicht dem *Sieger*? Warum also jene Accentuation des Sieges, wenn sie für die Hauptfigur nichts Charakteristisches enthält? Wollen wir ehrlich sein, so ist es in den Freiheitskriegen vielmehr das Volk gewesen, das gesiegt hat, sobald es ihm erlaubt wurde zu kämpfen. Friedrich Wilhelm der Gerechte steht durch seine milden Herrschertugenden und die Wohlthaten des Friedens, welche er seinem Volke gewährte, zu hoch, als daß es nöthig wäre, an seinem Denkmal eine konventionelle Schmeichelei anzubringen; und eine solche sind die vier Viktorien. Die oberen Reliefs zeigen symbolische Gestalten, nämlich die »Gerechtigkeit«, den »Genius der Kunst«, die »Union« und die »Wissenschaft«, eine ganz unlogische Gedankenfolge: Gerechtigkeit ist eine Eigenschaft des Herrschers selbst, die Union ist eine formelle Einrichtung im Gebiet des Kultus, Wissenschaft und Kunst dagegen sind allgemein objektive Gebiete des Kulturlebens; welche inkonsequente Zusammenstellung! Ebenso inkonsequent sind die untern Reliefs, welche ohnehin zu den oberen zum Theil in einer direkten Beziehung, zum Theil geradezu in einem direkten Gegensatz stehen. So befindet sich unter der *Gerechtigkeit* das Relief »die Bewaffnung des Volks«, die in der Wehrverfassung – wie das Programm ausdrücklich hervorhebt – ihren *rechtlichen* Ausdruck gefunden hat, während unter dem Genius der *Kunst* von der »Aufhebung der Leibeigenschaft« u. s. f. und unter der *Wissenschaft* von den »wohlthätigen Folgen des von den Zollschranken befreiten Handels« die Rede ist. Zweckmäßig dagegen erscheinen die Medaillonportraits einiger Kriegs- und Friedenshelden unter Friedrich Wilhelm III., welche an den Seitenflächen der Fußgestelle der Viktorien angebracht sind. – In

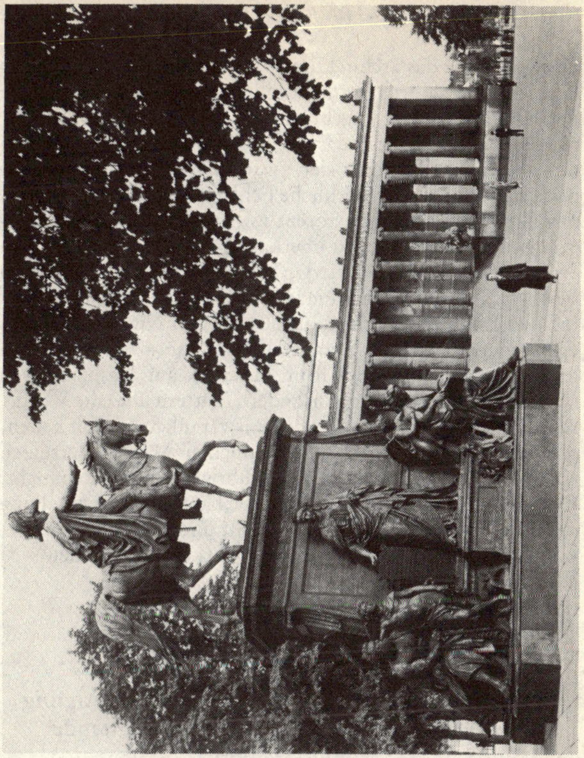

Albert Wolff. Denkmal Friedrich Wilhelms III. Bronze. 1871.
Ehem. Berlin, Lustgarten

Rücksicht auf das architektonische Arrangement der Reliefs können wir es durchaus nicht billigen, daß die untere Reihe derselben so niedrig angebracht ist, daß sie bei der Ausführung im Großen durch das Gitter gänzlich verdeckt werden muß. Das Piedestal baut sich zwar im Ganzen gut auf; dennoch hat es zwei sehr merkliche Fehler, welche die Harmonie des Gesammteindrucks stören: es hat eine zu geringe Basis und ist für die Hauptfigur überhaupt etwas zu klein. Endlich erscheint uns auch das Pferd in seinem Vorwärtsschreiten zu bewegt. Eine auf hohem Piedestal stehende Reiterstatue darf nie den Eindruck machen, als ob sie beim Niedersetzen des erhobenen Pferdefußes herabstürzen müsse. – Wir wiederholen, daß wir hauptsächlich im Hinblick auf die maaßlosen Lobeserhebungen, welche in andern Blättern über die Wolff'sche Skizze laut geworden sind, uns veranlaßt gefühlt haben, die verschiedenen, nicht unerheblichen Mängel derselben ebenfalls zu markiren, verkennen übrigens schließlich nicht, daß sie eine der besten Arbeiten der Konkurrenzausstellung ist und durch gefälliges Arrangement und kräftige Totalwirkung sich vor den meisten andren Werken auszeichnet.

17

Konkurrenz deutscher Bildhauer zur Anfertigung von Modellen für das in Köln zu errichtende Königs-Denkmal

(1861)

In *Köln* soll dem Könige *Friedrich Wilhelm III., als dem Vollbringer der dauernden Wiedervereinigung der Rheinprovinzen mit Deutschland und ihrer glücklichen Verschmelzung mit Preussen unter dem mächtigen Scepter der Hohenzollern,* ein Denkmal gesetzt werden, wozu die Mittel durch patriotische Gaben der Bewohner der Preussischen Rheinprovinz aufgebracht sind. Der unterzeichnete Verwaltungsausschuss des Ausführungscomité's ladet hierdurch alle *deutschen Künstler* ein, ihm *Modelle* zu diesem Denkmal zu liefern.

Die Konkurrenzbedingungen sind folgende:
1. die Einlieferung der Modelle an den unterzeichneten Verwaltungsausschuss zu Köln muss bis zum 1. Januar 1862 erfolgen.
2. Dieselben müssen bestimmt gearbeitet sein, damit sich Jedermann ein klares und bestimmtes Urtheil darüber bilden könne. Wer eine Reiterstatue mit zugehörigem Postamente einsenden will, wird ersucht, die erstere zwei Fuss hoch zu fertigen und das Postament damit in Einklang zu bringen.
3. Die Berechnung des Preises des nach dem Modell auszuführenden Denkmals ist beizufügen. Die für das Denkmal zu verwendende Summe darf 150 000 Thlr. erreichen.
4. Für die fünf besten Modelle sind Preise ausgesetzt, und zwar:

a) für das beste	3000 Thlr.
b) für das zweitbeste	2000 Thlr.
c) für jedes der drei nächstbesten	1000 Thlr.
im Ganzen also	8000 Thlr.

5. Ueber die Vertheilung der Preise entscheidet das Ausführungscomité und zwar vor dem 1. Januar 1863. Bis zur Vertheilung der Preise bleiben die Modelle zur Verfügung des Verwaltungsausschusses.
6. Die Verleihung auch des höchsten Preises giebt dem Künstler kein Recht auf die Ausführung des Denkmals. Wird einem der konkurrirenden Künstler die Ausführung des Denkmals übertragen, so ist das von ihm eingelieferte Modell Eigenthum des Comité's.
7. Die Künstler haben für die Her- und Rückschaffung der Modelle selbst zu sorgen.

Das Denkmal soll das grösste und freudigste Ereigniss in der Geschichte der Rheinlande würdig bezeichnen: Die dauernde Wiedervereinigung der Rheinprovinzen mit Deutschland und ihre glückliche Verschmelzung mit Preussen unter dem mächtigen Scepter der Hohenzollern, wodurch uns deutsches Wesen und deutsche Sitte erhalten und das Rheinland unter den Segnungen des Friedens der schönsten Entwickelung entgegen geführt wurde. – Im Uebrigen ist es nicht unsere Absicht, bezüglich der von dem Künstler zu verfolgenden Gedanken, beengende Vorschriften zu geben; wir sprechen aber den Wunsch aus, dass die Arbeit blos allegorische Darstellungen ausschliesse und sich vielmehr auf dem Grund und Boden thatsächlicher geschichtlicher Anschauung entwickle. Nur um diesen Gedanken zu erläutern, suchen wir durch folgende unmaassgebliche Andeutungen diejenigen Gesichtspunkte zur Anschauung zu bringen, welche wir dem Wesen unseres Denkmals angemessen halten. Wir würden uns z. B. das Monument (in Bronce-Guss) aus der Reiterstatue *Friedrich Wilhelm III.* mit bedeutungsvoll geschmücktem Sockel bestehend denken.

I. Die Reiterstatue

Friedrich Wilhelm III. kehrt nach beendigtem Kriege, glücklichen Siegen und abgeschlossenem Frieden an den Rhein zurück. Der Künstler wird hier auf den Erlass vom 5. April 1815 »An die Bewohner der mit der preussischen Monarchie vereinigten Rheinländer« verwiesen.

II. Der Sockel

Flucht der Franzosen nach der Niederlage in Russland und Volksbewaffnung in Preussen. (Portraits von *Scharnhorst, Lützow, Körner, Schenkendorf, Arndt* etc.)
Rheinübergang bei *Caub.*
Schlacht bei *Waterloo.*

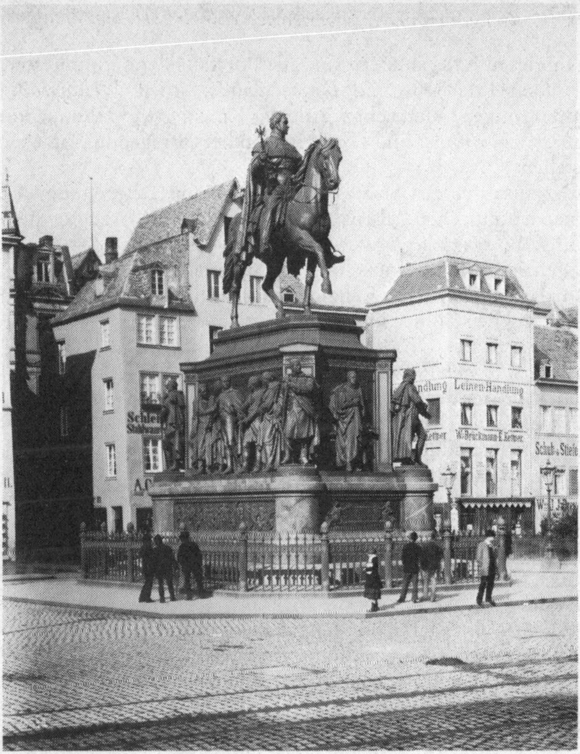

Gustav Bläser. Denkmal Friedrich Wilhelms III. Bronze. 1872–78. Ehem. Köln, Heumarkt

(In diesen Kriegsbildern sind die Portraits der berühmtesten Helden Preussens und Deutschlands, sowie *Wellington's* anzubringen. Vielleicht würde der Künstler wohl thun, *Blücher, Scharnhorst* und *Gneisenau* an hervorragende Plätze zu stellen.)
Organisation des Staates, Gründung und Befestigung des neuen politischen Lebens (*Stein* vielleicht in bevorzugter Stellung, *W. von Humboldt, Hardenberg* etc.)
Die friedliche Entwickelung des Staatslebens, etwa in einem fortlaufenden Friese: Religion; Kirchenbau, namentlich Herstellung des Cölner Domes.
Wissenschaft: Gründung der Universität Bonn, *Niebuhr, A. W. Schlegel, Pf. v. Walther* etc. Zugleich vielleicht eine Deputation der berliner Universität: *Alex. v. Humboldt, Fichte, Hegel, Schleiermacher, Wolff, Savigny* etc.
Kunst: Gründung der Akademie in Düsseldorf, *Cornelius, W. v. Schadow* etc. Als Dichter: *Immermann*. Als Musiker: *Beethoven, Mendelssohn-Bartholdy* etc.
Handel, Gewerbe, Fabriken, Dampf- und Segelschifffahrt, Eisenbahnen, Feld- und Weinbau, Forstwirthschaft. *Beuth, Maassen, Délius* etc.
Ist der Künstler im Stande, wirksamere Momente zu finden, so ist er durch Nichts gehindert, seinen eigenen Weg zu gehen. Auch ist die Form der Reiterstatue nicht die einzige, welche wir zulassen; sollte ein Künstler Willens sein, das Denkmal in einer anderen Form darzustellen, so werden wir seinem Projekte mit Freuden entgegensehen; jedoch müssen bezüglich der Möglichkeit der Ausführung die hiesigen lokalen Verhältnisse berücksichtigt werden.

Cöln, den 11. December 1860.

Der Verwaltungs-Ausschuss für das Königs-Denkmal.
(gez.) *v. Moeller. W. Joest. v. Wittgenstein.* Wolfgang *Müller. Stupp. Mevissen. D. Oppenheim. Zwirner. Deichmann.*

Blücher-Denkmäler

Obwohl die nach dem Vorbild der französischen Armee durchgeführte Volksbewaffnung einen wesentlichen Anteil am Erfolg der Befreiungskriege 1813 bis 1815 hatte, feierte man wie in früheren feudalen Zeiten statt des Volkes die Fürsten als Sieger, dazu immer öfter die populärsten Heerführer. Denkmäler für den Feldmarschall Blücher, als »Marschall Vorwärts« wichtigste Identifikationsfigur für weite Kreise der Bevölkerung, wurden in Preußen schon vor den großen Monumenten für den König zur vieldiskutierten Aufgabe. Daß nach dem öffentlich ausgetragenen Streit Schadows und Goethes um den Entwurf für das Blücher-Denkmal in Rostock zwischen beiden noch einmal eine Art der Zusammenarbeit zustande kam, ist bemerkenswert und zeigt die Verständigungsbereitschaft des »Praktikers« Schadow wie des »Theoretikers« Goethe.
Neben Schadow wurden auch Schinkel und Rauch mit der Anfertigung von Blücher-Denkmälern beauftragt. Von Schinkel stammt der Entwurf (1817) für ein Standbild in Breslau. Rauch modellierte das bedeutende Denkmal in Berlin, das 1826 gegenüber der Neuen Wache und damit vis-à-vis der Denkmäler für die Generäle Bülow und Scharnhorst eingeweiht werden konnte (vgl. Abb. S. 103). Der Vergleich der 1819 in Rostock enthüllten Blücher-Statue mit dem Berliner Denkmal von 1826 macht den Unterschied zwischen Schadow und Rauch deutlich, der sich sowohl in der Auffassung der Figur und des Gewandes als auch in der Rezeption durch Zeitgenossen ausdrückt. Das Lob für den Entwurf Rauchs ist eine Kritik an der Konzeption Schadows: Im »Kunst-Blatt« Nr. 42 von 1826 berichtet der Berliner Korrespondent über den Entwurf Rauchs: »Wir können nur loben, daß der Künstler ohne allegorische Prosa, wo das Zeichen nie die Person, und die Person nie ihr Zeichen ist, wo beide immer unvereinigt zu nur gesollter Einheit zusammengezwängt werden, – den Hel-

den in der Kleidung seiner Zeit, doch ohne Verhüllung des Gliederbaus hingestellt und den schönen Mantel darüber hingeworfen hat. Blücher wird nicht dadurch mehr in seinem allgemeinen Wesen dargestellt, daß er einen römischen Rock oder gar ein altdeutsches Bärenfell oder eine Löwenhaut um die Schulter hangen hat, und Karl des Großen Schwert in den Händen schwingt.« Dieses Zitat bestätigt, was man schon bei Rauchs Grabdenkmal für die Königin Luise (1810) gesagt hatte: »Schadows Ruhm ging in Rauch auf.«

18

Johann Gottfried Schadow

Das Blücher-Denkmal in Rostock

(1815)

Ueber die Bekleidung des Helden. – Nach der Neigung und Vorliebe desselben hätte man ihn in der Husaren-Uniform abbilden können. Da aber zu erwägen war, daß unser Held – Feldherr – ist, in der ganzen Ausdehnung des Worts, alle Abtheilungen der Krieger, ja zuweilen fremde Kriegsvölker befehligend, so mußte man von der Idee, eine einzelne Art von Uniform anzubringen, abstehen.
Wollte man ihn ferner (wie geschehen ist) gleich dem Hercules der alten Fabel, als Bändiger und Ueberwinder der Ungeheuer zeigen, so war es natürlich, daß man eine heroisch-dichterische Bekleidung vorzog, der Würde solcher Denkmale angemessen. Dadurch entging man auch dem vielen kleinlichen Schmucke, den die Sitte der Zeit und die Ordnung des Dienstes herbeigeführt haben, und der es allemal hindert, ein Kunstwerk (ein eigentliches) hervorzubringen.
Schon früher hatte die Stadt Berlin, zu Ehren des Helden, eine Denkmünze prägen lassen; auch da ist sein Brustbild

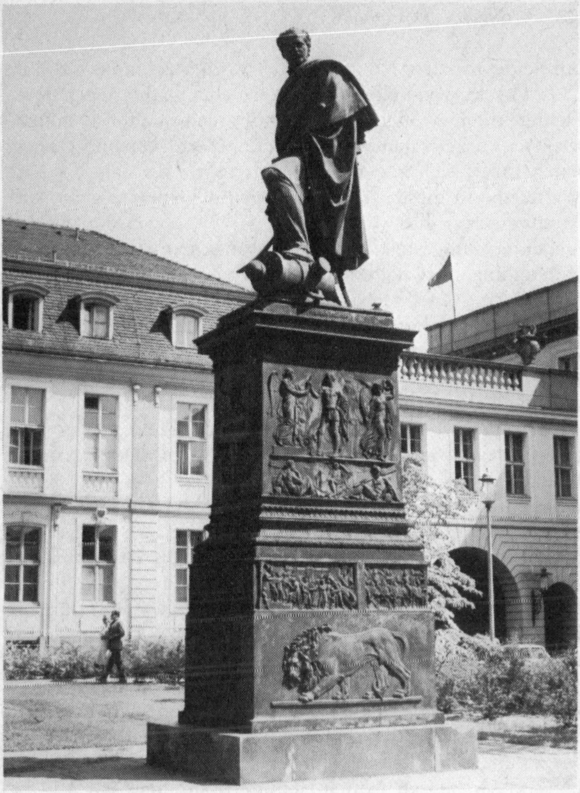

Christian Daniel Rauch. Denkmal des Feldmarschalls Gebhard Leberecht von Blücher. Bronze. 1819–28. Berlin, Unter den Linden

umkleidet mit dem Kopfe und den Vordertatzen der Löwenhaut. Den kurzen Leibrock mit Aermeln und die langen Beinkleider, die hier Stiefeln sind, findet man in alten Denkmälern, – als bezeichnend die Völker der Germanen und Dacier. Auch findet sich auf Trophäen der krumme Säbel, – eine Waffe, die in diesen letzten Kriegen allgemeiner geworden ist, als sie es früher war.

Ueber das Fußgestell. Dieses sollte an seinen vier Seiten zwei Vorstellungen (in halberhabener Arbeit) aus dem Leben des Helden, und eine Inschrift zur Zierde und Aufklärung erhalten. Bei der schon oben erwähnten Zusammenkunft des Künstlers mit dem Herrn Geheimen-Rath v. Göthe (im Januar 1816) wurde auch über die so eben erwähnten Basreliefs das Erforderliche verabredet, und in Zeichnungen entworfen. Nach Göthe's Ansicht mußte der Held gezeigt werden in seiner größten Bedrängniß und in seiner größten Kriegs-Glorie.

Unstreitig ist der 16. Juni 1815 der merkwürdigste Tag. An diesem Tage ließen das geschlagene Heer und dessen gestürzter Feldherr den am dritten Tage darauf erfolgten glorreichen Ausgang keinesweges ahnen! Da die wundergleiche Erhaltung des Helden ganz vorzüglich der muthigen Geistesgegenwart seines Adjutanten, des Herrn Grafen v. Nostiz, zuzuschreiben ist, so gedachte der Künstler, die Scene ganz nach der Wirklichkeit abzubilden, – wie Jener bei dem gestürzten Helden steht, dem Ulanen (Namens Schneider) in den Zügel fällt und ihn zum Absteigen nöthigt, damit auf dessen Pferde der Feldherr den Feinden entgehe.

Herr v. Göthe sah jedoch richtig voraus, daß wir auf der andern Tafel, welche sich auf den 18. Juni 1815 (den Siegestag bei Belle-Alliance) bezieht, keine Darstellung der Wirklichkeit würden bilden können, und daß wir uns daher dort nur in Sinnbildern auszudrücken hätten.

Erste, den 16. Juni 1815 bezeichnende Seitentafel des Piedestals. – Deshalb wurde auf dieser Tafel (um nicht gegen das ausschließend Poetische der andern Tafel gar zu sehr abzuste-

chen) das rein und ganz Historische vermieden, und sinnbildliche und wirkliche Abbildung miteinander vermischt. – Wahrheit und Dichtung! – Oben oder im Hintergrunde sieht man die französischen Kürassiere die preußische Reiterei verfolgen. Ein französischer Trompeter bläset herbei. Ein preußischer Ulanen-Officier commandirt den Rückzug. Ein Ulan ist getroffen, die andern fechten rücklings mit den Piken. Ein Officier ist im Begriff, sein Pistol abzuschießen. Vorne sieht man unter dem erschossenen Pferde unsern Helden, mit der Linken drohend, in der Rechten den Säbel.
Sinnbildlich – ein geflügelter Jüngling, schirmend den Schild haltend, und neben ihm das rettende Pferd. Germaniens Schutzgeist ist dieser Hülfe bringende Jüngling.
Zweite, auf den 18. Juni 1815, den entscheidenden Siegestag sich beziehende Seitentafel. – Auf diese Weise entsteht eine Uebereinstimmung mit dieser zweiten Tafel, auf welcher der Held als Sieger dargestellt ist, sitzend zu Pferde, dasselbe haltend am Rande des Abgrundes, in welchen sich die verfolgten und überwundenen Ungeheuer hinabstürzen. Der gehörnte Tieger ist eine Nachahmung der Chimära, eines uralten fabelhaften Ungeheuers, welches nach vielen Verwüstungen vom Bellerophon überwunden und erlegt wurde, – den furchtbaren, blutdürstigen und verheerenden Feind bezeichnend.
Das mit Vampyr-Flügeln und dem Dolche fliehende Wesen ist – der Dämon des Bösen! – Die Sieges-Göttin krönt den Sieger, und höher hinauf geben sich zwei geflügelte Jünglinge die Hand; es sind die Schutzgeister Preußens und Britaniens, bezeichnet der erstere durch das eiserne Kreuz als Siegs-Panier, der andere durch den meerbeherrschenden Dreizack. Auch ist hier der letzte Schlachttag – der 18. Juni 1815 – angegeben. Man könnte demnach diese beiden Tafeln – »Sturz und Sieg« nennen, worauf auch die Inschrift der Tafel auf der Rückseite des Standbildes deuten mag.
Metalltafel der Vorderseite. – Die Metalltafel der Vorderseite hat das Wappen des Fürsten Blücher von Wahlstatt, als den

angemessensten Schild, und seine Landsleute, die Mecklenburger, haben sich in der Aufschrift:

»Dem Fürsten Blücher von Wahlstatt,
die *Seinigen*«

so genannt, um die unwandelbare Anhänglichkeit auszudrücken.
Metalltafel der Rückseite. – Die Metalltafel der Rückseite des Standbildes enthält die so bedeutungsvolle Inschrift des größten Dichters der Deutschen:

In Harren und Krieg,
In Sturz und Sieg,
Bewußt und groß,
So riß er uns
Von Feinden los.[50]

19

Johann Wolfgang Goethe

Betrachtungen bey einem Modell des Blücher'schen Monuments für Rostock

(1815)

Mein Vorschlag wäre, den rechten Fuß zum Standfuße zu machen, wodurch der doppelte Vortheil entspränge, daß die rechte Schulter, nach welcher das Gesicht gerichtet ist, schon für sich höher käme, auch der Commandostab mehr rückwärts seinen Platz fände, und sich, zu einigem Anhalten, mit dem Körper verbinden ließe. Die Brust und der rechte Schenkel wären frey und dem einfallenden Lichte völlig zugänglich; daß alsdann der linke Fuß vorträte und der Säbel auch vorrückte, würde, sowohl artistisch als symbolisch, vortheilhaft seyn, indem sich dieser Held beynahe noch mehr durch That als durch Befehl auszeichnet.

Der Brust wünschte ich einen Harnisch, weil ein solches Waffenstück, als eine große Partie, das Licht gar schön auffängt. An den Füßen wünschte das Nackte durch größere Faltenpartien bezeichnet, Löwenhaut und Kopf mehr symbolisch als real dargestellt, worin uns die Alten z. B. bey der *Nebris*[51] der Bacchanten vorgegangen. Da die rechte Schulter nach dem gethanen Vorschlage ohnedieß in die Höhe kommt, so möchte die hier angebrachte Tatze zu verflächen seyn. Wie denn auch durch Symbolisirung der Löwenhaut die Rückseite der Statue, welche auf einen freyen Platz zu stehen kommt, interessanter werden müßte, wenn die Form des Körpers deutlich durchschiene. Vielleicht würde das Piedestal nicht rund, sondern viereckig gemacht, mit einfachem Simswerk verziert und, um für das Ganze mehr Höhe zu gewinnen, auf einen auf jeder Seite etwas vorspringenden Untersatz gestellt, welcher wohl eine Elle hoch werden dürfte. – Die viereckige Gestalt der Base bietet auch für die Inschrift mehr Bequemlichkeit dar als die runde.

Doch kann alles dieses der Kunstfreund nur andeuten und wünschen; dem Künstler, der mit Geist und Geschmack solche Werke ausführen soll, setzt freylich Material und Technik Schwierigkeiten entgegen, die nur von ihm zu beurtheilen und zu überwinden sind. Soviel für dießmal. Die Sache ist von solcher Wichtigkeit, daß in der Folge wohl noch manchmal darüber zu interloquiren seyn möchte; einsichtigere Meinung nicht ablehnend.

Goethe.

20

Johann Wolfgang Goethe

Brief an Johann Gottfried Schadow

(1817)

Ew. Wohlgebohren
gefällige Sendung ist, wie ich schon vorläufig gemeldet habe, zu seiner Zeit glücklich angelangt und ich verfehle nicht die dadurch verursachten Auslagen zu erstatten. Auch kommen die Zeichnungen wieder zurück, wegen welchen ich mich aber in einiger Verlegenheit befinde.

Bey der allegorischen Vorstellung wüßte nichts zu erinnern, sie ist in der Hauptsache die vorige und da das Bild einige Höhe hat, so sind die beiden Genien nicht zu mißbilligen. Hingegen die andere Vorstellung will mir aus mehr als einer Ursache nicht gefallen, denn

1. ist sie ganz historisch und sticht gegen das Poetische der ersten gar zu sehr ab.

2. Möcht ich den Helden nicht ganz so im Detriment[52] sehen, wie er hier erscheint. Ihre erste Erfindung, wo er sich aufrafft, ist edler und ungleich besser, denn gegenwärtig wird man in einiger Entfernung nicht unterscheiden können, ob er todt oder lebendig sey.

3. Daß er wundersam gerettet worden, schreibt man billig einem Schutzgeiste zu, der auf der frühern Zeichnung sich schirmend über ihn biegt, wodurch eine sehr lobenswerthe Gruppe entsteht! Daß dieser Schutzgeist in der Wirklichkeit ein Herr von Nostitz gewesen, gehört der Geschichte an, die bildende Kunst darf sich aber damit nicht befassen.

4. Ist durchaus zweydeutig, ob der Uhlan, dem der junge Mann in den Zügel fällt, Freund oder Feind ist: das letztere vermuthet man bey'm ersten Anblick, das erste muß man sich sagen lassen.

So ist meine Meinung die ich diese Tage öfters überlegt habe, und nichts davon zu ändern wüßte.
Zugegeben daß man Liebhabern und Bestellern etwas zu Willen seyn kann, so darf es doch nicht so weit gehen, daß der Künstler in einem so wichtigen Falle sich einem gegründeten Tadel aussetzen dürfte.
Nach meinem Votum also, welches freylich nur consultativ und nicht entscheidend ist, bliebe es bey der ersten wohlerfundenen und durch die Beugung des Schutzgeistes sehr glücklich verbesserten Vorstellung.
Übrigens wünsche Glück zu dem guten Fortgang. Möchten die Erfahrungen und Übungen, welche bey dieser wichtigen Arbeit gewonnen werden, künftige ähnliche Unternehmungen erleichtern und in Berlin der Erzguß wie der Eisenguß unter Ew. Wohlgeb. kunstreicher Anleitung zur Vollkommenheit gelangen.
Für gefällige Besorgung der Medaille, mit welcher ich schon manchem Freunde Vergnügen gemacht, nochmals meinen herzlichsten Dank.
Möchte ich bald zu der vollzogenen Verbindung auch meine Glückwünsche aussprechen können

ergebenst

Weimar d. 12. März 1817. J. W. v. Goethe.

Denkmäler für »Heroen des Geistes«

Nachdem öffentliche Denkmäler so lange fast ausschließlich den Landesherren und militärischen Helden vorbehalten worden waren, erhob das erstarkte Bürgertum immer öfter die Forderung, die um das Gemeinwohl verdienten Bürger (s. Abschn. 6 und 7) und insbesondere auch die »Helden des

Geistes« durch dauernde Monumente zu ehren. Bezeichnend ist die Verwendung der Wortschöpfung »Geistesheros« in Analogie zu »Schlachtenheros« etc., die übrigens kein Bürgerlicher popularisierte, sondern der Kronprinz Ludwig von Bayern mit seiner seit 1805 verfolgten Idee einer Walhalla als Ruhmesmonument für deutsche Dichter und Denker. Den Wandel zugunsten demokratisch-idealistischer Gesinnung, die Erweiterung des »Denkmalbereichs«, macht Schopenhauers Feststellung, daß »Kant ein viel größerer Mann war, als alle Generäle, die je gelebt«, überzeugend deutlich. Die Adaption des herkömmlichen Denkmalbegriffs für eine neue Personengruppe wurde offenkundig: die Statue für einen Dichter unterscheidet sich nun prinzipiell kaum von der Feldherrnfigur.

Allerdings unterscheiden sich beide durch eine neue Form der Denkmalsstiftung. Erstmals tauchen Vereine oder besondere, meist aus angesehenen Bürgern der Stadt zusammengesetzte Komitees als Auftraggeber auf. Der öffentliche Aufruf ist das charakteristische Instrument eines Unternehmens, das aus einer auf demokratische Willensbildung zielenden Organisationsform hervorgegangen ist. Das bekannteste Beispiel einer bürgerlichen Denkmalskampagne (die letztlich doch wieder vom König übernommen wurde) stellt die Errichtung des 1821 in Wittenberg enthüllten Luther-Denkmals dar; die Luther-Statue von Schadow (mit Baldachin von Schinkel), in ihrer letzten Ausformung auf die persönlichen Vorstellungen Friedrich Wilhelms III. zurückgehend, wurde trotz der königlichen Einflußnahme zum klassischen Vorbild für das Geniedenkmal im 19. Jahrhundert. In dieser Nachfolge sind auch die nach den zitierten Aufrufen entstandenen Denkmäler für Klopstock in Quedlinburg (Gesamtentwurf von Schinkel, Büste von Christian Friedrich Tieck, 1831 enthüllt), Melanchthon in Wittenberg (von Drake, 1858–65, mit Gitter und Baldachin von Johann Heinrich Strack) und Uhland in Tübingen (1873 enthüllt, von Gustav Adolph

Kietz, 1824–1908; vgl. Abb. S. 117) zu sehen. Man sollte jedoch bei der Beschäftigung mit den Denkmalsstiftern, den Auftraggebern für eine öffentliche bildhauerische Arbeit, nicht vergessen, daß sich innerhalb des 19. Jahrhunderts die Rolle des bürgerlichen Vereins (wie des Bürgertums überhaupt) erheblich gewandelt hat, auch wenn sich der Wortlaut der Aufrufe gelegentlich nur geringfügig änderte. Es macht einen großen Unterschied aus, ob 1824 oder 1857 von Nation und Vaterland gesprochen wurde.

21

Aufruf zur Errichtung eines Klopstock-Denkmals in Quedlinburg

(1824)

Der Verein für *Klopstocks* Denkmal macht folgende Einladung bekannt:

»*Klopstocks* hundertjähriger Geburtstag, der zweyte Julius dieses Jahres, ist in vielen Städten des deutschen Vaterlandes, auch in seiner Vaterstadt Quedlinburg, durch Gesang und Rede, durch festliche Mahle und große musikalische Aufführung gefeyert worden. Der Tag, der vor hundert Jahren nur den stillen Kreis einer unbekannten Familie beglückte, war in diesem Jahre ein Tag inniger dankbarer Freude, ein Tag des Ruhmes für eine Nation. So tief und bleibend hat der Sänger des Messias auf die Gemüther gewirkt, daß man seiner nicht wie eines Abgeschiedenen, sondern wie eines Lebenden gedachte, und fürwahr! sein hoher Geist lebt unter uns fort in seinen Werken. Diese sind seine schönsten und unvergänglichsten Denkmale, sie stellen ihn dar in der Reinheit seiner Gesinnung, in der Erhabenheit seiner Gedanken; sie zeugen

von seinem unschätzbaren Verdienst um die Reinigung und Veredlung unserer Sprache und um die Bildung des Geschmacks, sie vergegenwärtigen und befreunden ihn allen kommenden Geschlechtern. Aber dennoch ist der Wunsch natürlich, auch die Züge seines edeln Antlitzes, wie es begeistert zu Gott emporschaute, oder den tiefsten Gedanken nachsann, durch die Kunst des Meißels zu verewigen und sein Bild den Nachkommen zu überliefern, als ein Denkmal der Verehrung, welche unser Zeitalter ihm widmet.
Zu diesem Zweck ist der unterzeichnete Verein zusammengetreten, und hat durch die von ihm in hiesiger Stadt veranstaltete Säkularfeyer von *Klopstocks* Geburt bereits einen Fond zur Stiftung eines demselben zu errichtenden Denkmals gewonnen. Damit solches aber des großen Sängers würdig seyn möge, ladet er alle Freunde und Verehrer *Klopstocks* hierdurch ein, zur Erreichung dieses schönen Zwekkes durch freywillige Beyträge mitzuwirken. Leztere können entweder an den unterzeichneten Verein, oder an den Wohllöblichen Magistrat zu Quedlinburg eingesandt werden; wenn die Begleitungsschreiben mit der Rubrik: »Beyträge für *Klopstocks* Denkmal« versehen sind, werden selbige in den königlich preußischen Staaten, zufolge allergnädigster Bewilligung Sr. Majestät des Königs, *portofrey* befördert. Außerdem wird der Verein in den ansehnlichsten Städten Deutschlands Freunde der Kunst ersuchen, Sammlungen von Beyträgen zu dem angegebenen Zweck zu veranstalten, und den Ertrag derselben in Einer Summe zu übersenden. Der Verein wird die eingegangenen Beyträge durch den Hamburger unpartheyischen Korrespondenten, die Haude- und Spenersche Berliner Zeitung, den Allgemeinen Anzeiger der Deutschen und das hiesige Wochenblatt hiernächst bekannt machen.
Wenn die Mittel es gestatten, soll Klopstocks Brustbild, von einer Meisterhand gearbeitet, in der Halle eines antiken Tempels, auf dem schönsten Punkte des bey der hiesigen Stadt belegenen Lustwaldes, der Brühl genannt, aufgestellt wer-

den, und verbunden mit einer wohlthätigen, der Verbesserung des Kirchengesanges gewidmeten Stiftung der Nachwelt bezeugen, daß Deutschland seine großen Männer zu ehren wußte.

Quedlinburg, den 29. Oct. 1824.

Der Verein für Klopstocks
Denkmal.

22

Aufruf zur Errichtung eines »Denkmals für Philipp Melanchthon« in Wittenberg

(1857)

»Wir gehen der Gedächtnißfeier eines Sterbetages entgegen, der die Frage laut werden läßt: welche Stiftung, welches Denkmal begehen wir im Jahre 1860 Philipp *Melanchthon's* Todestag auf die würdigste Weise? – Auf dem Marktplatze zu Wittenberg hält Luther's Erzbild jedem Vorübergehenden das offene Bibelbuch entgegen; in Worms bereitet man ihm ein zweites; die Lutherstiftung, die Lutherschule, der Luthersbrunnen, die Lutherseiche nennen seinen Namen bei uns, in Erfurt das Martinstift, in Eisleben das Lutherhaus, nicht zu reden von Mansfeld und der Wartburg und anderen Städten. Und *Melanchthon*? – Eine eiserne Gedenktafel an dem Hause, das er als unser Mitbürger inne hatte, eine längst nicht mehr als würdig erkannte Porzellanbüste in der Kirche seiner Geburtsstadt, ein Erinnerungsmal endlich vor der Gelehrtenschule zu Nürnberg – das sind, wenn wir von den Gemälden nicht sprechen wollen, die geringen äußeren Zeichen, die bis jetzt den Wanderer an Deutschlands größten Lehrer erinnern. Die Annahme und Verbreitung des Evangeliums im Gelehrtenstande dankte man vorzugsweise Melanchthon, dem Erben des Erasmus im Ansehen und Ruhme der Wissenschaft; er war im besonderen Dolmetsch und Sachwalter der Reformation, der Theologe, der in wissenschaftlicher Form darstellte, was der schöpferische Geist Luther's an's Licht gebracht.

Luther und Melanchthon gehören zusammen, und diesen über jenem nicht zu vergessen, gebietet uns die rechte Dankbarkeit. Daß aber sein Andenken nicht in der gebührenden Weise geehrt worden, wird man zugeben müssen, und zugleich auch dies, daß man sich in der evangelischen Kirche hie und da das Bildniß des Mannes verdunkeln ließ, der in allen seinen Kämpfen und Leiden, zumal seit er allein stand, nichts Angelegentlicheres begehrte und suchte als die Einigkeit der evangelischen Kirche, und noch auf dem Sterbebette wiederholt in die Seufzer ausbrach: »Laß sie Eins sein in uns wie wir Eins sind!« – Ja Dank und Ehre schuldet jenem Glaubenshelden und Dulder das evangelische Deutschland; und wo Luther durch ein weit sichtbares Denkmal geehrt worden ist, da verlangt die Dankbarkeit auch für Melanchthon ein äußeres Zeichen, das vor den künftigen Geschlechtern Zeugniß ablege und zur Bewährung gleichen Sinnes sie auffordere.

So lassen wir denn unsere Bitte ausgehen in alle Lande, wo das lautere Evangelium vernommen wird; an die Diener des Wortes zuerst, an die Lehrer und Schüler der Gelehrtenschulen, als deren Schöpfer er weit und breit noch genannt wird, an Alle endlich, die ein dankbares Herz haben für die Wiederbelebung der Kirche durch das Evangelium, wie für die Wiedererweckung der Wissenschaft und Bildung überhaupt. Und ans Vaterland nicht allein, auch an Euch außerhalb seiner Grenzen wenden wir uns, Deutsche und Nichtdeutsche diesseit und jenseit des Weltmeeres, an Euch Schweizer und Holländer, Britten und Skandinavier, Euch Ungarn und Alle, deren Ahnen von hier ihren Theil heimtrugen von den neuerschlossenen Schätzen des Glaubens, wie des Wissens, zum

Segen ihrer Heimathländer. Helft uns Wittenbergern – auch für das kleinste Scherflein danken wir Euch – helft uns, dem M. Philipp Melanchthon ein ehernes Standbild zu errichten in der Stadt, in welcher er vom Jünglingsalter an länger als vierzig Jahre gelebt und gelehrt und gelitten; auf daß hinfort dieselben Mauern den Mann der Milde und des Friedens umschließen, wie den Mann des Muthes und des Kampfes, den Glaubensprediger aus Deutschlands Norden und den Glaubenslehrer aus den Marken des Südens, das im Leben ungeschiedene Reformatorenpaar. – Wie das Denkmal von 1817 den neu erwachten frommen Sinn der Väter bezeugt, so möge die Sonne des 19. April 1860 ein Erzbild in unserer Mitte bestrahlen, das die Dankbarkeit der Kinder und Kindeskinder gründete.

Wittenberg, im Januar 1857.

Franke, Direktor. *Gerischer*, Stadtverordnetenvorsitzender. Frhr. v. *Helldorf*, Oberst und Kommandant. v. *Jagow*, Landrath. *Lehmann*, Lehrer. Dr. *Lommatzsch*, Direktor des Predigerseminars. Frhr. v. *Manteuffel*, Kreisgerichts-Direktor. Dr. *Niedner*, Prof. *Prädikow*, Senator. Dr. *Sander*, Superind. und Dir. des Predigerseminars. Dr. *Schmidt*, Gymnasialdir. Dr. *Schmieder*, erster Direktor des Predigerseminars. M. *Seelfisch*, Archidiakonus. *Steinbach*, Bürgermeister. *Stier*, Gymnasiallehrer. *Wensch*, Prorektor und Prof., u. s. f.

23

Aufruf zur Errichtung eines Uhland-Denkmals in Tübingen

(1867)

Einladung an die deutschen Künstler

Der Verein für Uhland's Denkmal hat über den Platz für das beabsichtigte Monument entschieden und befindet sich nunmehr, nach Erledigung dieser lokalen Frage, der weiteren Gestaltung des Denkmals gegenüber, wie es schon sein erster Aufruf vom 20. November 1862 als ehernes Standbild näher bezeichnet hat.
Bei der großen Popularität des Mannes, dessen monumentale Verherrlichung innerhalb weniger Monate gesichert war, darf man wohl voraussetzen, daß auch die deutsche Künstlerschaft ihre thätige Theilnahme diesem nationalen Unternehmen gerne zuwenden wird; ja, der Verein hält es geradezu für seine Pflicht, unsern Künstlern eine unbeschränkte Gelegenheit zum Ausdruck ihrer Ideen über Auffassung und Form des Denkmals zu eröffnen.
Indem er daher an alle diejenigen seine Einladung ergehen läßt, welche gesonnen sind, ihn mit Zusendungen in diesem Sinne zu beehren, so sichert er ihnen eine gewissenhafte, unter dem Beirath einer technischen Kommission vorzunehmende Beurtheilung zu und behält sich vor, sobald über einen Entwurf entschieden sein wird, mit dem Schöpfer desselben über die Ausführung in nähere Unterhandlung zu treten.
Der Verein ist nicht in der Lage, den Künstlern eine bestimmte Fassung und Darstellungsform bei ihren Entwürfen vorzuschreiben. Er läßt ihnen hiebei vollkommene Freiheit, muß aber die Bitte aussprechen, daß, wenn ihre Zusendungen in Modellen bestehen sollten, diese den Maaßstab von 3 Fuß Höhe nicht überschreiten.

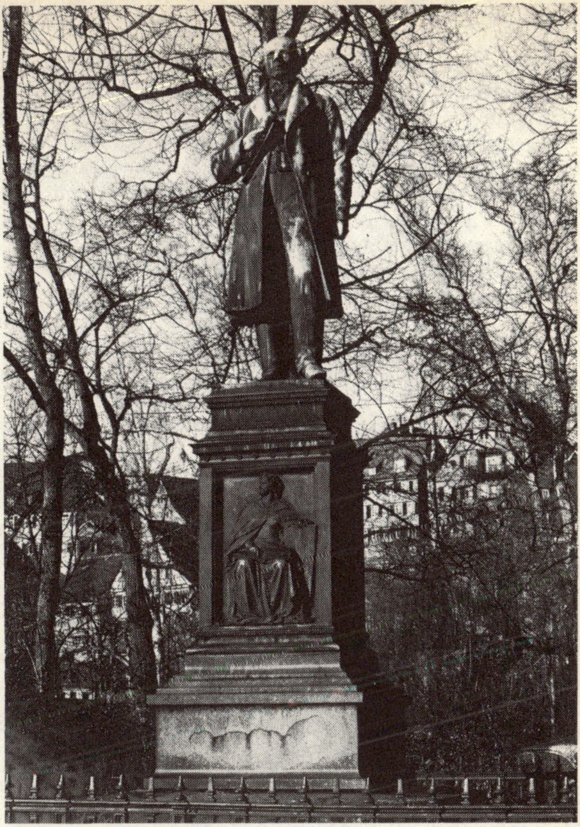

Gustav Adolph Kietz. Denkmal Ludwig Uhlands. Bronze. 1873. Tübingen

Da die natürliche Beschaffenheit des Aufstellungsorts und die lokalen Rücksichten, welche beobachtet sein wollen, für die Behandlung des Monuments wesentlich von Einfluß werden können, so hat der Verein nach erfolgter Wahl des Platzes diesen einem unserer ersten Architekten zur Bearbeitung übergeben, und so die Grundlagen der Baustätte und ihrer Umgebung festgestellt.
Der Situationsplan dieses Entwurfes, nebst malerischer Ansicht der Umgebung, ist vervielfältigt worden, und soll allen denjenigen sogleich zukommen, welche sich deshalb gefälligst an das hiemit beauftragte Mitglied des Vereins, Herrn Prof. Dr. *Leibnitz* in Tübingen, wenden wollen.
Als letzter Termin für die Annahme von Entwürfen ist der 1. November 1867 festgesetzt, von welchem Zeitpunkt an einlaufende Arbeiten nicht mehr berücksichtigt werden könnten.
Der Verein übernimmt endlich die Kosten der Zu- und Rücksendung der Entwürfe, auf Gefahr des Eigenthümers, und wird überhaupt nichts verabsäumen, um das Vertrauen, mit dem er beehrt wird, zu rechtfertigen.
Die Entwürfe sind zu adressiren:

»An den Verein für Uhland's Denkmal, zu Händen des Herrn Stadtschultheiß *Rapp* in Tübingen«.

Tübingen-Stuttgart, den 23. Mai 1867.

Der Verein für Uhland's Denkmal in Verbindung mit dem Ausschuß des schwäbischen Sängerbundes.

Das Goethe-Schiller-Denkmal in Weimar

Der Höhepunkt in der Geschichte der Ehrung bürgerlicher Geistesheroen war das gemeinsame Denkmal für Goethe und Schiller. Der ausführlichen Besprechung einer Entwurfskizze Rauchs durch den einflußreichen Kunsthistoriker Franz Kugler kommt insofern große Bedeutung zu, als in ihr exemplarisch das Verständnis von deutscher Kultur auf eine Formel gebracht wird, die bis weit in unser Jahrhundert Geltung behalten hat. Der Bildhauer Rauch war – eben 1851, nach der Fertigstellung des monumentalen Reiterdenkmals für Friedrich II. Unter den Linden in Berlin – wie kein anderer geeignet, die schwierige Ausführung eines »solchen National-Unternehmens« zu übernehmen. Besonders nach dem Scheitern der 48er Revolution und nach dem Sieg der reaktionären Kräfte war die Inszenierung deutscher Einigkeit mit Hilfe der bedeutendsten Repräsentanten deutschen Geistes ein wichtiges Anliegen des nach Ruhe und Ausgleich strebenden Großbürgertums. Die Zuordnung Schillers, der noch als »Symbolfigur für die ungestillte Sehnsucht des liberalen Bürgertums nach Einheit und Freiheit« (Jörg Gamer) oppositionellen Geist verkörperte, zur Vaterfigur des reifen Goethe verdeutlicht diese Harmonisierungstendenz. Erst 1857 wurde die von Rauch 1849 in einem Tonmodell skizzierte Denkmalgruppe (die Dichter sind antikisch gekleidet!) von seinem Schüler Ernst Rietschel (dessen Braunschweiger Lessing-Denkmal von 1848/49 den Ausschlag für das zeitgenössische Kostüm gab, vgl. S. 122) in veränderter Form ausgeführt und in Weimar aufgestellt.

24

Franz Kugler

Goethe und Schiller und ihr gemeinsames Denkmal

(1851)

Wenn wir der grossen Männer im Bereiche des geistigen Schaffens gedenken, die den deutschen Namen schön und licht gemacht haben, wenn wir vor Allen zu *Goethe* und zu *Schiller* mit liebevoller Verehrung aufblicken, so ist es insbesondre *ein* Punkt, *eine* günstigste Fügung des Geschickes, die immer und immer wieder unser freudiges Nachsinnen in Anspruch nimmt. Es ist die herzliche Freundschaft, das innige Zusammenwirken jener beiden Grössten, daraus die tiefgreifendsten Erfolge hervorgegangen sind. Naturen von fast entgegengesetzter Beschaffenheit, zu Anfange fast feindlich einander gegenüberstehend, trafen sie sich, als jeder von ihnen fähig war, die grosse Aufgabe des andern zu begreifen, jeder bereit, dem andern zuzutragen, was das Leben des Geistes ihm bis dahin an eigenthümlicher Erfahrung gegeben. Schnell schloss sich zwischen ihnen ein Band, wie es bis dahin nicht gekannt war. Gemeinsam gingen sie mit unverdrossener Sorge den Gesetzen des Schaffens nach; gemeinsam, einer durchaus für den andern einstehend, traten sie in den siegreichen Kampf gegen die Uebermacht des Schnöden und Schlechten; gemeinsam trugen sie einander bei Hervorbringung des Schönsten und Edelsten, dessen unsre Nation sich jetzt mit Stolz rühmen darf. Der deutschen Poesie würde der Gipfel fehlen, hätten Goethe und Schiller einander nicht gefunden.

Es ist das Amt der Nachgebornen, den grossen Vorfahren Denkmäler zu widmen; unsre Zeit hat sich in solcher Sorge vielfach bethätigt. Aber noch ist das *eine* Denkmal, welches dem schönsten, dem glücklichsten und beglückendsten Momente der geistigen Entwickelung unsres Volkes gewidmet werden muss, das eine Denkmal, welches die beiden Grössten im Verhältniss ihres gemeinsamen Wirkens umfasste, nicht errichtet worden. *Rauch* hat zu einem solchen Denkmal eine Skizze gearbeitet. Die Bedeutung, einerseits der Aufgabe, andrerseits der Meisterhand, von welcher die Skizze geliefert ist, wird ein ausführlicheres Eingehen darauf in diesen Blättern angemessen erscheinen lassen.

Die Skizze führt uns die Gestalten beider Männer, zur Gruppe vereinigt, gegenüber. Sie sind in *antiker* Gewandung dargestellt. Antikes Kostüm bei Gestalten des modernen Lebens ist ein Umstand, den allerdings noch vor funfzig Jahren ein Jeder als völlig in der Ordnung bezeichnet haben würde, der aber, wie es scheint, bei der heutigen Geschmacksrichtung vorerst doch eine nähere Erörterung und Verständigung nöthig macht.

Wir sehen in unsern Tagen die Monumental-Statuen grosser Männer vorzugsweise im Kostüm ihrer Zeit gearbeitet, in der ganzen Ausrüstung derjenigen äussern Erscheinung, die den Gefeierten im Leben eigenthümlich war; namentlich hat Rauch selbst durch die glückliche Weise, wie er die hieran sich knüpfenden Bedingungen mit den künstlerischen Anforderungen zu vereinigen wusste, einen wesentlichen Theil seines Ruhmes erworben. Gewiss hat diese Art der monumentalen Darstellung ihr volles Recht. Wie das, was der einzelne, auch der grösste Mann gethan, durch die Verhältnisse seiner Zeit bedingt war, so musste er selbst sich nothwendig in den Formen seiner Zeit bewegen, kann also seine äussere Eigenthümlichkeit zur genügend charaktervollen Erscheinung nur dann gebracht werden, wenn dies innerhalb der Formen seiner Zeit und, wenn möglich, in der Ausprägung, die er persönlich diesen Formen gegeben hatte, geschieht. – Freilich hat diese Aufgabe schon einige äussere Schwierigkeiten. Die Formen des Zeitkostüms scheinen in ihrer Eigenwilligkeit oft derjenigen volleren künstlerischen Würde zu widerstreben, die bei einem, für die Dauer von Geschlechtern und Jahrhunderten bestimmten Denkmale doch nicht minder eingehalten werden soll. Man thut, solcher Schwierigkeit zu begegnen, dem gegebenen Kostüm hinzu, was die grössere Würde besser zu vermitteln scheint; man hüllt die Gestalt oder einen Theil derselben in den freieren Faltenfluss irgend eines Mantelstückes; aber man beeinträchtigt damit nur allzuoft dasjenige, worin die sprechendste Wirkung des gegebenen Kostüms zu beruhen pflegt, – seine frische gesunde Naivetät; man schafft nur allzuoft, wenigstens da, wo die Anwendung des faltigen Gewandstückes nicht durch ein ganz unbedingt natürliches und verständliches Motiv gegeben war, ein unerquickliches Zwitterwesen. Indess weiss die wahrhafte Meisterschaft um dergleichen Nothbehelfe hinwegzukommen; Rietschel's Lessing ist ein Beispiel, wie monumentale Würde auch bei völliger Hingabe an die Erfordernisse des Zeitkostüms zu erreichen ist. – Ungleich grössere Berücksichtigung erfordert ein andrer Umstand.

Die Statue, welche den gefeierten Mann in ganzer Figur darstellt, giebt uns das Bild seiner körperlichen Erscheinung. Diese seine körperliche Erscheinung war die Hülle seines Geistes und das Weben seines Geistes ihr allerdings ebenso aufgeprägt, wie z. B. der Modeschnitt seines Kleides durch sein körperliches Gebahren das eigenthümliche Gepräge empfangen hatte. Aber die körperliche Hülle spiegelt doch keinesweges nur allein dies sein geistiges Thun wider; sie ist vielmehr zunächst und im Allgemeinen das Symbol seines *körperlichen* Thuns, während sein geistiges Wirken vorzugsweise nur in Kopf und Antlitz seinen Ausdruck findet. Bei dem Mann der in das äussere Leben hinausgreifenden That, bei dem Helden insbesondere, wird es wesentlich auf das Bild seiner körperlichen Gesammterscheinung ankommen; hiebei wird nichts von dem zu vernachlässigen sein, was – eben im Kostüm und allem dazu Gehörigen – die äusseren Zeitelemente und die äussere Stellung des Mannes in seiner Zeit bezeichnet, was überhaupt, durch sein körperliches Gebahren bedingt, die Weise seines Eingreifens in das Leben zu charakterisiren geeignet ist. Anders bei dem Manne der *geisti-*

gen That. Bei diesem kommt es, wie eben angedeutet, zunächst und vorzugsweise auf den Kopf, auf die Weise an, wie sich in dessen Formen und Lineamenten die Einwirkungen seiner geistigen Thätigkeit ergeben hatten. Für den Mann der geistigen That wird schon die *Büste* eine vorzüglich charakteristische monumentale Bedeutung haben. Soll aber nicht diese gegeben werden, erfordern grössere monumentale Zwecke eine Darstellung in ganzer Gestalt, so würde bei solcher naturgemäss zunächst jenes körperliche Gewicht überwiegen und das geistige Element Gefahr laufen, gegen das des äusseren Thuns wesentlich zurückzutreten, welches letztere doch bei dem Manne der geistigen That in doppelt untergeordnetem Verhältniss zu stehen pflegt. Das Zeitkostüm und die Ausprägung desselben nach der besondern Persönlichkeit würden hier in aller Breite das Spiegelbild eben dieses Untergeordneten geben, während das Eingehen hierauf doch ganz ausserhalb der eigentlichen Zwecke eines derartigen Denkmales liegt. Es handelt sich hier um Denkmäler *idealen Wirkens*: – es wird daher eine *ideale Behandlung*, wie eine solche in der Machtvollkommenheit aller Kunst beruht, hier durchaus am Orte sein.
Als angemessenste ideale Darstellung einer charakteristischen Persönlichkeit, im Gegensatz gegen die zufälligen Besonderheiten dieses oder jenes Zeitkostüms, könnte zunächst diejenige erscheinen, welche der hohen Schönheit des körperlichen Organismus ihr volles Recht giebt, – freie, stolze Nacktheit. Sehen wir von den Banden der Sitte unsres Zeitalters ab, welche uns dergleichen bei einem Bildnisswerke freilich überhaupt nicht verstatten würde, so können wir uns doch sehr wohl vorstellen, dass ein derartiges Werk zur hohen künstlerischen Wirkung durchzubilden wäre, wenn auch unter der Voraussetzung, dass der gegebene Portraitkopf nicht minder demjenigen Grade einer freieren Behandlung unterläge, der seinen körperlichen Ausdruck mit dem körperlichen Selbstgefühl der nackten Gesammterscheinung in Einklang zu setzen erforderlich wäre. Aber, wie weit auch eine solche Dar-

stellung unter Umständen zulässig sein mag, für die Gedächtnissstatue des Mannes der *geistigen* That würde sie wiederum sehr wenig geeignet sein. Die untergeordneten Beziehungen, die das Zeitkostüm hier festgehalten hätte, wären bei nackter Darstellung zwar beseitigt, aber das entscheidende Hervorheben des geistigen Elementes doch noch nicht gewonnen; das Körperhafte, – Alles dasjenige, was zu den Functionen des körperlichen Daseins gehört, würde dabei noch immer in überwiegendem Maasse vorherrschen oder sich als ein solches dem Auge des Beschauers aufdrängen.
Es kommt allerdings darauf an, die freie, durch keine Zufälligkeiten beengte Schönheit des körperlichen Organismus festzuhalten, aber nur als Grundlage, als Reminiscenz, und in einer Weise umkleidet, die seine vorwiegende Wirkung zu neutralisiren, die an die Stelle der individuellsten Formenbewegung Linien und Massen von mehr allgemeiner, fast möchte ich sagen: mehr architektonischer Bedeutung zu setzen vermag, die somit die körperliche Gesammterscheinung zu demjenigen umwandelt, was sie für den in Rede stehenden Zweck in der That sein soll: – zum Unterbau und Träger des Kopfes, welcher die geistigen Organe zur Anschauung bringt. Es kommt darauf an, den Körper, diesem Princip gemäss, in ein ideales Gewand zu kleiden. Dies aber ist das antike und insbesondre (da das römische Kostüm im Einzelnen doch in modische Verhältnisse übergeht) das griechische Gewand. Das letztere war freilich ein solches, welches für ein bestimmtes Volk und für eine bestimmte Zeit seine Gemeingültigkeit hatte und insofern ein Zeitkostüm war; aber es theilt keineswegs die Exclusivität aller übrigen Zeitkostüme. Es war ein unmittelbares und entschieden bewusstes Product des künstlerischen Geistes der Griechen, die mehr und mehr die conventionellen Elemente alterthümlich barbarisirender Kleidung von sich thaten und nicht rasteten, bis sie auch hierin das einfachst Naive gewonnen hatten. Das griechische Gewand ist, ungleich mehr, als bei irgend einem der Völker primitiver Culturstufe, die völlig naturgemässe, all und jeder

Künstlichkeit entfremdete, aber darum zugleich völlig künstlerische Umkleidung des Körpers: ein einfaches Gewandstück, der Chiton, zur engeren, – ein ebenso einfaches, das Himation, zur freieren Bedeckung. Das griechische Gewand, natürlich wie kein andres, folgt daher auch durchaus der natürlichen Form und Bewegung des Körpers; es spricht sich darin, der stofflichen Bedingung gemäss, eben nur der allgemeiner gehaltene Nachklang dieses Körperlichen aus. Seiner Natürlichkeit gemäss modificirt es sich daher nicht minder nach den Eigenthümlichkeiten eines jeden Individuums, der Art jedoch, dass diese Eigenthümlichkeiten sich wiederum in das ihnen entsprechend Generelle auflösen. Das griechische Gewand hat daher keinesweges nur seine Bedeutung für Volk und Zeit der Griechen; es hat eine absolute künstlerische Geltung. Und wenn wir dasselbe für ideale Darstellungen auch unsrer Zeit wiederum in Anspruch nehmen, so geschieht dies in der That aus wesentlich verschiedenen, viel mehr innerlichen Gründen, als die waren, welche in der Rococo-Zeit zu einer eben nur conventionellen Nachahmung antiker Kostüm-Elemente führten.

Ich kehre nunmehr zu der Rauch'schen Skizze zurück. Beide Gestalten, in denen uns die Heroen unsrer Poesie gegenüberstehen, tragen den Chiton und das Himation (Tunika und Mantel); ausserdem sind nur ihre Füsse mit Sandalen bekleidet. Doch ist die Art und Weise, wie Beide die Mäntel umgelegt haben, eine verschiedenartige, die, indem sie die Hauptlinien der Gruppe vortrefflich ausrundet, zugleich schon in den Grundzügen die verschiedene Charakteristik der beiden Persönlichkeiten giebt. Goethe ist als der ältere Mann, der fest im Leben stehende, der vielseitig praktisch thätige gefasst; er hat den Mantel, wie im augenblicklichen Entschluss und ohne weiteren Vorbedacht, leicht und frei umgeworfen, so dass derselbe über seinen beiden Schultern und in der Hauptmasse über der rechten Schulter und dem rechten Arme hängt. Schiller dagegen, der zu seiner Linken steht, als der jüngere in das Leben eintretend, als der Mann, der den hohen Styl in der Poesie mit Entschiedenheit festhielt, hat im Tragen seines Mantels mehr Repräsentation, indem er ihn nach classischer Sitte einerseits unter dem rechten Arm durchgeschlagen und über den linken Unterarm hängend trägt, andrerseits die Hauptlinien von der linken Schulter nach vorn niederhängen lässt. Beides entspricht der körperlichen Grundgeberde der beiden Männer; Goethe steht vollkommen fest und sicher, fast wie ein wenig hinten übergelehnt, da, während Schiller einen leise ecstatischen Zug in seiner Bewegung, etwas schwärmerisch vorwärts Strebendes verräth. Auf solcher Grundlage des Verschiedenen entwikkelt sich ungemein glücklich das gegenseitige Verhältniss. Beide stehen, wie angedeutet, nebeneinander, dem Beschauer entgegen gewandt. Es ist, als ob Goethe den jüngeren Freund dem deutschen Volke entgegenführe. Mit dem Oberkörper ein wenig zu ihm gewandt, erhebt er die linke Hand hinter der rechten Schulter des Freundes, fast als leite er ihn, während seine Rechte, wie zu ähnlichem Zweck, das Gelenk an dessen rechter Hand berührt; Schiller hat dabei fast etwas Hingegebenes an ihn, aber doch ohne allen Hauch von Weichlichkeit, ohne sich selbst unmittelbar ihm entgegen zu neigen; vielmehr ist seine freie, begeistert sprechende, aufwärts gewandte Geberde die des Dichters, der doch nur der Leitung des eignen Genius folgt. Es ist in diesem Goethe etwas von der Majestät eines Vaters, der, die Schönheit des Sohnes völlig empfindend, diesen der Welt hingiebt, – in diesem Schiller die ganze schöne Begeisterung der ihrer Aufgabe bewussten Jugend, die, solcher Hut gewiss, ihr Werk mit doppelt freudiger Kraft beginnt. Die Hand, welche Goethe hinter der Schulter des Freundes erhebt, hält einen vollen Lorbeerkranz; man weiss nicht bestimmt, ob es seine Absicht war, das Haupt des Freundes damit zu schmücken, und ob es vielleicht nur die Theilnahme unmittelbar an dem Schaffen des Freundes war, was ihn unbewusst zögern ließ; aber man sieht nun den in seiner Linken halb erhobenen Kranz rasten zwischen beiden Dichterhäuptern, denen beiden er gebührt.

So viel mir bekannt, ist über die Ausführung dieser Skizze noch nichts bestimmt. Ich würde es für ein National-Unternehmen, – schön, wie nur eins und schöner als viele, – halten, wenn der Meisterhand, die diesen Entwurf geschaffen, bald die Gelegenheit zur Ausführung bereitet würde. Alle, die den deutschen Namen tragen, drinnen im Vaterlande und draussen in andern Ländern und Welttheilen, sollten dazu beitragen, und ich glaube, dass die Begeisterung für Goethe und Schiller noch frisch genug ist, um auf reichliches Zusammenströmen der erforderlichen Mittel rechnen zu können. Gewöhnlich lässt man Denkmäler der Art in Erz giessen; meines Bedünkens aber handelte es sich hier um ein Werk, wo das Material des Marmors, in seinem idealeren Hauche, in seiner Fähigkeit zur höchstgesteigerten Vollendung, noch ungleich mehr an seinem Platze wäre. Die grössere Kostbarkeit des Marmors und der Marmorarbeit dürfte hiegegen eben auch kein Hinderniss sein; ich würde auch in diesem Bezuge auf die Verehrung gegen Goethe und Schiller, die füglich so weit gehen wird, als Deutsche wohnen, rechnen.

Ueber den Ort der Aufstellung eines solchen Denkmales endlich könnte meines Erachtens kein Zweifel sein. *Weimar* hat den unvergänglichen Ruhm, dass dort die Pflege der deutschen Dichtkunst die gesegnetste Stätte fand, dort die Grössten lebten und schufen, dort Goethe und Schiller zum gemeinsamen Wirken sich vereinten. In Weimar muss dies schöne Doppelstandbild errichtet werden, und der Platz dazu und die würdige bauliche Ausstattung dieses Nationalheiligthumes – denn als ein solches müsste das Denkmal von vornherein gefasst und behandelt werden – würde sich dort auch ohne Zweifel finden. Weimars Beruf aber dürfte es darum zugleich sein, mit den, zur Ausführung eines solchen National-Unternehmens erforderlichen Schritten voranzugehen: – möchten diese Zeilen dazu eine Anregung geben!

Das Berliner Schiller-Denkmal von Reinhold Begas

Als 1864 der Berliner Magistrat sich für die Ausführung des Wettbewerbsmodells von Begas entschied, ging eine Auseinandersetzung zu Ende, die 1859 mit der Grundsteinlegung zu einem vorerst nur projektierten Denkmal anläßlich der Feiern des hundertjährigen Geburtstags Schillers begonnen hatte. Wie kaum ein anderes Unternehmen im kulturellen Bereich hatte diese Kampagne die Gemüter der Residenzstadt erhitzt. Nach langwierigen Diskussionen mit den Komitees für ein Goethe- und ein Lessing-Denkmal, die eine »Trinität« von Monumenten an gleicher Stelle anstrebten, rang man sich zu einer gesonderten Lösung durch und konnte im Sommer des Jahres 1862 zur eigentlichen Erörterung der insgesamt 27 eingereichten Modelle übergehen. 7 davon kamen in die engere Wahl (von den Bildhauern Arnold, Begas, Bläser, Drake, Moser, Siemering, Albert Wolff), davon wiederum blieben 2 (Begas und Siemering). Mit der Entscheidung für Begas und gegen Siemering war in Berlin zugleich auch der stilistische Wandel vom Realismus Rauchscher Prägung zum Neubarock eines Reinhold Begas, wie er charakteristisch für den Wilhelminismus wurde, eingeleitet. Die Beschreibung und Beurteilung der Modelle durch Max Schasler lassen diese wichtige Phase in der Entwicklung Berliner Bildhauerei anschaulich werden.

Das Denkmal konnte erst 1871 in Berlin vor dem Schauspielhaus auf dem Gendarmenmarkt aufgestellt werden (vgl. Abb. S. 131). Heute finden sich im Westberliner Schillerpark ein originalgetreuer Bronzeabguß und am Lietzensee das Originalstandbild aus Marmor, auf modernem Sockel, ohne die Allegorien der »Schillerschen Musen« (Drama, Lyrik, Geschichte und Philosophie) und ohne die seitlichen Reliefs (»Poetenweihe«, »Homer und Shakespeare nehmen Schiller in die Schar der großen Dichter auf«).

Bekanntmachung, betreffend das Konkurrenz-Ausschreiben für die Errichtung der Schiller-Statue in Berlin

(1862)

Auf Allerhöchsten Befehl Sr. Majestät des Königs wird heute, am Jahrestage der Grundsteinlegung der Schiller-Statue zur allgemeinen Kenntniß gebracht: Konkurrenz-Ausschreiben an alle deutschen Künstler für das Schiller-Denkmal in Berlin. Zur Säkular-Feier der Geburt Schiller's am 10. November 1859 haben landesherrliche Munificenz im Vereine mit den Kommunal-Behörden der Haupt- und Residenzstadt Berlin und dem zu diesem Zwecke hier zusammengetretenen Central-Comité für die Säkular-Feier von Schiller's Geburtstag die Errichtung einer Schiller-Statue in Berlin ermöglicht, zu welcher der Grundstein am Tage der Säkularfeier bereits auf dem Platze vor dem königlichen Schauspielhause gelegt worden ist. Es stehen zur Ausführung des Schiller-Denkmals 33000 Thlr. zur Verfügung. Alle deutschen Künstler, sie mögen sich im Inlande oder Auslande aufhalten, werden aufgefordert, in Konkurrenz zu treten und ihre Entwürfe für das Schiller-Denkmal, unter offener Angabe ihres Namens, spätestens bis zum 1. Juli 1862 dem Magistrate zu Berlin einzureichen. Der Künstler, dessen Entwurf nach vorher eingeholten künstlerischen Gutachten vor den übrigen der Vorzug gegeben wird, soll mit der Ausführung des Werkes betraut, und soll mit demselben darüber Vertrag geschlossen werden. Für die eingereichten Entwürfe wird außerdem keine Vergütigung gewährt. Wenngleich die künstlerische Ausführung in keiner Weise beschränkt werden soll, so wird doch bemerkt, daß in einer unter Leitung des ressortirenden Ministerii stattgefundenen Vorberathung folgende Punkte der künstlerischen Erwägung zur Berücksichtigung empfohlen werden: 1. Die Statue des Dichters und die Reliefs sollen in Bronce ausgeführt werden; 2. die Statue ist stehend, nicht sitzend darzustellen; 3. die Figur des Dichters ist auf 9 bis 10 Fuß Höhe zu bemessen; 4. das Untergestell mit den Reliefs, welche letztere in Bronce ausgeführt werden müssen, kann in Bronce, in polirtem Marmor oder Granit angefertigt werden; 5. das Postament muß mit der Figur des Dichters, im Anschlusse an die architektonischen Verhältnisse des Schauspielhauses und in seiner Aufstellung auf dem Platze vor demselben innerhalb eines Raumes gedacht werden, der in seiner Breite dem mittleren Raume des Schauspielhauses entspricht und in seiner Tiefe ein Maximum von 100 Fuß erreicht. Ein Situationsplan, der auf Erfordern übersandt werden soll, wird die Umgebung verdeutlichen; 6. es ist Rücksicht darauf zu nehmen, daß zu beiden Seiten des Schiller-Denkmals später die Statuen von *Goethe* und *Lessing* ihre Stelle erhalten sollen, so jedoch, daß jedenfalls das Schiller-Denkmal nach den näheren Raumbestimmungen ad 5. die Mitte des Platzes behauptet. [. . .] Die dem Magistrate eingereichten und nicht benutzten Modelle, welche in der Größe auszuführen sind, daß die Figur des Dichters, ausschließlich des Postaments, die Höhe von 2 Fuß hat und für deren Hin- und Hertransport die Kosten getragen werden, bleiben bis zur Zurücknahme auf eigene Gefahr der Verfertiger im Stadt-Archive verwahrt. Zur Rücknahme der Modelle wird in der Vossischen und Haude und Spener'schen Zeitung aufgefordert werden, und verfallen die binnen Jahresfrist nach dieser Aufforderung nicht abgeforderten Modelle der Stadt Berlin zur freien Verfügung ohne jede Entschädigung.

Berlin, den 10. November 1861.

Magistrat hiesiger Königl. Haupt- und Residenzstadt.

Vorstehendes Konkurrenz-Ausschreiben wird hierdurch unter ausdrücklichem Hinweis darauf republicirt, daß der

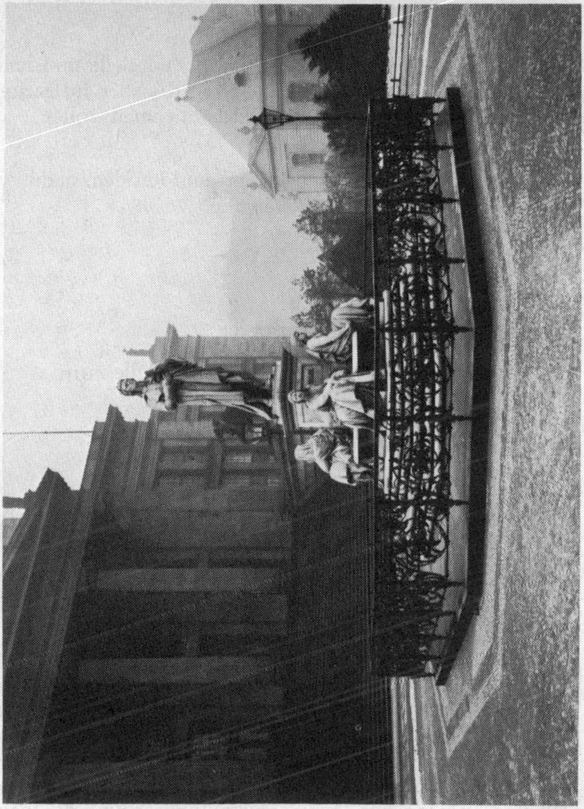

Reinhold Begas. Denkmal Friedrich Schillers. Marmor. 1868. Berlin, ehem. Gendarmenmarkt, Statue heute Lietzenseepark

festgesetzte Termin zur Ablieferung der Modelle mit dem 1. Juli d. J. abläuft, weshalb die Herren Künstler auf geeignete Beschleunigung möglichst Bedacht nehmen wollen.

Berlin, den 23. Mai 1862.

Magistrat hiesiger Königl. Haupt- und Residenzstadt.
gez. *Krausnick. Hedemann. Woeniger.*

26

Max Schasler

Ausstellung der Konkurrenz-Modelle zum Schiller-Denkmal

(1862)

Wir haben bereits in einer kurzen Notiz der vorigen Nummer unsers Journals den Gesammteindruck bezeichnet, den die »Schillerausstellung« unserer Ansicht nach auf jeden Unbefangenen hervorbringen muß; nämlich daß – mit Ausnahme einiger wenigen Modelle, welche eingehender Kritik Stoff darbieten, nichts vorhanden ist, was für die mit der Preisvertheilung betraute Jury in Frage kommen könnte. Der bei weitem größere Theil der Modelle wirkt entweder durch das outrirte, aber ganz inhaltslose Pathos der Figur, welches sich besonders in der hohlen Deklamatorik der Bewegung ausspricht, karrikaturartig, oder er geht der Idee einer Schillerstatue so ganz und gar aus dem Wege, daß – wüßte man nicht, daß man sich in einer »Schillerausstellung« befindet – man eher eine bunte Sammlung von römischen Imperatoren, Romeo's, drapirten Niobe's, Jungfrauen von Orleans, Cromwell's und dergleichen als von Schillerstatuen vor sich zu haben glauben müßte. »Aber lieber Himmel, ist denn Schiller, als Mensch und Dichter, eine so unbekannte Größe für unsere Künstler, daß sie gar nicht wissen, was sie mit ihm anfangen sollen?« – werden Viele fragen. Zum Theil ist es dies auch, nämlich der sich bei dieser Gelegenheit wieder einmal in bedauerlicher Weise bemerkbar machende Mangel an literarischer Bildung, welcher sich durch ein hastiges, nach Schlagwörtern suchendes Durchblättern der Werke des großen Dichters für den Zweck der Konkurrenz – um sich doch etwas au fait zu setzen – nicht ersetzen läßt; andern Theils aber erkennt man in solchem Falle den großen Unterschied, welcher zwischen den Bedingungen für eine Feldherrn- oder Fürstenstatue und denen für die Statue einer großen geistigen Individualität obwaltet. Dort ist das Exterieur mehr oder weniger etwas konventionell Gegebenes, selbst die Haltung (beim Fürsten würdevolle Hoheit, beim Feldherrn militairische Noblesse u. s. f.), so daß mit Hinzurechnung der Portraitähnlichkeit die Aufgabe ziemlich einfach vorliegt; eine geistig große Natur dagegen, wie die unsers Dichters, ist vom Kopf bis zu den Füßen zu individualisiren; da ist nichts konventionell Gegebenes, selbst das Zeitkostüm oder, wenn man ein anderes wählt, die ideale Drapirung muß sich, wie die ganze Haltung, dem Charakter anpassen, Alles muß zum Ausdruck gerade *dieser* Individualität werden. Um wie viel tiefer, umfangreicher, vertrauter muß also hier das Verständniß des inneren Wesens, des *ganzen* Menschen – nicht seiner öffentlichen Stellung allein und seines officiellen Thuns – bei dem Künstler vorausgesetzt werden, der an eine konkrete Gestaltung dieses neuen Wesens sich heranwagt.

Jener Mangel an Verständniß dessen, was Schiller seinem wahren Wesen nach ist, spricht sich unter Anderm auf unverkennbare Weise zunächst darin aus, daß viele von den Modellen, welche wirklich den Dichter und nicht eine beliebige Theaterfigur im Auge gehabt, sich an irgend ein Wort Schillers, das dem besonderen Geschmack des betreffenden Künstlers etwa am meisten zusagte, gehalten und die Statue hierzu gewissermaaßen als Illustration komponirt haben, wie »droben über'm Sternenzelt wird ein großer Gott belohnen« (*Bläser* Nr. 1), »dem Verdienste seine Krone, Untergang der

Lügenbrut« (*Dorins*), »der Menschheit Würde ist in eure Hand gegeben« (F. *Drake*), »Indessen schritt sein Geist gewaltig fort in's Ewige des Wahren, Guten, Schönen« u. s. f., Goethe's Verse aus dem Epilog zur Glocke (*Heidel*; ähnlich *Siemering*); endlich Albert *Wolff*, der die Gewohnheit Schillers, mit einem Schrifttäfelchen in der Hand im Garten spazieren zu gehen, verkörpern wollte. Mit Ausnahme *Heidel's* und *Siemering's*, welche in der Wahl der übrigens einem andern Munde (Goethe) entstammenden Ausspruche glücklicher waren, da sie immerhin eine allgemeine und objektive Charakteristik Schillers enthalten und also wohl geeignet sind, in Ermangelung ureigner Beurtheilung als Motive der Konception zu dienen, bewegen sich also alle andern der eben genannten Bildhauer nach verschiedenen einseitigen Richtungen, die als solche schon von vorn herein eine Totalauffassung der Schiller'schen Persönlichkeit – wir verstehen hierunter die *ideale Verkörperung seiner geistigen Natur* – gänzlich ausschließen.

Ein anderer großer Theil der Aussteller hat sich, wie dies schon aus den Bemerkungen des Katalogs hervorgeht, gar nicht darauf eingelassen, seine Intentionen der Hauptfigur näher anzudeuten. Der Kopf des Dichters ist ja bekannt genug, das Uebrige ist mit mehr oder weniger Geschmack arrangirt nach den hergebrachten Formen plastischer Darstellung, und damit hat man sich begnügt. So sagt *Bayerle*:[53] »die Statue stellt Schiller dar in schlichter, einfacher Kleidung, wie er als Dichter und Denker« (beides zugleich?) »einem seiner unsterblichen Werke nachsinnt« – eine Phrase, die ebenso hohl ist, wie die Figur, welche sie versinnbildlichen soll; R. *Begas*: »Schiller im begeisterten Aufblick, sinnend«; es konnte ebenso gut oder vielmehr besser heißen: »der große Kurfürst vor der Schlacht bei Fehrbellin« oder »Cromwell, den Tod Karl's I. beschließend« u. s. f.; doch davon später); B. *Bläser* Nr. 2: »Schiller in einer dem antiken Geschmack sich annähernden idealen Gewandung, in poetischer Anschauung versunken«, ähnlich *Eggering*, *Eisenbach*,

Schery u. s. f., während *Engelhard, Hagen, Kaupert, Möller, Moser, Schubert, Voß* (2 Modelle) uns über ihre Intentionen ganz im Dunkeln lassen. – Daß wir in dieser Weise den Katalog nach den Intentionen über die Hauptfigur durchforscht haben, hat einen doppelten Grund; nämlich zunächst, weil aus den Skizzen als solchen, und bei den meisten hier ausgestellten vorzugsweise, eine Intention überhaupt nicht ersichtlich ist, und sodann, weil uns dünkt, daß gerade in dem vorliegenden Falle der konkurrirende Künstler vor Allem Zeugniß abzulegen hatte über seine Auffassung des Dichters, gleichsam ein Glaubensbekenntniß über das Ziel, was er sich bei der Konception dieser geistigen Größe, dieses Lieblings der Nation, zu stellen beabsichtigte. Die Skizze konnte diesem Glaubensbekenntniß – als dem Wichtigsten – gegenüber nur eine allgemeine Bethätigung seiner Fähigkeit, nach diesem Ziele zu gelangen, dokumentiren sollen.

So viel im Allgemeinen über die ausgestellten Modelle. Wir haben absichtlich noch nicht diejenigen wenigen namhaft gemacht, welche unsrer Ansicht nach bei der Preisvertheilung in Frage kommen dürften. Soviel aber können wir sagen, daß sich unter allen 27 Modellen nur ein einziges befindet, welchem wenigstens ein (wenn auch in statuarischer Beziehung wegen der darin enthaltenen materiellen Fehler mißglückter) Versuch gemacht ist, Schiller's *Persönlichkeit* in ihrer geistigen Bedeutung und specifischen Charakteristik zur Vorstellung zu bringen. Dies ist das Modell *Arnold's* aus Kissingen.

[. . .]

Handelt es sich im vorliegenden Falle blos darum, daß Berlin um ein in statuarischer Beziehung wohlgelungenes Bildwerk reicher werde? – oder handelt es sich darum, unsern großen Dichter, der tief im Volks*bewußtsein* wurzelt, für die Volks*anschauung* in prägnanter, wahrhaft charakteristischer Gestaltung darzustellen? – Das sind die einzig maaßgebende Fragen, deren Beantwortung wohl nicht zweifelhaft sein kann. Wer die erstere bejaht wissen möchte, der hat die Wahl zwischen den Modellen von *Siemering, A. Wolff, Schievel-*

bein, Bläser (Nr. 1), *Drake* junior, und einigen anderen Entwürfen, die alle in statuarischer Beziehung ihre besonderen Vorzüge haben, aber doch entweder ein zu allgemeines, d. h. leeres Pathos zur Schau tragen oder aber das Pathos überhaupt mit blos rhetorischer Bewegung, ja mit der deklamatorischen Phrase verwechseln. Alle diese Figuren würden ebensogut, ja besser passen, wenn sie z. B. einen Mann der Politik, einen Volksredner, einen berühmten Mimen u. s. f. darstellen sollten. Aber Schiller, dieser in sich koncentrirte Idealist im Denken, im Empfinden wie im natürlichen Dasein seiner Existenz, erfordert eine andere, prägnantere Darstellungsweise; und das Bewußtsein davon hat, wie wir schon bemerkten, nur ein konkurrirender Künstler gehabt, nämlich *Arnold*. Ehe wir über diesen sowie über seinen Gegensatz, *Begas*, einige Worte sagen, wollen wir zuvor die übrigen noch nicht namhaft gemachten Modelle kurz zu charakterisiren versuchen, wobei wir die Entwürfe für die Piedestale unberücksichtigt lassen.

Am häufigsten findet man statt des »Schillers« einen *römischen Imperator*, wie namentlich die Modelle *Kaupert's, Schubert's*, dessen Reliefs wir jedoch als besonders schön hervorheben müssen, *Schery's* (könnte auch ein »Apollo Musagetes« sein), oder einen *Robespierre*, wie *Engelhardt's, Eggering's, Eisenbach's* Modelle, wovon das letztere an einen »Mirabeau« streift; ferner auch *fahrende Scholasten*, wohin namentlich die Skizzen *Bayerle's, Alberty's* u. s. f. gehören. *Heidel*, dessen Werk wir übrigens mit den letztgenannten durchaus in keinen Vergleich stellen wollen, weil sich in demselben immerhin der feinfühlende Künstler offenbart, hat Schiller in einer Weise aufgefaßt, die uns lebhaft an »Luther als Kurrendenschüler« auf einem Bilde von *Leys* erinnerte. *Kalide's* Schiller ist eine verkleidete »Niobe.« C. *Drake's* Zettelträger möchte man fast für einen Ausrufer halten; es fehlt ihm nur die Medicinflasche in der erhobenen Hand, so würde man sich in Donizetti's »Liebestrank« versetzt glauben. *Voss's* Modell schwankt zwischen einer »Jungfrau von Orleans« und »Romeo«; und *Dornis'* [Dorins] Schiller scheint gerade zu dem Irrenhause entsprungen zu sein, man müßte denn eine feine Ironie des Künstlers vermuthen, der absichtlich Schiller so aufgefaßt hat, als wolle er Allen, die ihn dazu verdammten, auf jenem unvortheilhaften Platz vor dem Schauspielhause zu stehen, aus Zorn den Schädel einschlagen.

Doch wozu noch weiter nach den – ob absichtlich oder unabsichtlich zu Tage gelegten – Intentionen der andern Modelle forschen? Beschränken wir uns schließlich auf die wenigen, welche für die Entscheidung über die Konkurrenz voraussichtlich in Frage kommen dürften, nämlich auf die Modelle von *Arnold, Begas, Siemering, A. Wolff* und *Schievelbein.* Den klaffensten Gegensatz bilden die Arbeiten der beiden ersteren; *Arnold's* Schiller ist eine übermäßig lange Figur, welche durch das zu kleine Piedestal noch höher erscheint, als sie wirklich ist. Sie besitzt den Fehler, daß die ganze Mittelpartie zu groß, dagegen die Extremitäten, namentlich die Arme zu klein sind; ohnehin fehlt der linke Arm eigentlich ganz, da die Stelle, wo er sich befinden sollte, von der Mantelkleidung in einer Weise verdeckt wird, als ob keiner darunter sich befinde. Aber diese und andere Fehler, wohin wir rücksichtlich des Ausdrucks auch die, obgleich sehr schöne, doch gewissermaaßen etwas zu weibliche Haltung des Kopfes rechnen, vermögen es nicht, das eigentlich geistig bedeutsame Element, welches wir in unserm ersten Artikel die *ideelle Persönlichkeit Schiller's* nannten, daraus zu verwischen, ja kaum zu beeinträchtigen, das in der ganzen Auffassung, namentlich aber in dem sinnenden, tief in sich versenkten Ausdruck des Kopfes und in der eigenthümlichen Bewegung des Oberleibs mit siegender Gewalt und schlagender Drastik zur Erscheinung kommt. Das, was die Figur Großes und Wahres hat, ist in keine der andern hinein- – das, was fehlerhaft daran ist, mit Leichtigkeit aus ihr herauszubringen, und darum verdient diese Statue – trotz ihrer Mängel – den ersten Preis und die Ehre der Ausführung, weil sie allein *am meisten*

Schiller selbst, den Dichter und Denker der Nation, zur lebendigen und edlen Erscheinung bringt. Was das Postament betrifft, so ist es wie gesagt zu niedrig und überhaupt zu unbedeutend in der architektonischen Form. Zwar hat der Künstler, wie er in seinem Programm sich äußert, dies absichtlich gethan, um »es im vorgeschriebenen Stil, d. h. in Harmonie mit dem Schauspielhause zu halten,« aber er ist dabei, wie umgekehrt bei der Figur, in Rücksicht auf die Größenverhältnisse zu weit gegangen. Da wir dieses Modell des ersten Preises würdig halten (mit Vorbehalt natürlich, daß die gerügten Fehler daran bei der Ausführung verschwinden), halten wir es für passend, die projektirten Reliefs des Postaments wenigstens ihrem kompositionellen Inhalt nach anzuführen:

An der *Vorderseite* stellt die »Scene aus der Braut von Messina« den Moment dar, wie die Mutter, von der Tochter vergeblich zurückgehalten, das Bahrtuch erhebt und die Leiche ihres Sohnes Manuel erblickt, während Cäsar im Hintergrunde auftritt. – Das *zweite* Relief zeigt »Don Carlos«, welcher, nachdem er sein Schwert seinem Vater entrissen, mit verzweiflungsvollem Blick auf die Leiche des ermordeten Marquis Posa hinweist. – Im *dritten* Relief nimmt »Max Piccolomini« in Gegenwart der Herzogin von Friedland und der Gräfin Terzky Abschied von seiner Braut Thekla. – Das *vierte* Relief zeigt »Wilhelm Tell«, wie er im ersten Augenblicke nach dem glücklichen Apfelschusse sein Kind zu sich emporhebt. Bertha unterstützt den zusammensinkenden alten Walter Fürst. Im Hintergrunde erblickt man den mit Geßler im Wortwechsel begriffenen Rudenz. – Im *Kapitäl* des Postaments sollen 12 Medaillons, je 3 an jeder Seite, Motive aus den vorzüglichsten »Gedichten Schillers« zum Ausdruck bringen. Dieselben sind im Modell mit der Feder skizzirt, weil sie sich in diesem Verhältnisse in keinem passenden Materiale modelliren ließen. Sie stellen vor, auf der Seite der Braut von *Messina*: – »Kassandra,« »das eleusische Fest,« »Hectors Abschied;« – auf der Seite des *Don Carlos*:

den »Ring des Polykrates,« die »Glocke,« »Pegasus im Joche;« – auf der Seite des *Max Piccolomini*: »die Bürgschaft,« den »Handschuh,« »Ritter Toggenburg;« – auf der Seite des *Wilhelm Tell*: den »Taucher,« den »Kampf mit dem Drachen,« den »Gang zum Eisenhammer.« Hierbei hätten wir nur zu erinnern, daß es vielleicht passender gewesen wäre, in den Reliefs auch Beziehungen auf Schiller's historische Werke, sowie auf seine philosophisch-ästhetischen Abhandlungen an zu bringen. Im Uebrigen finden wir die Auswahl der Motive passend. Wenn man indessen in Betracht zieht, daß die Werke Schillers unvergänglich sein werden, seine persönlichen Lebensumstände dagegen sich der Erinnerung leichter entziehen, so wäre es vielleicht nicht unangemessen gewesen, die 12 Medaillons zu Darstellungen aus seinen Werken, die Reliefseiten dagegen zu solchen aus seinem Leben zu benutzen.

Den stärksten Gegensatz zu *Arnold* bildet, wie bemerkt, *Begas*. Wir sind weit entfernt, dem Modell dieses Künstlers einen gewissen Zug von virtuoser, ja – was man so nennt – genialer Mache abzusprechen. Allein einerseits erinnert diese Genialität allzusehr an die (hier freilich in's Groteske übersetzte) Behandlungsweise Michelangelo's, um durchaus den Eindruck selbstschöpferischer Originalität hervorzubringen, andererseits kommt dabei besonders in Betracht, daß sie – ohne Rücksicht auf die vorliegende Aufgabe – ganz in's Allgemeine hineingeht und irgend eine beliebige Persönlichkeit, ob Prophet, Staatsmann, Dichter oder sonst einen andern Charakter, vorstellen kann. Ja, selbst wenn man darüber keinen Zweifel haben könnte, daß man einen »Dichter« vor sich habe, so wäre das im vorliegenden Falle bei weitem nicht genug, sondern daß dieser Dichter gerade als die besondere Persönlichkeit *Schiller's* in die Erscheinung und an unsre Anschauung tritt. Davon ist hier nun im Entferntesten nicht die Rede. Ganz abgesehen davon, daß diese Figur ihrer massiven, plump-kolossalen Verhältnisse halber eher alles Andere als ein Schiller sein kann, so spricht sich auch in der Bewegung etwas so seltsam Phantastisches, Prätensiöses aus, das uns zwar als Enthusiasmus dargeboten wird, aber als ein Enthusiasmus, der von dem Schiller'schen idealen Pathos so entfernt ist, wie ein Jeremias auf den Trümmern Jerusalems von einem jungen David. Ja nicht genug, daß der Künstler sich in der Hauptfigur gar wenig um seine Aufgabe gekümmert, hat er auch die Bestimmungen des Programms, welches ausdrücklich eine Rücksichtnahme darauf gebietet, daß zu seinen Seiten noch die Statuen von Goethe und Lessing ihren Platz finden sollen, so gänzlich ignorirt, daß er Schiller in die Mitte einer vierseitigen Brunnenarchitektur gestellt hat, aus welcher sich das mit großen Eckfiguren (die »lyrische« und »tragische Dichtkunst,« »Geschichte« und »Philosophie« darstellend) flankirte Postament erhebt. Endlich zeigt die Skizze selbst – und zwar nicht ohne »geniale« Absicht – eine solche virtuose Liederlichkeit in der Behandlung, daß dem Laien wohl davon imponirt wird, der Kenner aber zu der Frage kommt, worin die Garantie für die Fähigkeit einer vollendeten Ausführung zu suchen sei. Und wäre es nur die Hauptfigur selbst gewesen, ja nur der Kopf Schillers, den der Künstler sich die Mühe genommen, etwas sorgfältiger auszuführen, so hätte man schon damit zufrieden sein können, aber um diese affektirt »geniale« Nachlässigkeit zu goutiren, dazu gehört schon ein verdorbener Geschmack, der, sich von dem Einfachen als »nüchtern« abwendend, nur den haut-gout pikant findet. Wir können schließlich hier nur an das auf *Begas* durchaus passende Wort unsrer Kölner Korrespondenz (Nr. 30 der Dioskuren) erinnern, welche über denselben Künstler bei Gelegenheit der Besprechung seines Konkurrenzmodells für das Kölner Königsdenkmal bemerkt: »Denn wie Menzel in der Historienmalerei, so steift sich *Begas* auf das charakteristisch (oder auch, wie hier, *un*charakteristisch) *Häßliche* in der Kunst. Die *wahre Kunst* aber besteht in der Darstellung des charakteristisch *Schönen*, oder vielmehr der *schönen Charakteristik*, was freilich etwas schwerer ist; denn das Häßliche wird an sich, schon weil es von der akademischen Langweiligkeit und der nüchternen Korrektheit abweicht, prägnant sein und dadurch charakteristisch *erscheinen*: das wahre Schöne aber weicht zwar ebensoweit von dem allgemeinen (abstrakten) Schema der sogenannten ›Idealform‹ ab, geht aber nicht darunter herab, sondern vielmehr darüber hinaus. Und das ist die ›wahre Höhe,‹ welche *Begas* auf diesem Wege nie erreichen wird. Seine zwecklosen Verrenkungen, sein unnützer, weil unmotivirter Aufwand von Muskelanschwellung mögen als Specialstudien ganz gut sein, hier haben sie gar keine Bedeutung. Es scheint mit einem Worte, als ob der Künstler diese Kompositionsweise nicht für das Denkmal, sondern das Denkmal für diese Kompositionsweise projektirt habe.« Letzteres gilt nun auch in vollem Maaße von seinem Schillermodell; und wir setzen hinzu, daß, wenn *Begas* in dem aufgegebenen Motiv für seine Arbeiten mehr den *Vorwurf* als einen bloßen *Vorwand* zur Entfaltung einer abstrakten Genialität skizzenhafter Mache sehen wollte, d. h. gewissenhafter und zugleich bescheidener sich gegenüber der *Sache* verhielte, es in jedem Betracht für seine künstlerische Entwickelung vortheilhaft sein dürfte. [...]

Ist, wenn eine Statue mit einer Brunnenarchitektur komponirt wird, der *Brunnen der Statue wegen* oder umgekehrt die *Statue des Brunnens wegen* da? Niemand wird (mit Ausnahme natürlich der Reklamisten von Profession, der Enthusiasten quand même und derer, die einem von beiden blind folgen, weil sie sich von hochtrabenden, mit genialer Unverschämtheit vorgebrachten Phrasen imponiren lassen) im Ernst behaupten können, daß das Erstere der Fall sein könne. Was hat ein Brunnen mit der Statue zu thun? Ein Brunnen hat einen praktischen Zweck; die Dienstmädchen und Marktweiber sollen Wasser daraus schöpfen. Daß dieser praktische und passabel triviale Zweck durch künstlerische Form verschönt, idealisirt wird, ist vortrefflich; auf diesem Princip beruht das ganze Wesen der Ornamentation, im Besondern der Kunstindustrie und der praktischen Architektur. Aber zuletzt ist denn doch das *Bedürfniß* das eigentliche Motiv des Bauwerks, das Motiv seiner Existenz; die künstlerisch verschönernde Zuthat kommt erst in zweiter Linie, da ihr Zweck in nichts als in der *formalen Veredlung des Bedürfnisses* besteht. Hat es nun noch Sinn, umgekehrt den Brunnen als ornamentales Motiv für die Statue d. h. das triviale Bedürfniß als veredelndes (?) Moment des künstlerischen Zwecks zu verwenden? – Stellen wir uns die Begas'sche Skizze – selbst angenommen, sie wäre von allen gerügten Rohheiten frei und repräsentirte wahrhaft den »Schiller« – mit dem Brunnen ausgeführt auf dem Platze vor dem Schauspielhause vor; wer, der unbefangenen Sinn hat, also z. B. ein ganz Fremder, würde bei ihrer Betrachtung nicht die nahe liegende Bemerkung machen: »Kurios; wenn die Berliner gerade an diesem Platze einen Brunnen nöthig hatten, so konnten sie wohl eine andere Figur zum Ornament finden, als gerade ihren Nationaldichter; oder haben sie damit eine schlechte Anspielung auf die Wässrigkeit seiner Gedichte machen wollen?« – Das wäre in der That kein beneidenswerthes Kompliment für die mit der Entscheidung betraute Kommission, wenn sie die Begas'sche Skizze zur Ausführung brächte. Wahrhaftig, dieser Brunnen ist ein geistreicher Gedanke des Hrn. *Begas*, besonders auch in Rücksicht auf die beiden Seitenstatuen *Goethe's* und *Lessing's*, die dabei eine merkwürdige Rolle spielen würden. Es hätte nur noch gefehlt, daß er diese, als »Tritonen« kostümirt, mit in seine Komposition gezogen hätte; das würde die Travestie – denn dies ist in unsern Augen der ganze »Schiller« von *Begas* – vollkommen gemacht haben.

Wir würden uns in der That bei diesem Modell gar nicht so lange aufgehalten haben, wenn wir nicht aus gewissen Anzeichen, wohin namentlich die officiellen und anonymen Reklamen der Tagespresse gehören, schließen zu müssen glaubten, daß eine Kotterie in mehr oder minder geschickter Weise den geraden und unbefangenen Sinn der Mitglieder der Beurtheilungskommission und namentlich der dabei betheiligten Behörden zu beeinflussen versucht. Das Resultat wird zei-

gen, ob die einfache Wahrheit mehr Kraft besitzt als die hohlen Phrasen interessirter Parteigänger. [. . .]
Siemering hat sich, wie schon früher bemerkt, an den bekannten »Nachruf Göthe's an den heimgegangenen Freund« angelehnt. Die Figuren zu den Füßen des Dichters sollen *die sittliche Freiheit*, zu deren Erstrebung der Dichter mahnt, und die *Wahrheit*, die ihm das Endziel menschlicher Entwicklung war, – Beides die Träger seines Genius – personificirt darstellen. – Die *Reliefs*, realistische Darstellungen seiner verschiedenen Dichtungen enthaltend, zeigen: 1. »Die Glocke,« der Meister versammelt die Gesellen; 2. »Tell's Abschied von den Seinen;« Tell und Geßler; die Rütli-Scene; 3. »Die Kraniche des Ibicus;« 4. »Wallenstein;« die Kapuzinerpredigt; Trennung des Max; Seni verkündet Wallensteins Tod. – Dieses Modell verdient unserer Ansicht nach entschieden den zweiten Preis [. . .]. [. . .]
Dies *lies't* sich Alles sehr schön, aber wir würden aufrichtig gesagt diese ganze philosophische Symbolik herzlich gern für ein paar lebendig geschilderte Scenen aus dem *wirklichen Leben Schiller's* hingegeben haben. Unsrer Ansicht nach würden, wie wir schon bei der Besprechung der *Arnold*'schen Skizze andeuteten, am passendsten die Reliefs so anzuordnen sein, daß die Vorderseite weiter nichts als den Namen Schiller in großen goldenen Buchstaben zeigte, die drei andern Seiten »Scenen aus Schillers Leben« darstellten, und unter [. . .] diesen Hauptdarstellungen ein Kranz von kleineren Reliefmedaillons sich hinzöge, welche die Hauptfiguren aus den Dramen Schillers zur Vorstellung brächten. Die Ecken könnten schließlich dann vielleicht mit 4 symbolischen Figuren, etwa vorn »Dramatik« und »Lyrik«, hinten »Geschichte« und »Philosophie«, als denjenigen Gebieten, auf denen Schiller geschaffen, geziert werden.
Schievelbein endlich hat Schiller in poetischer Begeisterung, jedoch allzu deklamatorisch, fast in der Haltung eines Volksredners dargestellt, wie er mit der rechten Hand den Griffel, mit der linken ein Buch zur Aufnahme eines poetischen

Gedankens hält. Die vier Ecken des Postaments sind mit korinthischen Säulen geschmückt, zwischen denen sich in Nischen sitzende Figuren, darstellend »(lyrische?) Poesie,« »Schauspiel,« »Trauerspiel« und »Geschichte« – eine nicht sehr logische Zusammenstellung, – befinden. Aber abgesehen von der darin sich aussprechenden Inkonsequenz der Bedeutung – man könnte ihnen ja leicht andere Namen geben; und das ist ein großer Vortheil der Symbolik, bei der im Grunde Alles auf die Attribute und schließlich auf die Namen der Figur hinausläuft – gewährt das Postament einen sehr harmonischen, statuarisch bedeutsamen Anblick. Hier ist die edle Ruhe, welche der Hauptfigur fehlt, in vollem Maaße vorhanden.

Und um nun schließlich auch noch unsere Ansicht über den am meisten praktischen Weg auszusprechen, der einzuschlagen wäre für den Zweck, ein wahrhaft Schiller würdiges Werk zu erhalten, so möchte eine abermalige definitive engere Konkurrenz zwischen den vier besten Modellen, d. h. also etwa zwischen denen von *Arnold, Siemering, A. Wolff* und *Schievelbein* in der Art einzurichten sein, daß die betreffenden Künstler aufgefordert würden, ihre Modelle nach den Aeußerungen der Kritik, sowie nach der von der Kommission gewonnenen Ueberzeugung über die noch vorhandenen Schwächen der Skizzen zu modificiren und abermals ausstellen zu lassen. Dies würde namentlich dem *Arnold*'schen Modell zu Gute kommen, welches in der gegenwärtigen Form allerdings nicht ausführbar wäre, dagegen mit Leichtigkeit korrigirt und dadurch zu einem wahrhaften Kunstwerk herausgebildet werden könnte. M. Sr.

27

Max Schasler

Ein paar Specialvota über die Modelle der Schillerkonkurrenz

(1863)

Wie ganz anders sind bei zwei der bedeutendsten Monumente Berlins aus ganz verschiedenen Zeiten die Nebenfiguren behandelt: beim großen Kurfürsten und Friedrich dem Großen. Bei Jenem sind die vier gefangenen Feinde der Ausdruck der Unüberwindlichkeit des Helden, – klar, völlig sachgemäß, daher Jedem von selbst verständlich, mit der Hauptfigur künstlerisch verbunden. Ebensowenig kann Jemand im Zweifel sein, was die zahlreichen Generale zu Fuß und zu Pferde am Postament des großen Friedrich bedeuten, und doch dienen sie einzig dem über ihnen majestätisch herrschenden Helden und König. Wenn jenes Getümmel von Generälen fehlte, immer behielte das großartige Monument seine Bedeutung, immer würde es eines großen Eindrucks nie verfehlen.

Was wird aus Schiller und seinem Brunnen, wenn die vier massigen, allegorischen und doch sehr realen Damen ihn verließen?

So viel über den Entwurf an sich. Noch bedenklicher erscheint derselbe unmittelbar vor Schinkel's Schauspielhaus, einem Bauwerk ächt klassischen, hellenischen Geistes, vielleicht dem künstlerisch-bedeutendsten der ganzen Neuzeit. Die hellenische Kunst durch Eindringen in ihre Gesetze, durch Fortführung für den modernen Zweck, für unsere Zeit fruchtbar und lebendig zu machen, war das Streben des genialen Mannes. Das Schauspielhaus ist der gelungenste Ausdruck dieser treu bethätigten Kunstrichtung, welche ihren Einfluß auf einen großen Künstlerkreis, *Tieck*, *Rauch*, *Wach*, weniger freilich auf die nächsten Nachfolger, am meisten aber

auf die Gestaltung aller Kunstwerke übte, deren hohe Stufe noch heute vom Auslande nicht erreicht ist.
Je mehr Gerechtigkeit Schinkel anderen Kunstrichtungen der Vergangenheit, wie dem Zeughause, dem königlichen Schloß etc. widerfahren ließ, je milder er über Reproductionen überwundener Kunstperioden urtheilte, um so mehr würde man an ihm ein Unrecht begehen, wollte man gerade vor sein reinstes Werk ein Monument ganz anderen Stils stellen, ein Monument, welches bei aller Genialität nichts von der klassischen Ruhe, Klarheit und Einfachheit der Antike besitzt. Aber nicht die Pietät gegen Schinkel ist es allein, welche davon abhalten sollte. Man würde an dieser Stelle einen Mißton, eine plastische Dissonanz hervorrufen, gegen welche freilich die modernen Augen viel unempfindlicher sind, als die Ohren gegen Disakkorde in der Musik.
Die Arbeit von *Begas* lehnt sich bewußt an die alten Italiener, an den Uebergang aus dem Renaissance- in den Barrokstil an. Der Typus der Gestalten, die Gewandung, die ganze Anordnung erinnert stark an jene Bilderwerke, welche weit über die Grenze der maaßvollen Skulptur hinausschritten, denen die schöne Form, das natürliche einfache Motiv nicht mehr genügte, die mehr durch Masse, tiefe Schatten und grelle Lichter auf eine gröbere Sinnlichkeit zu wirken bestimmt sind. Zwischen den ganz im antiken Geiste erfundenen Bildwerken des Schauspielhauses, dem Pegasus, den Musen und den Niobiden und den Figuren im Entwurf von Begas besteht ein Gegensatz, der unmöglich geleugnet werden kann, und den Begas selbst gewiß nicht leugnet.
Daß der Künstler die Architektur des Schauspielhauses nicht einfach ignoriren sollte, daß bei dem Entwurfe eines Standbildes vor demselben (und mehr noch eines monumentalen Brunnens) auf ein so hervorragendes, eine ganze Kunstepoche bezeichnendes Bauwerk Rücksicht genommen werden mußte, ist schon in Nr. 5 des Programms vom 10. November 1861 ausdrücklich und aus guten Gründen vorgeschrieben worden. Begas hat diese Bestimmung einfach bei Seite ge-

schoben. Wollte man das Werk von Begas vor dem königl. Schloß auf dem Schloßplatze aufstellen oder zwischen der Bibliothek und dem Opernhause, so möchte das immerhin geschehen, obgleich freilich zu befürchten ist, daß diese Kunstrichtung wieder zu dem ausschließlichen Streben nach pikantem Formenreiz, genialer Haltung und imposanter Massenhaftigkeit und dadurch wie in der Epoche des Barrokstils zur unbegrenzten Willkür des Individuums führen würde. Vor dem Schauspielhause wäre die Aufstellung ein Beweis, daß der Ausspruch *Schlegels*: »Die Architektur, die Plastik überhaupt ist eine gefrorne Musik« heute in Berlin nicht mehr verstanden wird. Mit gutem Gewissen kann kein Jünger Schinkels behaupten, daß das Werk von Begas vor dem Schauspielhause nicht störend wirken werde. Es gehört zu dieser Zusammenstellung ein ähnliches weites Gewissen, wie zu dem Anbau von Kapellen im Rokokostil an deutsche Dome.

Die Hindeutung auf die Thürme des Gensdarmenmarktes und den Stil der Privatgebäude ändert daran sehr wenig; denn die Thürme liegen ganz seitlich, bilden nicht den unvermeidlichen Hintergrund und gehören in ihrer Architektur der *Knobelsdorf*'schen[54] Periode an, welche *vorwärts* strebte, nach Entwickelung drängte, und darum von *Schinkel* selbst anerkannt wurde. Die Façaden der Privathäuser aber wechseln in Berlin, wie die Masken im Carneval, sind nicht monumental und können deshalb gar nicht beachtet werden.

Eine harmonische Vermittelung zwischen jenen verschiedenen Baustilen giebt das Monument von *Begas* aber eben so wenig, als man zwischen dem neuen Museum und dem Dome durch ein Monument im Stile des *Domes* vermitteln könnte.

Endlich widerspricht der Entwurf von *Begas* zwei noch ausdrücklichen Bedingungen des Programms, der vorgeschriebenen Rücksicht darauf, daß die Statuen von Göthe und Lessing zu beiden Seiten ihre Stelle erhalten sollen, und dem Kostenpunkte. – Könnte man im Ernst daran denken, noch zwei solche kolossale Monumente rechts und links auf demselben Platz aufzustellen? – Oder will man Göthe Schiller unterordnen und mit einem einfachen, viel kleineren Standbilde abfertigen? – Beides scheint gerade unmöglich. – Eben so falsch ist aber die Behauptung, daß der große Gensdarmenmarkt überhaupt nur *ein* Standbild zulasse. Man denke doch an die zahlreichen Bildsäulen auf den Stadtplätzen und in den Tempel-Bezirken des Alterthums. Der Gensdarmenmarkt gestattet die Aufstellung einer ganzen Reihe von Bildsäulen, aber ein plastisches Quodlibet darf es freilich nicht werden. Den Aufwand betreffend, so haben die Statuen von *Gneisenau, York, Thaer*[55] u. s. w. jede 15–18000 Thaler gekostet, danach leuchtet ein, daß das Monument von *Begas*, würdig, in gehörigen Maaßstabe, aus dauerhaftem Material hergestellt, sicher 60000 Thaler, also das Doppelte der vorhandenen Summen in Anspruch nehmen würde, ganz abgesehen von den Kosten der Speisung des Brunnens mit Wasser. Die Kosten aber dadurch vermindern, daß man den Maaßstab verkleinert, Schiller auf seine natürliche Größe von 6 Fuß reducirt und an der Ausführung spart, hieße einen traurigen Ausweg suchen. Der Stil von *Begas* erfordert wirkliche Massen und reichliche Dimensionen. Verkleinlichen hieße Vernichten. Ueber den Entwurf von *Siemering* genügen einige Worte: Es ist ein wirkliches Standbild *Schiller's*. Die Bildsäule selbst, die schönste von Allen, edel und fein empfunden, im Kostüm der Zeit, aber im Geist der Alten gedacht, also ganz in *Schinkel*'schem und *Rauch*'schen Sinne. Das Postament reich, aber nicht überladen, mit klaren, allgemein verständlichen Motiven. Die zwei seitlichen Figuren, vielleicht etwas bequemer gesetzt, entsprechen ganz der Aufstellung parallel mit der Hauptfront des Schauspielhauses, leiten natürlich zu Nachbarstatuen hinüber und geben dem Ganzen in der Hauptansicht eine breitere Basis. Der Kostenpunkt ist wohl erwogen, überhaupt sind die sämmtlichen Bedingungen scharf inne gehalten. Hätte *Siemering* auf mehr als 33000 Thaler rechnen dürfen, so muß wenigstens vermu-

thet werden, daß er auch denen genügt haben würde, welche Großartigeres verlangen, ohne die antike Einfachheit und Verständlichkeit zu verlassen.
Soll und muß unter den Entwürfen von Begas und Siemering sofort gewählt werden, so verdient, ganz besonders für die Aufstellung vor dem Schauspielhause, Siemering der Vorzug.
Besser aber scheint es, beide Künstler zu einem engeren Wettkampf aufzufordern und beide für den dazu nöthigen Zeitaufwand zu entschädigen. Selbst viele der eifrigsten Gönner von Begas wollen nicht an die sofortige Ausführung nach der jetzigen Skizze gegangen wissen, sondern den Künstler zu einem veränderten Entwurf veranlassen. Dabei Siemering ausschließen, weil er sich streng an das Programm gehalten hat, wäre eine schwere Ungerechtigkeit.

Berlin, den 6. November 1862.
v. Unruh,[56] Mitglied der städtischen Deputation.

Wir haben diesem sachgemäßen und dadurch, daß es in den künstlerischen Sachgehalt des Gegenstandes nach allen Seiten hin eingeht, sich vor dem *akademischen* Gutachten sehr auszeichnenden Votum nur einen Vorwurf zu machen, daß es Begas und sein Modell viel zu hoch nimmt und viel zu milde beurtheilt. Ein kölner Berichterstatter nannte das *Begas'*sche Modell für die Friedrich-Wilhelmstatue in Köln einen »skulptorischen Schwindel«. Dieser Ausdruck paßt in noch höherem Grade für das Schillermodell und erklärt zum Theil den Umstand, daß so vielen, sonst vernünftigen Männern der Kopf davon schwindlich geworden ist.

3. *Die Schillermodelle von Begas und Siemering*. Man erinnert sich, daß nach der großen Schillerkonkurrenz die Bildhauer *Begas* und *Siemering*, deren Modelle damals als die relativ besten anerkannt worden waren, zu einer abermaligen (letzten) Konkurrenz aufgefordert wurden, deren Resultate uns nunmehr im Uhrsaale der Akademie vor Augen geführt

werden. Wir schicken, um sofort den ersten Eindruck darzulegen, den diese beiden, zum Theil gänzlich veränderten Modelle im Verhältnisse zu den ersten der genannten Künstler auf uns gemacht haben, die Bemerkung voraus, daß – die natürliche Folge einer zweiten Bearbeitung, bei welcher niemals das Feuer einer ersten ursprünglichen Production thätig sein kann – beide ein etwas abgeschwächtes Gepräge zur Schau tragen. Aber diese Abschwächung der ursprünglichen Kraft äußert sich ebenso sehr zum Vortheil des einen Werks, wie zum Nachtheil des andern. Während *Siemering's* Schillermodell, besonders in Rücksicht auf das Piedestal, uninteressant, nüchtern, ja langweilig geworden ist, ist *Begas'* wilde und bis zur taumelhaften Ueberschwänglichkeit hinaufgeschraubte Energie, wie sie sich in dem ersten Modell offenbarte, zu einem künstlerischen Maaß beruhigt worden, welches jetzt das wirkliche Talent des Künstlers erst wahrhaft zum Ausdruck gelangen läßt. In der That bekennen wir gern und – gegenüber dem scharfen Urtheil, welches wir früher über das erste Modell sowie über sein Modell zum kölner Friedrich-Wilhelmsdenkmal auszusprechen uns genöthigt sahen – mit innerer Genugthuung, daß das gegenwärtig ausgestellte Schillermodell von *Begas* entschieden ein Meisterwerk aus einem Gusse ist, trotz einzelner Unschönheiten, die noch darin sind, und die der Künstler leicht und, wie wir hoffen, gern modificiren wird. Ehe wir diese näher bezeichnen, jedoch noch einige Worte über das *Siemering*'sche Modell. Der Schiller selbst ist eine gute Figur, monumental wirksam in seiner gehaltvollen Ruhe, aber etwas streng, kalt, herbe, ja pedantisch im Ausdruck, mehr für einen Professor der Akademie der Wissenschaften, oder höchstens für einen Lessing, aber für keinen Dichter und nun vollends für keinen Dichter wie Schiller passend. Das Piedestal ist in seiner Form von sechs ungleichen Seiten, mit drei nüchternen und steifen Symbolgestalten, gänzlich verunglückt, ohnehin viel zu hoch. Das frühere mit den beiden Nischenfiguren war entschieden besser.

Was nun *Begas'* »Schiller« betrifft, so hat er vielleicht etwas zu viel Bewegung, namentlich in den untern Extremitäten; der Schritt erscheint etwas tänzelnd, jedenfalls für eine Statue nicht ruhig genug, aber der Ausdruck – wir zögen, unserer Anschauung von Schiller nach, den sinnenden, in sich versenkten von *Arnold's* Schillerkopf vor – ist schwunghaft, durchaus für einen idealen Dichter passend, fast schwarmerisch, aber bedeutend und packend. Die Rückenlinie ist nicht schön und müßte durch andere Behandlung des Kostüms verändert werden; auch die Tafel in der Linken möchte bei der Ausführung im Großen verkleinert oder in eine geöffnete Rolle verwandelt werden. Vorzüglich ist das Verhältniß der Figur zum Piedestal, obwohl es uns scheint, als ob die vier meisterhaften Symbolgestalten, namentlich bei der Ausführung im Großen, etwas zu stark mitsprechen möchten. Etwas kleiner könnten sie ohne Schaden werden. Die beiden vordern sind bewundernswürdig in der Konception, und hätten wir hier nur den Wunsch, daß die Gewandung im Faltenwurf etwas vereinfacht würde; bei den beiden hinteren, die ebenfalls sehr schön sind, möchten wir die Bemerkung machen, daß die eine eine gewagte Stellung in den übereinandergeschlagenen Beinen zeigt, während die Kopfneigung der andern etwas gemäßigt werden könnte. Diese kleinen Mängel in Abrechnung gebracht, stellt sich das Werk in seiner Totalität wie in seinen Einzelheiten als ein durchaus vollendet künstlerisches dar, das den Beifall jedes wahren Kunstkenners haben muß. Von einem Bedenken über die Wahl des Modells kann hiernach füglich kaum noch die Rede sein. Ob ein anderes Bedenken Platz greifen dürfte, nämlich in wie weit sich die Komposition des *Begas*'schen Modells mit der geforderten Rücksichtnahme auf die zwei andern projektirten Statuen von Göthe und Lessing vereinigen läßt, darüber uns anzusprechen, ist nicht unsers Amtes. M. Sr.

Das Hermann-Denkmal bei Detmold

Seit den Befreiungskriegen gab es Überlegungen über ein Nationaldenkmal zur Erinnerung an den Kampf der Deutschen gegen die Franzosen. Bei diesem Thema bot sich der Rückgriff auf die Zeit der Befreiung Germaniens von den Römern durch den legendären Cheruskerfürsten an. Nicht allein Heinrich von Kleists »Hermannsschlacht«, sondern auch eine Vielzahl von anderen literarischen und zeichnerischen Zeugnissen der Beschäftigung mit diesem Thema sind aus der Zeit nach 1815 überliefert. Neben der Erinnerung an den Befreiungskampf sollte das schon 1819 von dem Bildhauer Ernst Bandel – von ihm allein, ohne Auftrag! – geplante Denkmal zur Einigung aller Deutschen aufrufen. 1835 setzte die konkrete Planung ein. Bis zur endgültigen Fertigstellung im Jahre 1875 veränderte sich die äußere Form des monumentalen Denkmals, vor allem die des Unterbaus, mehrfach (vgl. Abb. S. 155). Im Jahre 1838 verschickte der Detmolder Hermannsdenkmalsverein, der sich inzwischen konstituiert hatte, an Zeitungen, Vereine und Privatleute ein werbendes Flugblatt, das den Entwurf Bandels zeigte. Schon ein Jahr zuvor war eine Lithographie verbreitet worden, auf der auch der geplante Unterbau dargestellt war, der auf dem Flugblatt fehlte. Diese beiden Entwürfe aus den Jahren 1837/1838 lösten eine Diskussion aus, die in zahlreichen Zeitschriften und über eine lange Zeit hinweg ausgetragen wurde. Die Texte aus dem »Kunst-Blatt« von 1838, Beiträge verschiedener Korrespondenten, machen nicht nur die Heftigkeit deutlich, mit der hier über das rechte Kostüm (vgl. Abschn. 6–8), den Standort und vor allem die Frage des Unterbaus diskutiert wurde, sondern auch das politische Anliegen, das hinter einem solchen Projekt stand. Das Monument sollte Symbol der Einigung für alle Deutschen sein, also sollten auch die Fürsten um Mitarbeit angesprochen werden. Aus einem gewissen traditionellen Mißtrauen heraus hatte man auf sie ursprünglich verzichten wollen. Man vergleiche das Anliegen von 1838 mit dem Ergebnis, dem fast ein halbes Jahrhundert später fertiggestellten Bau.

28

Das Denkmal des Cheruskers Hermann

Ein Vorschlag

(1838)

Für Jeden unter uns, der sein Vaterland und die Geschichte seines Volkes liebt, ist das Unternehmen interessant, welches der Verein in Detmold unter Aufforderung zu Beiträgen angekündigt hat. Auf der Höhe der Grotenburg soll auf einem 60 bis 80 Fuß hohen Unterbau ein Standbild Hermanns, in Kupfer getrieben, gegen 40 Fuß hoch, weit im Umkreise sichtbar, errichtet werden. Dies Denkmal würde durch seine Bedeutung und dadurch, daß es Beiträge aus ganz Deutschland ins Werk stellen sollen, ein Nationaldenkmal in vollem Sinne seyn. Es würde seinen würdigsten und wahren Charakter nicht haben, wenn die Theilnahme, die es verwirklicht, und der Sinn, der es ausführt, nur partiell und zufällig wären. Es muß ein Werk allgemeindeutscher Gesinnung und Bildung seyn. Lange dauernd, wird es von unsern Nachkommen als ein Zeugniß unseres Sinnes und der Fähigkeit, womit wir ihn auszudrücken gewußt, angesehen werden. Jeder Fremde wird es so ansehen: Hier haben die Deutschen ihren großen Helden verherrlicht oder verherrlichen wollen. Darum ist in der Entstehung nicht nur, sondern auch in der Form des Werkes die Ehre jedes Deutschen betheiligt. Die Forderung ist billig, daß für eine wahrhaft großartige und schöne Gestalt des Denkmals möglichst Sorge getragen werde. Denn die Wahl ist kurz, die Reue lang. Die Aufgabe aber ist schwierig genug. Es wird die Darstellung einer Individualität gefordert, die sich als geschichtliche und persönliche zu erkennen geben und in einfacher Großartigkeit dem Gefühl entsprechen soll, welches wir von dem Werth eines Mannes haben, für dessen bestimmte Erscheinung wir gleichwohl weder eine historische, noch eine künstlerische Tradition haben. Nach Bildung und Kostüm ist des Gegebenen, was der Künstler vor sich haben kann, äußerst wenig. Es muß daher, was er gibt, ganz eigentlich eine Gestalt seiner genialen Erfindung seyn, und selbst diejenige Charakteristik, wonach die Figur als eine keineswegs bloß erfundene, sondern historische, und *diese* historische, sich ausnehmen soll, kann er nicht, wie in andern Fällen, aus dem Wirklichen oder dessen Spiegel entnehmen, sondern nach unzureichenden und mittelbaren Andeutungen im Wesentlichen auch nur erfinden. Man will, daß Hermann kenntlich sey; woran aber, kann man so bestimmt nicht sagen. Dies Gepräge hofft man von einer historischen Intuition des Künstlers, und das freudig-ernste Kraftgefühl, das uns der Name gibt, von dem plastischen Adel seiner Phantasie. Beide Eigenschaften nun dieses Unternehmens, die Allgemeinheit seiner Bestimmung und die Schwierigkeit seiner Ausführung, bedingen von selbst den Gedanken, die leztere zur Sache einer Concurrenz zu machen. Selbst ein Künstler kann *einmal* einen unglücklichen Griff thun bei einer Aufgabe, die ihn von der einen Seite stark reizt, von der andern wenig bindet. Und umgekehrt, könnte unter den kunsterfahrenen Talenten von verschiedenem Grade, die in deutschen Landen zerstreut sind, in solchem Falle auch ein minder berühmtes eine besonders glückliche Eingebung haben. Schwer wäre es nicht, aber der Besonnenheit gemäß, sich die Versicherung zu schaffen, daß man nicht das erreichbare Bessere versäumt und das weniger Genügende frischweg ergriffen und verewigt habe. Es kann wohl nicht darauf ankommen, ob ein Werk, welches, will's Gott, Jahrhunderte lang stehen soll, ein halbes Jahr, auch ein Jahr früher oder später angefangen werde. Für die Einsendung

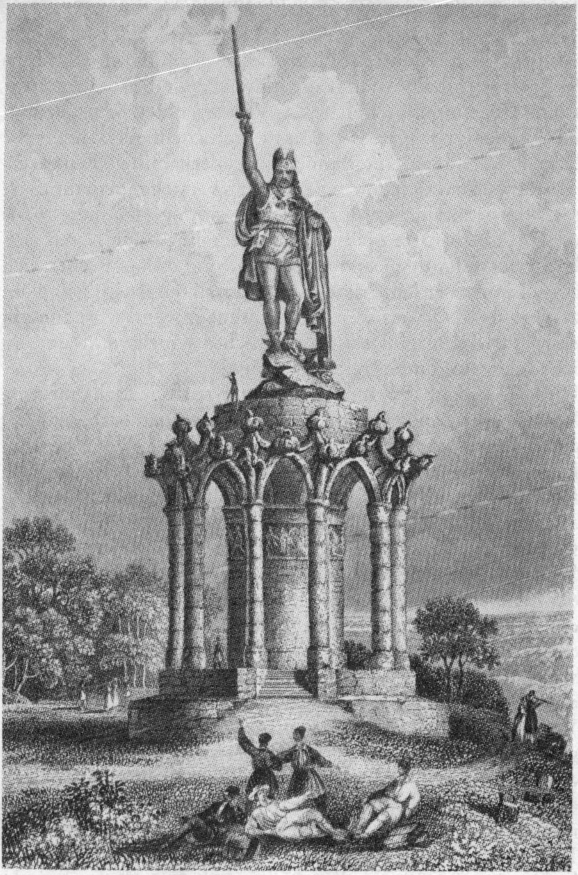

Ernst von Bandel. Entwurf zum Hermann-Denkmal bei Detmold. Zeichnung von Carl Schlickum. 1840

von Entwürfen deutscher Künstler, welche Beruf dazu fühlen, wäre ein halbes Jahr eine hinreichende Frist. Eine Prüfungs-Commission, welche das Vertrauen der Künstler und der Betheiligten genösse, könnte sich ebenfalls ohne große Schwierigkeit bilden. Männer von anerkanntem Kunstverstande würden sich gewiß gerne dazu verstehen, ein motivirtes Votum abzugeben. Es wäre nicht nöthig, daß diese Männer an einem Orte beisammen leben. Entwürfe lassen sich leicht vervielfältigen und versenden, und es kann schriftlich abgestimmt werden. Lassen wir dadurch die Ausführung um zwei Jahre verzögert werden: was thut's, wenn wir dann um ein wahrhaft originales, ächtdeutsches Kunstwerk, um ein würdiges Monument reicher werden?

Dieser Vorschlag einer Concurrenz trifft jedoch auf eine Schwierigkeit anderer Art. Das Unternehmen ist bereits für einen definitiv erwählten Entwurf eingeleitet. Der Verein in Detmold kann uns entgegnen: »Wir waren überzeugt, an dem Entwurfe des Hrn. v. *Bandel* einen vollkommen genügenden zu besitzen; für *diesen* betrieben und betreiben wir die Ausführung; für *diesen* sind die bisherigen Beiträge eingegangen. Weder können wir den zu Grunde gelegten Entwurf, ohne dem Künstler zu nahe zu treten, zu einem bloß concurrirenden herabsetzen, noch dürfen wir über die eingetretenen Beiträge in einem andern Sinne, als in welchem sie uns anvertraut wurden, disponiren.« – Diese Einwendung, welche Schreiber dieses sich selbst macht, würde ihn bewogen haben, seinen Vorschlag zu unterdrücken, wenn er nicht eine Verständigung darüber für möglich hielte. Berücksichtigen wir zuerst die Stellung des Künstlers. Die Voraussetzung, daß möglicherweise Andere dieselbe Aufgabe glücklicher lösen können, enthält nichts Beleidigendes. Kein wie ausgezeichneter Künstler wird läugnen, daß er in einem besondern Falle könne übertroffen werden. Thut es ihm Keiner zuvor: so erscheint sein Entwurf bewährt und tritt ins Leben. Der entgegengesezte Fall begründet keineswegs ein ungünstiges Urtheil über ihn als Künstler. Es ist nur einer seiner Gedanken, dem für diesmal der eines Andern vorgezogen wurde. Allerdings kann es nicht anders als großen Reiz für einen Künstler haben, seine Idee in einem so kolossalen öffentlichen Monument verwirklicht zu sehen. Dieses persönliche Interesse wird aber ein edler Mann in einer Sache von allgemeinem Interesse nicht entscheiden lassen. Er wird den Vorwurf meiden, und wäre dieser Vorwurf auch bloßer Schein, er wird den Schein meiden, als wäre bloß durch ein zufälliges Glück seinem Werke diese Ehre geworden, die man vielleicht den Entwürfen Anderer mit größerem Recht hätte zusprechen müssen. Hr. v. *Bandel* hat auf den äußeren Vortheil verzichtet und seine Arbeit dem Vaterlande zum Geschenk angeboten. Wir erlauben uns zwar die Bemerkung, daß dies nicht eigentlich, wie es die Anzeige des Vereins bezeichnet hat, als eine erhebliche Erleichterung der Ausführungskosten in Anschlag kommen dürfte. Bei einem Werke dieses Maßstabs bildet das Honorar eine verhältnißmäßig geringe Vermehrung der ohnehin erforderlichen Kosten und wird bei entsprechender Theilnahme leicht miterschwungen. Aber wenn schon dieser Abzug im Verhältniß zu der respectiven Zahl der Contribuenten nicht groß erscheint: so ist er doch als Gabe *eines* Mannes kein kleines Geschenk und ein schöner Beweis von reinem Interesse für die Sache. Diesem allgemeinen Interesse wird Hr. v. *Bandel* auch das für sein eigenes Werk unterzuordnen wissen, wofern in einem Künstler-Wettstreit ein Anderer seine Leistung übertreffen sollte. Sein Hauptzweck, wie der des Vereins, ist doch nur das Monument für den Helden und für das Vaterland. Und fände sich der Beweis, daß dieser Zweck durch die Idee eines Andern in höherer Vollendung erreicht werden könnte: so hieße es dem Edelsinne des Künstlers mißtrauen, wenn man sein persönliches Interesse glaubte festhalten zu müssen. – Die zweite Bedenklichkeit nämlich des Vereins, ob er unter einer neuen Bestimmung über die erhaltenen Beiträge verfügen dürfe, möchte sich leicht heben. Der Verein zu Detmold steht nothwendig in Correspondenz mit Privat-Vereinen in verschiedenen Provinzen Deutschlands. Findet unser Vorschlag einer Concurrenz Berücksichtigung: so könnte das Ergebniß, welches hierüber gefällte Urtheile der Special-Vereine bilden, als provisorische Entscheidung publicirt, und wenn keine Protestationen erfolgen, als angenommen betrachtet werden. Wir glauben, die öffentliche Meinung würde sich zu Gunsten einer Concurrenz aussprechen.

Warum aber – wird man vielleicht sagen – ein Unternehmen, das bereits eingeleitet ist, verzögern und eine andere Einleitung empfehlen, bloß um die selbst noch unbestimmte Aussicht auf eine bewährtere Vollendung zu eröffnen? – Die Antwort hierauf können wir nicht umgehen. Wir müssen daher bekennen, daß die Beschaffenheit des Entwurfs, der durch den Verein in lithographischen Abbildungen publicirt worden ist, uns noch insbesondere den Wunsch einer Concurrenz nahe gelegt hat. So sehr dieser Wunsch im Charakter des Unternehmens begründet ist, so würde man sich desselben doch leicht entschlagen, wenn ein Plan vorläge, der den Eindruck der Schönheit und Würde gewährte. Der Anblick des publicirten wirkt nicht in diesem Sinne auf uns. Da er cursirt, kann, wer sich dafür interessirt, zusehen, ob wir seinen Werth verkennen, und wird sich, wenn dies der Fall seyn sollte, nicht irren lassen. Wir geben nur unsere Meinung, geben in voller Unbefangenheit nur unsere Stimme unumwunden ab. Dieser Entwurf erscheint uns weder seinem Gegenstande, noch der jetzigen Stufe bildender Kunst entsprechend. Der Unterbau ist unbedeutend, eine Architektur, die keinen Styl darstellt und wenig Zusammenhang hat. Denken wir sie uns 60–80 Fuß hoch, so ist zu fürchten, daß sie, bei dem Mangel an Uebergängen bei der kleinlichen Form und schweren Verknüpfung des Bogengeästes, mit der Platte darüber und dem Felsstück darauf, dürftig und roh aussehen werde. Die Statue selbst hat nach unserm Gefühl keinen plastischen Adel. Sie ist von kurzen, dicken Verhältnissen, von dem Wuchse mehr eines stämmigen Knechtes, als eines Fürsten. Fassen wir den Umriß der Gestalt oder ihr Motiv ins

Auge: von keinem von beiden können wir uns eine bedeutende Wirkung versprechen. Dem Umrisse nach wird die Figur aus einiger Entfernung den Eindruck eines mit allerlei Zeug bepackten Mannes machen. Denn der Mantel, nirgends durch die Gestalt bedingt, geht rechts unter dem Arm und neben der Hüfte in zwei kurzen, dicken Bäuschen vor, die in der Mitte, wie ein Fenstervorhang, durch Einstopfung einer kleinen Masse in den Gurt angezogen sind; links liegt er auf dem über den Schild gelegten Arm und stopft den Raum zwischen dem Schilde und der Figur aus. So erscheint er als eine Seiten-Umpackung, nicht als ein plastisches Gewand. Der Gurt unter der Brust mit der Gehängkette wird als der Strick dieser Emballage erscheinen. Das Motiv dieser Gestalt ist weder ein fester Stand und Tritt, noch ein Schreiten, noch eine bestimmte Erhebung oder Richtung. Denn einerseits ruht sie auf dem rechten Bein, andererseits aber hat sie links ihren Stützpunkt an dem Schilde, worüber der Arm gelegt ist. Indem zu gleicher Zeit der linke Fuß etwas höher als der rechte, und etwas hervor auf den römischen Adler gesezt, der rechte Arm mit dem senkrecht erhobenen Schwert emporgestreckt ist, wird der Tritt auf den Adler ganz leicht und fast tänzermäßig, weil der Körper sich nach rechts neigt und zieht; – neigt, da das Standbein das rechte ist; zieht, da der rechte Arm emporgestreckt wird. Und doch kann auch auf dieser rechten Seite kein mächtiges Gewicht und keine kräftige Erhebung sich aussprechen, weil ja die Stützung links auf dem Schilde auch eine Neigung und ein Ziehen des Körpers nach dieser entgegengesezten Seite bewirkt. Dieser Mangel eines tüchtigen Schwerpunkts wird als Mangel an Charakter empfunden. Denn der Mann, obwohl er das Schwert hebt, hat weder eine bestimmte Wendung und Richtung, und die Hebung selbst der Brust ist gehemmt, noch ruht er entschieden auf der Seite, auf welcher er sich aufstemmt, noch tritt er mit Ernst auf den Adler; sondern er steht in einer Schwebe widersprechender Motive. Die Folge davon ist, daß die Dicke der Schenkel und des Halses bei so gewichtloser Stellung und

Haltung überflüssig und, statt kräftig, aufgedunsen erscheint. Daß die Schenkel die Muskeln nicht haben, die sie zeigen müßten, die Kniee eine unwahre und häßliche Form haben, komme auf Rechnung der Lithographie. Arg aber ist die Weite, in welcher der Ansatz des großen Brustmuskels vom Schlüsselbein absteht. Von feinerer Charakteristik der Individualität, von strenger gewähltem Kostüm, wollen wir bei einem Werke nicht reden, welches, seiner Bestimmung nach, die Hauptwirkung in einem kräftig sprechenden Motiv und in einfach-großartigen Massen suchen muß. – Aus diesen Gründen können wir den Entwurf des Hrn. v. *Bandel* nicht glücklich finden. Und darum dürfte er, wie Schönes auch sonst von ihm geleistet worden und künftig geleistet werden mag, in *diesem* Falle bei Eröffnung einer Concurrenz wohl übertroffen werden. Wir sagen nochmals, diese Concurrenz wäre im Interesse der Sache begründet. A. Z.

29

Das Hermanns-Denkmal

(Ein Reisebericht aus Detmold. August 1838)

Bei der lebhaften Theilnahme, welche die von dem Bildhauer v. *Bandel* aus Ansbach ausgegangene Idee zur Errichtung eines kolossalen Denkmals für den Cheruskerfürsten Hermann in allen Theilen des deutschen Vaterlandes gefunden, und welche sich durch die Bildung von Vereinen zur Sammlung von Geldbeiträgen und die fortwährend zahlreich eingehenden Subscriptionen erfolgreich bethätigt hat, dürfte es für den Theil des Publikums, welcher sich überall für deutsche Art und Kunst interessirt, nicht unangenehm seyn, über den gegenwärtigen Stand der Sache einige Nachrichten zu erhalten, welche an Ort und Stelle gesammelt, uns die freudige

Ueberzeugung gegeben haben, daß an der Ausführung des Planes selbst nicht mehr zu zweifeln ist, und daß der Teutoburger Wald, Dank sey es Sr. Durchlaucht dem regierenden Fürsten von Lippe-Detmold, der bereitwilligen Mitwirkung der dortigen Behörden, dem Eifer des zu Detmold gebildeten Central-Vereins, und vor Allem der rastlosen Thätigkeit des Künstlers! schon mit dem kommenden Jahre ein Monument auf seinem Gipfel tragen wird, welches an Bedeutung und Großartigkeit der Ausführung nicht leicht in deutschen Gauen übertroffen werden dürfte!
Die unterm 20. Februar 1838 erlassene Aufforderung des Detmolder Vereins hat den Zusammentritt ähnlicher Vereine in den verschiedensten Theilen Deutschlands veranlaßt, von denen die zu Hannover, Osnabrück, Paderborn und Berlin durch ihre in öffentlichen Blättern enthaltenen Aufrufe uns bekannt geworden sind, während auch zu München, Frankfurt, Bremen, Hamburg, Düsseldorf und in mehreren Orten des mittleren Deutschlands die Beförderer der Sache sich der Sammlung von Beiträgen unterzogen haben. Der Erfolg dieser Sammlungen ist der beste Beweis dafür, welchen Anklang das Unternehmen unter allen Ständen und in allen Ländern des deutschen Vaterlandes gefunden hat, und wie es keine leere Hoffnung war, wenn der Künstler die Herbeischaffung der Mittel zur Ausführung seines Werkes dem erweckten Sinne des Gesammt-Vaterlandes überließ. Schon jezt im Anfange des Monats August sind dem Centralverein zu Detmold auf diese Weise circa 7000 Rthlr. zur Disposition gestellt, fast lediglich Ergebniß der Subscription der Bewohner des Fürstenthums Lippe und der benachbarten Theile Westphalens und des Königreichs Hannover, während über den Erfolg der Sammlungen aus dem übrigen Deutschland die günstigsten Nachrichten eingehen, und daher an die wirkliche Herbeischaffung der zu 20000 Rthlr. veranschlagten Kosten keinen Augenblick zu zweifeln ist, zumal wenn Deutschlands Fürsten, überall mit hohem Sinn voranleuchtend, sich auch unaufgefordert an die Spitze des nationalen

Unternehmens stellen. Und dies ist geschehen: Preußens, Bayerns und Hannovers Herrscher haben bereits ihre Theilnahme an der Sache nicht allein durch ansehnliche Beiträge bethätigt, sondern auch in ihren Staaten durch ihr hohes Beispiel und ihre mächtige Einwirkung das Unternehmen auf alle Weise befördert, wozu insbesondere in Preußen dadurch viel geschehen wird, daß ein deutscher Mann, wie der General v. Müffling, an die Spitze des Berliner Vereins sich gestellt hat, und sämmtliche Regierungsbehörden mit ihren Chefs sich der Leitung der Sache unterzogen haben.

Wir können es nicht läugnen, daß wir unsererseits es gewünscht hätten, daß der Detmolder Centralverein gleichzeitig mit seiner allgemeinen Aufforderung die besondere Bitte um Schutz und Beförderung des Unternehmens an Deutschlands Fürsten gestellt hätte, da wir es für wesentlich erachten möchten, daß überall, wo es auf die Mitwirkung des gesammten deutschen Vaterlandes ankommt, Deutschlands Fürsten voranstehen, und wenn wir auch den Grund der bisherigen Zurückhaltung des Detmolder Centralvereins, die Sache nicht früher der Fürsorge der Fürsten zu empfehlen, als bis dieselbe, wie es jezt der Fall ist, in sich gesichert und wirklich ausführbar erschien, nur ehren können, und überzeugt sind, daß die jezt in dieser Beziehung von dem Vereine beabsichtigten Schritte nicht erfolglos bleiben werden, so müssen wir doch diese Discretion beinahe für zu bescheiden halten, und glauben, daß eine frühere Berufung auf den deutschen Sinn der Fürsten, deren pflegender und schützender Hand sich von jeher die Kunst anvertraute, auch für die Theilnahme des Publikums nicht ohne günstigen Einfluß geblieben seyn würde. Keineswegs wollen wir aber damit den Vorwurf aussprechen, als ob in der Sache selbst etwas versäumt sey, und leben der Hoffnung, daß, wie drei deutsche Könige und neben ihnen schon mehrere andere Fürsten vorangegangen sind, wir auch die übrigen Häupter von Deutschlands Fürstengeschlechtern sich ihnen anschließen sehen werden, da, je reichere Mittel eröffnet werden, um so großartiger das Denkmal des ersten deutschen Fürstenhelden ausgestattet werden kann.

Indessen hat der Künstler, im Vertrauen auf seine gute Sache und den richtigen Sinn des Vaterlandes, rüstig Hand ans Werk gelegt, und schon ist der Grund zum Unterbau des Denkmals auf dem Gipfel der Grotenburg ausgegraben und zeigt die vortrefflichste Felsenunterlage, welche den Bau des Fundaments wesentlich erleichtert und die Kosten desselben bedeutend verringert. Zahlreiche Arbeiter ebnen die Wege zur Höhe des Berges, während die Steinmetzen in voller Thätigkeit sind, um aus den kaum 100 Schritte von der Baustelle entfernten herrlichen Sandsteinlagern die für das Fundament und den Unterbau nöthigen Quadern zu behauen; und Hrn. v. Bandels stete Gegenwart und umsichtige Leitung des Ganzen gibt dem aufmerksamen Beobachter dieses emsigen Getreibes die Bürgschaft, daß das umsichtig begonnene Werk tüchtig und in allen seinen Theilen von Meisterhand ausgeführt werde.

Der Standpunkt des Denkmals, von Hrn. v. Bandel sorgfältig erwogen und mit sicherem Blicke erfaßt, hätte nicht günstiger gewählt werden können. Auf zweitägiger Wandrung im Teutoburger Walde, in Begleitung orts- und sachkundiger Freunde, haben wir alle die Punkte des Gebirgs besucht, welche möglicherweise hätten würdig erachtet werden konnen, durch das Hermanns-Denkmal gekrönt zu werden, aber keiner von allen bietet eine solche Vereinigung aller Vorzüge dar, wie die Grotenburg. Als höchster Berg gerade im Knie gelegen, wo das von Horn nach Detmold in der Richtung von Süden nach Norden streichende Gebirge sich nun nach Nordwesten wendet, bietet diese Höhe dem Auge das herrlichste Panorama dar, und wie wenig auch die Geschichtsforscher in ihren einzelnen Ortsbestimmungen über die Varusschlacht übereinkommen mögen, hier überblickt man das ganze Feld, wo Hermann der Cheruskerfürst den blutigen Samen streute, aus dem uns eine deutsche Geschichte und der deutsche Namen erwachsen ist. Weithin von den Wesergebirgen bis zu dem Siebengebirge, vom Habichtswalde bei Cassel mit seinem Winterkasten bis in die Münster'sche Ebene wird sich hier Hermanns Standbild dem Wandrer zeigen. Aber auch in andrer Beziehung bietet der gewählte Platz durch die Nähe von Detmold, und durch das an Ort und Stelle vorhandene vortreffliche Baumaterial überwiegende Vortheile dar, deren Einfluß auf Verringerung der Kosten des Baues vom Künstler wohlbedächtig in Anschlag gebracht sind. Der Aufweg zur Höhe, mit geringem Aufwande in eine bequeme, in Serpentinen aufsteigende Fahrstraße umzuschaffen, wozu von der Fürstlich Lippe'schen Cammer bereits die Einleitungen getroffen sind, führt aus einem anmuthigen Wiesenthale zum Schatten eines herrlichen Buchenwaldes bis auf die Plattform des Berges und durchschneidet zwei der merkwürdigsten und größten alten Hünen-Ringe, deren mächtige, von Felsblöcken aufgethürmte Umwallungen dem Wandrer unwillkührlich das Andenken an die älteste germanische Vorzeit ins Gedächtniß zurückrufen, und ihn auf den Anblick des Denkmals vorbereiten, welches sich nun auf dem Gipfel des Berges seinem Auge darbietet. [. . .]

[. . .] der Künstler – der keineswegs nur als Bildhauer die architektonischen Elemente zu handhaben weiß, sondern durch ein mehrjähriges gründliches Studium der Baukunst auch in dieser Beziehung sich gegen Mißgriffe zu wahren versteht, – blieb bei der Sache, der er seine ganze Kraft und alle seine Mittel gewidmet hat, und entwarf ruhig seinen Plan zum Unterbau des Standbilds, wie das eigne geläuterte Urtheil denselben ihm eingab, und wenn der geerntete Tadel ihn nicht entmuthigen konnte, so muß es ihm als Künstler zur höchsten Genugthuung gereichen, und jeden Deutschen mit stolzer Freude erfüllen, daß ein *Königlicher Herr* es ist, der zuerst des Künstlers wahren Sinn erfaßt, und das unbefangene Urtheil mit Königlichem Worte ausgesprochen hat, was Hr. v. Bandel nur aus dem Munde der Kunstgenossen erwarten durfte. Des Königs von Bayern Majestät begleitete ein

Königliches Geschenk zur Ausführung des Denkmals mit einem bestimmten, klaren Ausspruche über die Form des Unterbaus, wie man ihn von dem hochgeläuterten Kunstsinne und der tiefen Einsicht des erhabenen Wiederherstellers der deutschen Kunst zu vernehmen gewohnt ist, und der Künstler fand sich dadurch auf die erfreulichste Weise in seinem Plane erkannt und zur Ausführung desselben gekräftigt und bestimmt.

Die einfachste, ruhigste Form, die aber deutsch seyn muß, ist die beste für den Unterbau; sie mußte der Künstler erstreben. Festigkeit und kühne Form war jederzeit die Grundlage deutscher Baukunst, sie ist also auch hier die Aufgabe, das Standbild soll nur der Schmuck seyn; je ruhiger die Masse wird, auf welcher dasselbe zu stehen kommt, um so mehr wird die Figur emporstreben. Deßhalb wird die Form des Unterbaus bei einer Höhe von 86 Fuß und einem untern Durchmesser von 66 Fuß eine runde seyn; um einen runden Kernbau werden sich zehn Pfeiler, durch Zwischenwände mit dem Kern und unter einander durch Spitzbögen verbunden, fächerartig anreihen, welche eben so viele Nischen bilden, zu fernerer Ausschmückung mit Schrift oder Bildwerk, je nachdem die Mittel reichen, bestimmt. Dieser Theil des Unterbaus wird eine runde Kuppel tragen, um welche eine Gallerie herumläuft, die für mehr als 200 Personen bequemen Platz darbietet, und über welcher sich dann auf einem 4 Fuß hohen Untersatz die Figur erhebt.*

Bald werden Lithographien die neue Zeichnung des Unterbaus vervielfältigen und verbreiten, und Modelle desselben werden wo möglich in Berlin, München und Hannover ausgestellt werden, und Zeugniß geben, daß die Freunde des nationalen Unternehmens, die ihre Spenden zur Ausführung des Denkmals darbrachten, sich nicht getäuscht haben, wenn sie in Hrn. v. Bandel den Mann zu finden glaubten, der der

* Der Einwurf, hin und wieder erhoben, daß zur Zeit der Hermanns-Schlacht Deutschland keine eigne Baukunst besaß, ist doch wahrlich kein Grund, diese Kunst bei einem Monumente auszuschließen, das jene Zeit verherrlichen soll.

kolossalen Aufgabe, die er sich selbst gestellt, vollkommen gewachsen ist, und von dessen aufopfernder Hingebung für die Sache die Ausführung derselben allein erwartet werden darf. [. . .]

Ganz anderer Tendenz hat uns dagegen der Aufsatz in Nr. 61 des Kunstblatts [s. Abschn. 28] erscheinen wollen, dessen Bezeichnung als Vorschlag wohl kaum anders gedeutet werden kann, als dahin, daß es ein Vorschlag zur Zerstörung des Denkmals, und nicht zur Erbauung desselben ist. Wir übergehen das darin enthaltene, mit witzelnden Worten gefaßte Urtheil über die Statue selbst und ihre Stellung, da es nur der Ansicht des Modells bedarf, um dasselbe für völlig unbegründet und widerlegt zu halten, und müssen die Gefühle des Verfassers über plastischen Adel und Knechts- und Fürsten-Gestalt billig auf sich beruhen lassen, da Kunstkatzbalgereien uns fremd sind. Aber über die vorgeschlagene Eröffnung einer Concurrenz müssen wir uns doch einige Bemerkungen erlauben, da der Vf. in dieser Beziehung die ganze Lage der Sache nicht aus dem richtigen Gesichtspunkte aufgefaßt zu haben scheint.

Es handelt sich hier nicht darum, daß der Detmolder Centralverein für sich oder in Verbindung mit den übrigen Vereinen, welche sich ihm angeschlossen haben, ein Hermanns-Denkmal errichten will, und dazu einem Künstler Auftrag ertheilt; der Künstler vielmehr ist hier derjenige, von welchem Alles ausgeht, auf seine Veranlassung sind die Vereine zusammengetreten, und der Beförderung seines Werkes haben sie sich unterzogen; nicht die Vereine und die ehrenwerthen Namen ihrer Mitglieder, sondern der Künstler ist es, Hrn. v. *Bandels* Name ist es, welcher dem deutschen Vaterlande die Bürgschaft für die Ausführung des Werkes gibt. [. . .]

Der Wunsch, uns über die Angelegenheiten des Hermanns-Denkmals gründlich zu unterrichten, und uns von den Mitteln zur Ausführung an Ort und Stelle zu überzeugen, hat uns nach Detmold geführt, unsere erlangte Ueberzeugung hat die Veranlassung zu diesen Zeilen gegeben, deren Zweck erreicht ist, wenn vielleicht das schwankende Urtheil eines Freundes der Sache dadurch berichtigt, und die Sache selbst auf diese Weise befördert wird, wie wir es zu Ehren deutschen Landes und deutscher Kunst, aber auch zu Ehren des deutschen Sinns des Künstlers wünschen; und wenn wir beim Schlusse dieser Zeilen erfahren, daß Prof. *Maßmann* in München durch Herausgabe eines Werkchens, welches die geschichtlichen Belege in Bezug auf Hermanns Thaten und Zeit, aus griechischen und lateinischen Autoren systematisch zusammengestellt, dem literarischen Publikum in der Ursprache und in einer deutschen Uebersetzung mit Anmerkungen vorführen soll, auf seine Weise zur Förderung des Unternehmens beizutragen gedenkt, und daß *Crola* jezt nach Detmold gekommen ist, und sich mit der malerischen Auffassung der Gegend, wo Hermann den Varus schlug, beschäftigt, so wünschen wir Hrn. v. Bandel Glück zu der freundlichen Mitwirkung, welche verwandte Wissenschaft und Kunst ihm dadurch für sein Unternehmen versprechen.

Zwei Freunde deutschen Sinns und deutscher Kunst.

Traditionelle Themen

Neben den ins Auge fallenden neuen Themen gab es im ganzen 19. Jahrhundert selbstverständlich eine Vielzahl von traditionellen Gegenständen in Skulptur und Plastik. Der »Christus« und die »Psyche« von Johann Heinrich Dannecker (vgl. Abb. S. 176) vertreten die beiden wichtigsten Themenbereiche: Religion und Mythologie. Die Christusfigur, die 1823/24 in der Kapelle einer neu errichteten, also künstlichen Schloßruine im Park des kaiserlichen Sommerschlosses Zarskoje-Selo bei St. Petersburg aufgestellt wurde, war nach den Worten des

Künstlers die Krönung seines Lebenswerkes. In seiner Bemühung um die Wiedergabe des Antlitzes Christi, der »vera ikon«, kommt auch das naturwissenschaftliche Element, wie es schon in Johann Kaspar Lavaters Physiognomienlehre »Physiognomische Fragmente zur Beförderung der Menschenkenntnis und Menschenliebe« (1775–78) entwickelt worden war, zum Ausdruck. Die Verbindung von Klassizität, Religiosität und fast schon naturalistischer Genauigkeit läßt Danneckers »Christus« beispielhaft für die Behandlung religiöser Themen im 19. Jahrhundert erscheinen, wenngleich die Statue nicht den Grad der Berühmtheit und Verbreitung fand, den Bertil Thorvaldsen (1768–1844) mit seiner Christusfigur, 1820–39 für die Kopenhagener Frauenkirche geschaffen, erreichte.

Wenige Jahre zuvor hatte Dannecker mit der »Psyche«, dem Pendant zu »Amor«, eine Marmorstatue geschaffen, die in ihrer Bedeutung nicht an die intimere Plastik des Bildhauers Rauch heranreicht. Während Rauch mit seiner »Psyche« zugleich ein bedeutendes Porträt der zehnjährigen Adelheid von Humboldt entstehen ließ, ist das Bildwerk von Dannecker eng eingebunden in den Kontext der mythologischen Geschichte von Amor und Psyche. Sowohl der Aufstellungsort als auch der Auftraggeber bestimmten, wie aus der Besprechung hervorgeht, die Ausführung der Arbeit.

An Danneckers Figuren lassen sich sowohl die in die Zukunft weisenden Momente als auch die aus der Tradition kommenden Merkmale erkennen: Mit seinen Arbeiten (»Ariadne auf dem Panther«, die Schiller-Büsten!) hat Dannecker dazu beigetragen, ein neues Menschenbild zu propagieren – in Stuttgart jedoch hatten die Werke des Hofbildhauers weiterhin der Ausschmückung einer feudalen Hofhaltung zu dienen. Diese doppelte Rolle ist für viele Bildhauer im 19. Jahrhundert durchaus noch charakteristisch gewesen.

30

Gottlob Heinrich Rapp

Das Christusbild von Dannecker

Stehende Figur, 8 Fuß Rheinisch hoch

(1824)

Wir würden nach gewohnter Weise eigentlich *»Christus« »von Dannecker«* überschreiben müssen, wenn wir unser Kunstwerk nach der Gattung charakterisiren und es damit in die Reihe der schon vorhandenen Vorstellungen bringen wollten. Da es aber in diese Reihe nicht paßt und durch seine Eigenthümlichkeit bestimmt fordert, daß wir es als *neu* aufstellen, und die Ehre, es *so* gefunden zu haben, dem Meister allein lassen: so wollen wir es auch nur als sein Bild behandeln. Ob es sich mehr als andere zu einem stehenden Typus eigne, ob der Künstler mit seinem reinen Gemüth und seinem tiefen Gefühl weiter vorgedrungen, und der Gestalt, unter welcher der Gottmensch unter menschlicher Form sich gezeigt hat, mit Wahrscheinlichkeit näher gekommen ist, das wollen wir auch noch nicht entscheiden, wenn gleich die Sache Vieles für sich hat. Die Geschichte der Entstehung dieses Bildes, die redlichen Forschungen nach dem möglich Wahren in den Ueberlieferungen, die unermüdete Ausdauer und das fromme Streben von Seiten des Künstlers, verbürgen wenigstens etwas Uebergewöhnliches, das in seiner jetzigen Erscheinung nicht nur den glaubigen, sondern jeden feinfühlenden Menschen ergreifen muß. Und da wir jezt das Höhere, das Ungewöhnliche vor uns haben, so wird es wohl erlaubt seyn, auch umständlicher, ja feyerlicher davon zu sprechen, und zugleich als Zeitgenossen und Augenzeugen Umstände niederzulegen, die künftigen Erklärern und Beschreibern, wohl auch künftigen Künstlern zu Nutz und Frommen aufbewahrt zu werden verdienen.

Es mag jezt an 8 Jahre seyn, daß Dannecker von einem visionenartigen Drang getrieben, den Entschluß faßte, ein Christusbild zu machen, das des erhabenen Gegenstandes würdig wäre. Und von dem Augenblick an blieb es sein Tag- und Nacht-Gedanke, von dem er sich nie entfernte, wenn gleich in Zwischenräumen auch andere geniale Produkte geschaffen und ausgeführt wurden. Eben so entwarf er auch plötzlich eine kleine Skizze in Thon, die das Hauptmotiv festsezte, ganz einfach und großartig, mit Umgehung aller artistischen Reizmittel und Nothbehelfe. Und als ihm einst von einem der ersten jeztlebenden Bildhauer der Einwurf gemacht wurde, daß er durch diese Simplicität die Aufgabe unendlich erschwere, bestärkte er sich nur um so mehr in seinem Vorsatz. Wie und wie siegreich er sie gelöst hat, das werden wir bald näher entwickeln.

So schnell aber im geistigen Auffassen der ganzen Figur die Gestalt, die Haltung und selbst der Moment des Handelns ergriffen war, eben so schwer wurde es nun dem sinnenden Künstler den Spiegel der Seele und des hohen Vermögens in die Gesichts- und Kopfform zu legen; eine Individualität festzusetzen, die ohne alle Abweichung von dem Reinmenschlichen sich doch so bestimmt von dem Gewohnten unterscheide, daß jeder denkende Beschauer auf den Charakter zusagen muß: »Ja, so kann Er, so muß Er gewesen seyn.« Bey seiner scharfen Beobachtungsgabe und seiner vieljährigen Abstraction über die Bedeutsamkeit der beweglichen und unbeweglichen Theile hatte Dannecker der Natur viel abgelernt und besonders über die feststehende Form (charpente) des Schädels viel nachgedacht, ehe diese Lehre scientifisch behandelt wurde. Er verstand deßwegen auch schneller und richtiger, was Gall[57] mit dem bedeutenden Wort »die Seele bauet ihr Haus« sagen wollte, als die Layen, die das nicht zurecht zu legen wußten. Daß der Schädel, welchen die reinste, die erhabenste Seele umfaßte, bedeutender gewesen seyn müsse, als alle andern, das war für ihn ausgemachte Wahrheit, und es galt jezt nur, diese Form zu finden. Er gab sich daran,

Umrisse zu zeichnen und so entstand deren eine große Anzahl, die alle ausgezeichnete Anlagen beurkunden. Man glaubte in einer Gesellschaft der vorzüglichsten Menschen zu seyn und jedem anzusehen, in was er sich auszeichne; tiefe Denker aller Art, stark und bestimmt wollende Männer, und ruhige weise Führer des Volks: Philosophen, Mathematiker, Herrscher, Feldherren, Gesetzgeber und selbst Apostel, – aber noch kein Christus. Dieses fühlte Niemand mehr als der Künstler, und er verwarf sie alle. In diesem Drang, und nach einer kurzen Pause glaubte er endlich den wahren Schädel gesehen zu haben, und nun entstand ein Umriß, der alle andere weit zurückließ, und von dem er sagte: der ist es, und so muß es werden. [...]
Und so ist endlich vor wenigen Wochen das denkwürdige Bild in Marmor vollendet geworden, von dem wir noch einige historische Notizen vorausschicken wollen, ehe wir zu der Beschreibung selbst übergehen. Der Künstler war schon fest entschlossen, dasselbe auf eigene Rechnung auszuführen, als ein günstiges Geschick die Kaiserin Mutter von Rußland – im Spätjahr 1818 – in seine Werkstätte führte. Die erhabene Monarchin, von der großen Idee ergriffen, erklärte sich sogleich für den Ankauf, und so erhielt es seine jetzige Bestimmung. Nach einem Gerüchte, wird an die große Isaakskirche bereits eine neue Kapelle gebaut und der Aufnahme des Christusbildes gewidmet, weil die griechischen Kirchen in ihrem Innern keine Sculpturen dulden. Es wird also in St. Petersburg bleiben, wohin es am 27. Junius abgegangen ist, um von den Ufern des Neckars bis in die Kaiser-Stadt zu Wasser befördert zu werden. Wir riefen ihm das herzlichste *Fahre wohl!* nach, da es doch nicht möglich war, uns das Beste und Schönste, was die heimische Kunst bis jezt geschaffen hat, zum Selbstbesitz zu erhalten. Nächstens hoffen wir, Nachricht von der glücklichen Ankunft, und von dem Eindruck, den es jenseits gemacht hat, geben zu können.
Mit welcher Sorgfalt und Beharrlichkeit der Künstler seine Idee verfolgte, beweist auch das, daß er sich für die Ausfüh-

rung des Bildes eine eigene Werkstätte erbauen ließ, die aus ihrem Gewölbe das Hauptlicht von Oben empfängt und für die Berechnung des Effekts von unverkennbarem Nutzen ist. Dort haben während der langen Zeit, als dasselbe unter den Händen des Meisters war, viele Tausende fremder und einheimischer Bewunderer das Bild, in den verschiedenen Epochen seiner Ausführung und Vollendung gesehen; und da es als fertig noch einige Wochen für das Publikum ausgestellt blieb, so war der Andrang vom Morgen bis zum Abend so groß, daß zuweilen nur mit Mühe die Ordnung erhalten werden konnte. Am glücklichsten waren aber die, die an einzelnen Abenden das Bild bey künstlicher Beleuchtung sehen durften. Wir könnten daher vieles als bekannt übergehen und dagegen manche rührende Anekdote von der Wirkung des Eindrucks erzählen, wenn diese gesammelt worden wären. Beydes wäre leichter als eine würdige Darstellung in Worten, die wir nur schüchtern zum Besten deren versuchen, denen das Glück der Anschauung nicht zu Theil werden konnte.

Wenn wir zum Voraus zugeben, daß die kolossale Größe schon auf den Effekt wirkt, so berufen wir uns doch kühn auf Alle, die mit Gefühl vor diesem Bilde standen, ob die Größe sie bestochen, oder nicht vielmehr die Idee bey ihnen erzeugt habe, daß ein Wesen von dieser Hoheit und Würde nicht kleiner seyn könne? Und hierin liegt der erste Triumph des Künstlers, nämlich der Triumph, daß er nicht durch die Masse, sondern durch den Geist seinen Zweck erreicht hat. Den zweyten legen wir in die schon berührte Einfachheit der Mittel, wodurch er den Beschauenden gleichsam zwingt, gleich in die geistige Bedeutsamkeit einzugehen. Der tiefe Eindruck aber, den das Ganze zurückläßt, sezt diesem Werke die Krone auf.

Eine hohe Mannsgestalt in den schönsten Verhältnissen und im besten Alter, – wir müssen ihr schon über dreyßig Jahre geben, da der Herr hier als Lehrer erscheint – schreitet Er von der Rechten zur Linken an uns vorüber, das Gesicht herwärts gewendet, als spräche er eben mit einer langen Reihe von Zuhörern, für die er überall verständlich seyn will. Sein Haupt neigt sich wohlwollend etwas vorwärts, um das, was er jezt sagt, recht eindringlich zu machen und gleichsam mit den Augen zu bestätigen, was der Mund spricht: *Ich bin der Weg, die Wahrheit und das Leben; Niemand kommt zum Vater, denn durch mich.* Und wer wollte es dem edlen einfachen Wesen nicht glauben! In diesen Augen ist kein Falsch, in diesem edelgeformten Mund keine Unwahrheit; nein! »Es ist der Mann, *der von keiner Sünde wußte.*« Die hohe Würde und der freundliche Ernst, mit dem er uns die große Lehre verkündet, bürgen dafür, daß er nicht das Seine, sondern nur unsere Wohlfahrt sucht; und ein Blick auf dieses Haupt gewinnt Vertrauen. Es ist vielleicht die reinste Kopfform, die wir uns denken können; ein langes Oval, nicht überfüllt und nicht hager; von Leidenschaften und Begierden keine Spur, aber inneres festes Bewußtseyn zeigt sich in der Zuversicht, mit der er sich seinen Zuhörern hingibt. Der hohe bedeutende Schädel (die angelegenste Sorge des Künstlers) zeugt von dem hohen Vermögen, von der nahen Verwandtschaft eines Geistes in Menschen-Gestalt mit dem Göttlichen. Solche Formen machen sich geltend, wenn es Keiner, oder sie selbst nicht wüßten, warum! Aber der Herr wußte es, und darum erscheint er uns so entschieden und bestimmt. Das Auge groß und klar, nicht zu weit geöffnet und mehr von tiefem Sinn zeugend, als von zu großer Beweglichkeit; die Nase im besten Verhältniß zum Ganzen, lang und fein gebildet; der Mund halb geöffnet, wie bey einem Sprechenden, bewegt sich sanft; zum Scherzen scheint er nicht geeignet, aber wohl auch mit scharfen Worten, wie mit zweyschneidenden Schwertern in die Seele des Bösen zu dringen. Das Haupthaar, der Tradition zufolge zart, theilt sich auf dem Scheitel gegen die rechte und linke Seite und fällt hinter den Ohren auf die Schulter, wo es in runden Locken ruht. Das ebenfalls weiche Barthaar ist in der Mitte des Kinns gespalten und spielt in leichter Bewegung nach den Seiten hin. Vorfüße und Hände, das Einzige, was wir vom Nackten sehen, sind von der gesundesten und edelsten Gestalt. Die Bewegung der Arme ist für die beabsichtigte Bedeutung ganz vorzüglich gelungen. Der Rechte gegen die Brust gewendet, breitet dort die Hand aus, wie bey Jemand der die Wahrheit seines Wortes gleichsam durch seine innere Ueberzeugung bekräftigen will; der Linke erhebt sich frey nach oben, und die ausgebreitete Hand deutet nach dem Weg, den er so eben seinen Zuhörern offenbaren will. So stimmt dann das Ganze in die beabsichtigte Bedeutung auf das vollkommenste ein, und spricht sich von selbsten klar und deutlich aus.

Nun ist noch übrig, daß wir von der Bewegung des Körpers und von dem Gewande etwas anführen, um das Bild, so weit wir vermögen, ganz zu beschreiben. Die Stellung ergibt sich aus dem bereits Gesagten von selbst. Der linke Fuß hat sich eben festgestellt, so daß das Gewicht des Körpers auf ihm ruht, und der rechte will sich eben erheben, um fortzuschreiten. Da der Gang nach der Seite gerichtet ist, so entsteht durch das Herneigen des Kopfes gegen den gerade vor der Figur stehenden Beschauer eine Wendung des Leibes, die in dem einfachen Gewand die angenehmsten und ungezwungensten Falten erzeugt. Dieses Gewand besteht aus einem einfachen weiten Leibrock mit weiten Aermeln, der schriftgemäß von oben bis unten gewürkt und ohne Nath war; er geht von oben bis auf die Knöchel, und reicht von hinten auf den Boden. Mit diesem höchst einfachen Gewand erzielte der Künstler gerade das ungemein Grandiose seiner Figur, und da es nirgends gehalten oder aufgezogen wird, so folgt es der Körperform in ungestörten Linien, und nimmt nur solche Falten an, die seine eigene Schwere und die Bewegung zuläßt. Aber mit welchem Verstand und mit welchem Erfolg dieser schwierige Theil der Aufgabe gelöst wurde, das läßt sich nicht beschreiben. Abbildungen werden uns Andeutungen davon geben, aber es nie mit der gleichen Feinheit und Ausführung vor das Auge bringen.

Auf der vordern Seite des viereckten Sockels, auf dem die Figur steht, grub der Künstler die wenigen Worte: PER ME AD PATREM,[58] und auf der Seite ganz bescheiden seinen Namen und die Jahrzahl 1824 ein. H. R.

31

Karl Ludwig Schorn

Psyche
Marmorstatue von Dannecker

(1821)

Psyche, die zarte Jungfrau, ist das Symbol der Seele, welche sich über das Irdische erhebt und dem Himmlischen zuwendet. Diesen Zustand der Entfesselung und höchsten Läuterung haben die Alten in der leichten, schwebenden, wie von allem Irdischen befreyten Gestalt auszudrücken gesucht. So sehen wir sie in der bekannten, wahrscheinlich dem besten Zeitalter der griechischen Kunst angehörigen Gruppe, wo Amor und Psyche sich umarmen.[59] – Die Mythe von Amor und Psyche, welche Apulejus uns in der Form eines Mährchens aufbewahrt hat, deren tiefere Bedeutung aber in den Mysterien der Alten zu suchen und zum Theil von noch vorhandenen Bildwerken bezeugt ist, [. . .] versinnbildete die Prüfungen, welche die Seele durch die Liebe erfährt, und durch welche sie, allmählich von aller Unvollkommenheit befreyt, zu der ewigen Freude des Himmels gelangt. – Diese ganze Ansicht streifte so nah an das Christenthum, daß in der christlichen Symbolik auch zum Theil davon Gebrauch gemacht wurde. [. . .] – Die Fabel selbst aber, nach ihren mannichfaltigen Theilen, gab den reichsten und günstigsten Stoff für die bildende Kunst, und wer kennt nicht die Darstellungen aus dem Alterthum, oder von Raphaels Hand und aus

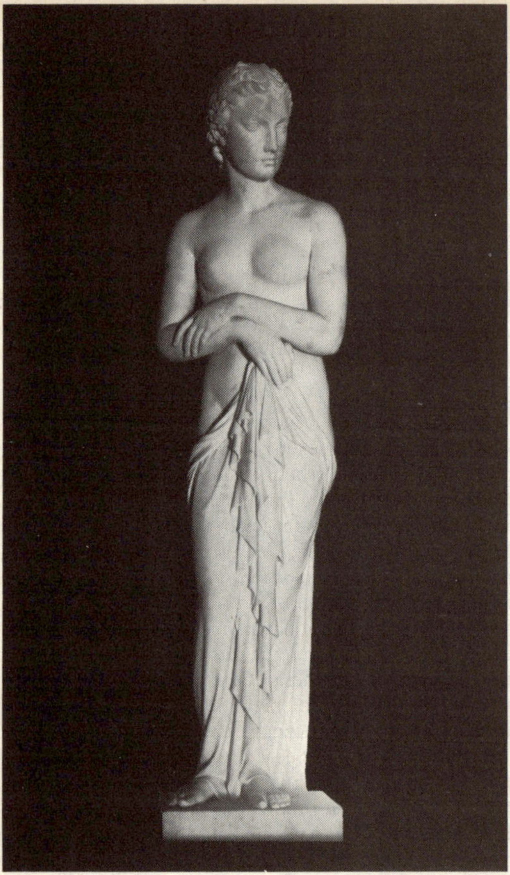

Johann Heinrich von Dannecker. Psyche. Gipsabguß, Höhe 137 cm. 1825. Staatsgalerie Stuttgart

seiner Schule, welche mit mehr oder weniger Freyheit aus der mythischen Erzählung genommen sind? Wenn die Alten diese Mythe mehr allegorisch auffaßten und die in ihr enthaltenen Begriffe durch das wechselnde Verhältniß der beyden Liebenden sinnbildlich andeuteten, so spricht ein so tiefsinniger Gegenstand den Neueren mehr zum Gemüthe, und fordert zu Darstellungen auf, welche durch Charakter und Ausdruck unmittelbar das innere Seelenleben bezeichnen.
Dannecker's Psyche ist als Gegenbild zu dem schon seit acht Jahren im königlichen Residenzschloß in Stuttgart aufgestellten Amor gearbeitet, und, wie dieser, in einem solchen Moment der Fabel ganz eigenthümlich mit der dem Meister eigenen Tiefe und Reinheit des Sinnes aufgefaßt.
Der Künstler hatte damals den Auftrag erhalten, einen *trauernden Amor* zu bilden. Die Lösung war schwer; aber es fiel ihm der Augenblick ein, wo Amor, lange der Geliebten unbekannt, aber endlich im Schlafe von ihr mit der Lampe belauscht, durch einen brennenden Oeltropfen aus der Lampe verwundet worden, entflohen, und, betrübt über die nothwendige Trennung, in Nachdenken versunken ist. – Amor steht, in der Rechten den Pfeil, die Spitze nach unten gekehrt, in der Linken den Bogen mit abgespannter Senne; das umlockte Haupt ist sinnend gesenkt, Stille der Schwermuth scheint durch alle Glieder zu walten, ein mildes Lächeln schwebt nur leicht über dem lieblichen Angesicht. Kein Zug verräth den flatterhaften Knaben, welcher ewig unbeständig mit Göttern und Menschen sein muthwilliges Spiel treibt – er hat nun selbst die Schärfe seines Pfeils empfunden und fühlt sich geprüft und erhöht – er ist der reinere Eros geworden, und er scheint nachzusinnen über das Mysterium seines eigenen Wesens.
Indem nun *Psyche* als Gegenbild zu diesem Amor dargestellt werden sollte, sah sich der Meister auf denselben Moment der Fabel hingewiesen, welcher auch für die Verlassene der Uebergang zu einer neuen Lebensperiode wird. Sie hatte geliebt, und doch die Liebe nicht gekannt – nun hat sie die Schön-

heit des Geliebten geschaut, sie hat empfunden, welch himmlisches Glück ihr zu Theil geworden. Mit diesem Bewußtseyn muß auch die höhere Liebe in ihr erwachen, welche, durch Leiden geprüft, endlich der Wiedervereinigung mit dem Geliebten und der Seligkeit des Olymps theilhaftig wird.

Von dieser Gedankenreihe veranlaßt, nahm Dannecker seine Psyche ganz in menschlicher Beziehung. Unbekümmert um das Allegorische wollte er nur den ersten Moment versinnlichen, wo die jugendliche Seele, von tieferer Regung ergriffen, anfängt sehnsuchtvoll zu träumen und zu ahnen.

Alle Attribute sind vermieden. Es ist ein zartes schlankes Mädchen im ersten Aufblühen. In unbewußter Reinheit und Unschuld steht sie sinnend, das Köpfchen nach der linken Seite gesenkt, die zarten Arme hat sie unter dem jungfräulichen Busen gekreuzt, und mit der Rechten hält sie das Gewand, welches den untern Theil des Körpers bis auf die Füße hinab in schönen Falten umschließt. Sie weiß selbst nicht, daß sie sich verhüllt – die sittlichste Anmuth durchdringt alle ihre Bewegungen; so schlicht wie das einfach aufgebundene, von leichten Locken umwallte Haar ist auch ihr ganzes Wesen – aber sie kann die innere Bewegung des Gemüths nicht bergen. Und scheinen nicht Gedanken an ein entferntes Glück auf der jugendlichen Stirn und über dem fast ernsten Munde zu schweben? –

So eigenthümlich diese Figur ist in Hinsicht der Conception, eben so sehr ist sie des Meisters würdig in Hinsicht der künstlerischen Anordnung, des korrekten Styls, und der Vollendung im Einzelnen. Die ganze Haltung und Bewegung ist Ausdruck reiner Harmonie. Der einfache und doch so zierliche Wurf der Haare paßt vortrefflich zu dem Charakter, und so auch das Gewand, bey welchem der Meister das in der Antike vorkommende etwas künstliche Motiv des vornen geschlungenen Knotens glücklich vereinfacht hat, indem er die eine Hand das Gewand halten ließ, von welcher nun eine natürliche und äußerst zierliche Faltenreihe auf die Füße herabfällt. – Der Styl ist durchaus im ächten Sinn der Antike von

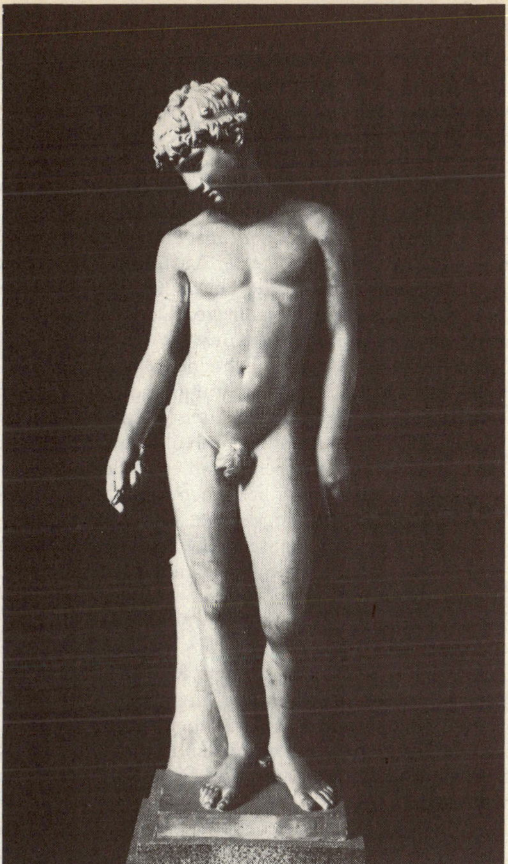

Johann Heinrich von Dannecker. Amor. Gipsabguß, Höhe 135 cm. 1810–15. Staatsgalerie Stuttgart

der schönen Natur entlehnt, edel, wahr und einfach, ohne Prunk und Anspruch. In der Ausführung des Einzelnen, besonders des Nackten, herrscht eine Wahrheit und Lebendigkeit, wie sie nur das dem Meister eigene zarte Gefühl für jede feinste Nuancirung der Form hervorbringen kann, ohne daß deshalb auch selbst die Behandlung des Marmors in jene Weichlichkeit übergienge, welche von der Modewelt in manchen Werken der neuern Bildnerkunst nur zu sehr bewundert wird. – Jedoch vom Verdienste der Ausführung weiter etwas zu sagen, wäre überflüssig, da bey Allen, welche Schillers Büste, den Amor und die Ariadne von Dannecker kennen,[60] hierüber nur Eine Stimme ist. Kurz vor der Absendung der Statue zeigte sie der Meister noch einem kleinen Kreise von Freunden bey nächtlicher Beleuchtung: in dieser Feuerprobe scharfer Lichter, Reflexe und Schatten wurde die zarte feine Form und die bis ins kleinste gefühlvolle Ausarbeitung erst recht erkennbar und hinreißend, und es war eine Freude zu sehen, wie der Zauber dieser lieblichen Schönheit jedes Auge entzückte und gefesselt hielt.

Die Figur war von dem englischen General Murray bestellt, und wurde von ihm, da seine Anwesenheit zufällig mit ihrer Beendigung zusammentraf, sogleich nach London abgesandt. Wir zweifeln, ob sie unter den Werken englischer Plastik Nebenbuhler finden werde, die ihr den Rang streitig machen. Eine Wiederholung ist dem Künstler von Sr. Majestät dem König von Württemberg aufgetragen,[61] um sie dem Amor zur Seite zu stellen, und so haben wir die Beruhigung, das schöne Bild nicht blos dem Ausland angehörig zu wissen. Eine Wiederholung des Amor wird für Lord Russell ausgeführt werden.[62]

In einem »Kunst-Blatt«-Bericht über die »Kunstleistungen« des Jahres 1837 in München, wohl vom Herausgeber Karl Ludwig Schorn selbst verfaßt, stehen an erster Stelle des Abschnitts »Skulptur« die Beschreibungen zweier Grabdenk-

mäler für Erzbischöfe. Damit wird indirekt auf die Bedeutung von Themen mit religiösem Inhalt hingewiesen. Der ausführende Bildhauer, Konrad Eberhard, hatte nach seiner Ausbildung bei seinem Vater, dem er hauptsächlich bei der Herstellung von Schnitzaltären half, während seines Aufenthalts in Rom 1806–19 auch klassizistisch gearbeitet. Schon dort im Kontakt mit den Nazarenern, beschränkte er sich ausschließlich auf religiöse Themen (vgl. Abb. S. 183 und 185).
Ludwig Schwanthaler, sein gelegentlicher Mitarbeiter Ludwig (nicht »C.«) Schaller und der am Münchner Polytechnikum lehrende Ernst Mayer sind Künstler, die den klassizistischen Stil bevorzugten und offizielle repräsentative Aufgaben ausgeführt haben.
Der öffentliche Brunnen, früher ein Geschenk der Fürsten an ihr Volk, wie etwa des Papstes Urban VIII. Fontana di Trevi in Rom, wird im 19. Jahrhundert zum »wahrhaft [...] demokratischen Denkmal«, wie es in der Besprechung des Münchner Fischbrunnens von 1866 heißt (vgl. Abb. S. 189).

32

Uebersicht der Kunstleistungen in München am Schlusse des Jahres 1837

B. Sculptur

(1838)

Konrad Eberhard

Von der Hand dieses würdigen Künstlers sind im Lauf des Jahres die beiden Grabdenkmale für den Erzbischof Sailer und den Weihbischof Wittmann in Regensburg vollendet worden. Der leztere ist auf einem Sarkophag liegend abgebildet, mit gefaltenen Händen zu dem Gekreuzigten über ihm betend; bei dem erstern lag es dem Künstler daran, an die doppelte Wirksamkeit des Verewigten, als geistlichen Würdenträger und als Seelenhirt, vornehmlich seine Beziehung zur Jugend zu erinnern, weßhalb er denselben auf bischöflichem Stuhle sitzend dargestellt, zur Linken einen Chorknaben mit dem Bischofsstab, zur Rechten einen andern, den er unterrichtet. Die architektonische Anordnung und Verzierung ist ganz im Styl des Domes gedacht und ausgeführt, zu dessen neuestem Schmuck die Denkmale nun gehören. – Nach der Zeit hat sich Professor Eberhard mit Entwurf und Ausführung einer Zeichnung beschäftigt, die klar und schön die Richtung seiner Kunst bezeichnet, und die, da sie zu den Schätzen gehört, aus denen jüngere Geschlechter Gewinn ziehen können, hier näher beschrieben werden möge. Positive Lehren der katholischen Kirche sind die Motive zu einer neuen, in sich gegliederten und verbundenen Zusammenstellung, deren drei Theile gewissermaßen ein Altarblatt mit zwei Flügeln bilden. In den verschiedenen, durch architektonische Formen (im altdeutschen Styl) gebildeten Abtheilungen sieht man zu oberst den Schöpfer in der Glorie des Himmels, von Cherubim und lobsingenden, anbetenden Engeln umgeben, als Erzeuger des ewigen Lichts, also die *Geburt Christi vor Erschaffung der Welt.* In der untern Abtheilung, die Anbetung der Hirten und Könige in der Hütte, die *leibliche Geburt Christi.* Engel umspielen das niedrige Dach. Den Königen folgen die Propheten des alten Bundes, Moses, Samuel, David mit der Bundeslade, dem zu dienen, den sie vorausgesehen; den Hirten, als den Vorbildern der geistlichen Hirten, folgen die Repräsentanten der Kirche, der Pabst, mit Bischöfen und Cardinälen, und die Völkerhirten, die Fürsten. – In der mittlern Abtheilung ist das Abendmahl als Transsubstanziation, also die *Wiedergeburt Christi im Sakrament des Altars* abgebildet, und als geistige Erläuterung in zwei Seitenbildern Mariä Empfängniß und ihre Schwangerschaft (Heimsuchung), um anzudeuten,

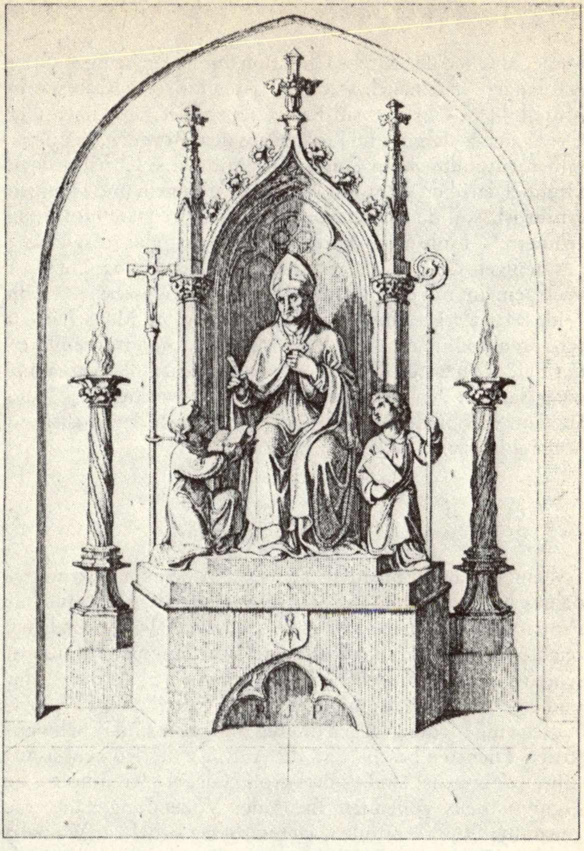

Konrad Eberhard. Grabmal des Bischofs Johann Michael von Sailer. Stein. 1833–37. Regensburg, Dom. Stich 1838

wie jedes Glied der Kirche Christum durch den heiligen Geist empfangen und in sich wachsen lassen möge. – Rechts vom Mittelbild ist Christus am Kreuz abgebildet; die Pilger aller Orten ziehen dahin, und löschen aus dem Brunnen, der demselben entquillt, ihren Durst. Die Aufnahme Christi in den Himmel darüber, der mit lobsingenden Engeln und Heiligen erfüllt ist, soll den Beschauenden an seine eigene Hoffnung erinnern. – Links vom Mittelbild sieht man die Ausgießung des heiligen Geistes, als die Gründung der Kirche. Diese ist auch gemeint mit dem Brunnen lebendigen Wassers, mit dem Bilde Maria's geschmückt, aus dem fromme Menschen zu schöpfen kommen, um sich, Nothleidende oder die Blumen des Feldes zu erquicken. Hier auch sieht man die Aufnahme einer Seele in den Himmel abgebildet, in welchem das Kind auf dem Schooß der Maria thront. Der Künste der Musik und Malerei ist hiebei gelegentlich gedacht.

Ludwig Schwanthaler

Seit langen Jahren dürfte diesseits der Alpen keine so ausgedehnte bildhauerische Thätigkeit entwickelt worden seyn, als in den Werkstätten des Professors Schwanthaler. Schon lange reichte das von ihm eigens für seine Zwecke gebaute Haus mit seinen vier verschiedenen großen Räumen nicht mehr hin, und ein zweites Haus mit drei großen Sälen ward zu Werkstätten eingerichtet. Gegen dreißig Bildhauer sind in Schwanthalers Diensten beschäftigt, die Aufträge des Königs auszuführen. Zunächst sind es drei große Giebel, deren kolossale Figuren theils vollendet, theils der Vollendung nahe, die genannten Räume erfüllen. Der vordere Giebel zur Walhalla ist fertig und hinlänglich bekannt; an den Gestalten des zweiten, in denen die Hermannsschlacht symbolisch vorgestellt ist, wird thätig modellirt und geformt. Bis auf die Figur Hermanns, der an der Spitze der Deutschen und zwischen beiden streitenden Parteien auf zertrümmerten Römerwaffen steht,

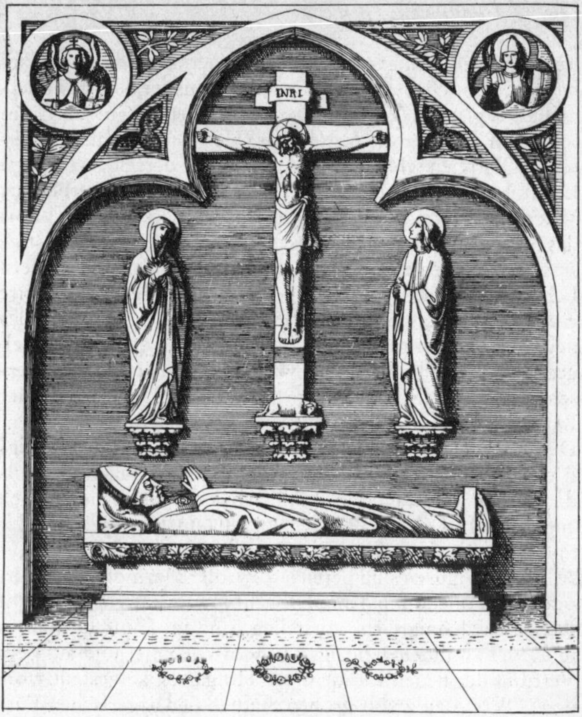

Konrad Eberhard. Grabmal des Bischofs Georg Michael Wittmann. Stein. 1834–37. Regensburg, Dom. Erster Entwurf, mit den unausgeführten Assistenzfiguren von Maria und Johannes. Stich 1834

ist auch hier wenig mehr übrig. In der Anordnung dieses bedeutenden Giebelschmucks ist der Künstler dem gewissermaßen typischen Vorbilde der berühmten Aegineten[63] gefolgt, nur daß hier die Mittelfigur (Hermann) nicht die streitenden Parteien scheidet, sondern die eine derselben anführt. Die linke Seite schließt sich mit der Gruppe des sterbenden Vaters von Hermann; in der Mitte der Römerseite steht Varus das Schwert in die eigene Brust stoßend. Die übrigen Motive sind mehr allgemeiner Natur, die Figuren, wie beim vordern Felde, ganz rund und weit über Lebensgröße. – Der dritte erwähnte Giebelschmuck ist für die korinthische Façade des neuen Ausstellungsgebäudes bestimmt, das der Glyptothek gegenüber errichtet werden wird. Hier sieht man die verschiedenen bildenden Künste ihre Werke zum Thron der Bavaria bringen, oder wenigstens in ihrem Dienste fertigen. Der Architekt bringt seine Pläne, der Bildhauer des Königs Büste, der Historien- und der Genre-Maler tragen ihre Bilder, der lezte ist auch in der Tracht dem ländlichen Leben angepaßt. Der Glasmaler, der Porzellanmaler, der Erzgießer und Medailleur sind in ihren Beschäftigungen dargestellt. – Alle diese Figuren sind bereits in Tyroler Marmor ausgeführt oder der Vollendung nahe. Die acht Figuren, welche die acht Kreise des Königreichs vorstellen, sind im Laufe des Jahres mit zwei zu ihnen gehörigen Löwen vollendet und auf dem Vestibül der neuen Residenz am Hofgarten aufgestellt worden. – Von den zwölf großen Statuen der bayerischen Fürsten, welche den neuen Thronsaal schmücken werden, befinden sich vier in der Erzgießerei; vier andere, nämlich Ludwig der Bayer, Friedrich II., Albrecht IV. und Otto der Erlauchte, sind als vollendete Gypsmodelle im Atelier Schwanthalers aufgestellt. Der monumentale Charakter ist bei diesen Gestalten mit besonderm Glück festgehalten, die, obschon in der Lebendigkeit unmittelbarer Erscheinung aufgefaßt, dennoch durchaus ideal gehalten sind, wobei das Kostüm des Mittelalters, und namentlich die Waffentrachten, darin der Künstler große Kenntniß und Gewandtheit entwikkelt hat, besonders günstig wirken. – Von den 25 Statuen der Künstler, welche die Pinakothek schmücken werden, sieht man nur wenige in den Werkstätten Schwanthalers; obschon alle von seiner Erfindung, werden sie doch durch andere Künstler ausgeführt. – Eine der bedeutendsten neuen Arbeiten von ihm ist die große Bavaria, bestimmt, das Centrum der bayerischen Ruhmeshalle zu bilden, die der König über der Theresienwiese aufführen läßt. In der Weise einer Victoria hält sie den Siegerkranz empor, zu ihren Füßen ruht des Landes Sinnbild, der Löwe; die Tracht ist antik, doch ohne kalte Strenge. Da diese Figur künftig mit dem Postament 80 Fuß Höhe haben wird, so wird das Modell in verkleinertem – obschon noch immer in kolossalem – Maßstabe ausgeführt. – Der Monumente, Bildnisse etc., womit Schwanthaler beschäftigt ist, noch besonders zu gedenken, müssen wir ausführlicheren Mittheilungen über seine Werke vorbehalten; nur sey erwähnt, daß er bei Gelegenheit des Giebelschmucks vom Ausstellungsgebäude des Königs Büste gefertigt, die an Aehnlichkeit und origineller Auffassung alle bisherigen übertrifft. – Von Schwanthaler sind auch die Reliefs aus der bayerischen Geschichte, in den Lunetten der obern Vorhalle an der Residenz am Hofgarten, so wie die Zeichnungen zu den Friesen der Säle, die in Stucco ausgeführt werden.

C. Schaller

ist vom König beauftragt, eine Marmorstatue des Prometheus zu fertigen, die bestimmt ist, eine der Nischen an der Außenseite der Glyptothek zu zieren. Außerdem ist er damit beschäftigt, nach einer Zeichnung Schwanthalers die Geschichte der Kreuzzüge als Relief auszuführen, das im Fries des Saales der Hohenstaufen im neuen Königsbau am Hofgarten angebracht wird. Hiebei sey auch der Statuette Shakespeare's von seiner Hand gedacht, die der hiesige Kunstverein in Erz hat gießen lassen, und in welcher der Künstler einen feinen Sinn bei origineller Auffassungsweise an den Tag gelegt. Ganz anspruchlos lehnt der Dichter an einem Stein und theilt Rollen aus. Können wir sein Verdienst mit weniger Aufwand so bündig schildern, als mit dem Wort: Er läßt Jeden seine Rolle spielen?

E. Mayer

führt zwei kolossale karyatidische Figuren für den neuen Thronsaal des Königs in Gyps aus. Außerdem sieht man in seiner Werkstatt viele der von Schwanthaler entworfenen Künstlerstatuen in Kalkstein; ferner von seiner Erfindung die beiden sitzenden Statuen des Homer und Thukydides, bestimmt, mit zwei andern die Eingangstreppe der Bibliothek zu schmücken. Für Walhalla hat E. Mayer drei schöne Candelaber aus Carrara-Marmor gefertigt.

33

Der neue Fischbrunnen in München

(1866)

München, Anf. Oktober. [...]

Wenn die schönste Aufgabe der Kunst ist, uns durch ihre Werke zu erheitern und zu trösten, so hat sie es kürzlich durch eines ihrer besten versucht. Häßlich, wie für uns das Jahr 1866 überhaupt, stand in den letzten Tagen eine Bretter- und Sackleinwandpyramide auf dem Marienplatze: die Kundigen wußten, was hier eifrige Hände bauten, und die neugierige Jugend blinzelte verstohlen durch die Risse und rief manchmal ein lautes »Ah«, wenn sie etwas Glänzendes sich bewegen sah. Das »Münchener Kindel,« welches seit 50 lan-

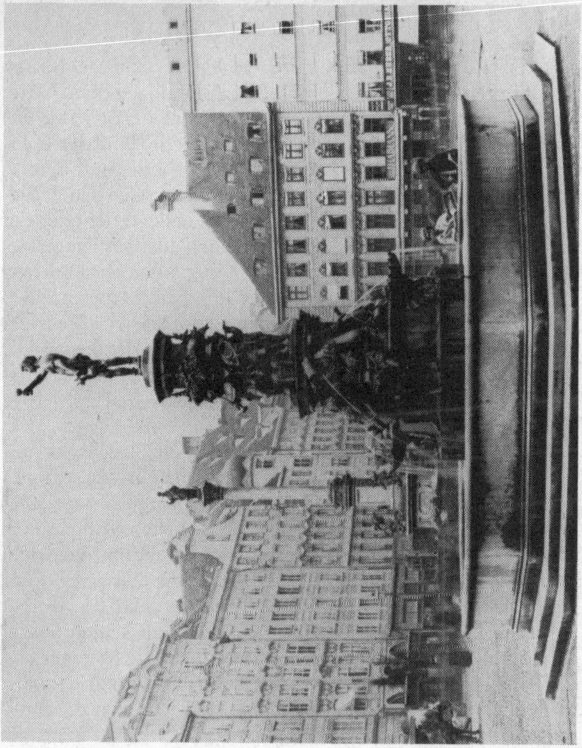

Konrad Knoll und Ferdinand Miller d. Ä. Fischbrunnen. Bronze. 1862–65. Ehem. München, Marienplatz

gen Jahren München zum ersten Male wieder in Schrecken und Sorgen vor einem feindlichen Einfall gesehen hatte, mochte wohl erstaunt sein, daß man trotz der »Schwerennoth« seinen Lieblingsplatz schmücken wolle. Und der Lieblingsplatz ist er, dieser einstige »Platz St. Mariä und Peter«, auf dem Churfürst Maximilian I. zum Andenken seines Sieges am weißen Berge die Marianische Säule errichtete, der früher manch' stolzes Turnier und manch' lustiges Ringelstechen der Bürger und Ritter gesehen hatte, seit Kaiser Ludwig der Bayer das in der Mitte stehende Münzhaus hatte einreißen lassen. An seinem Ostende ist das Rathhaus, von dem gar manch' freudiges, aber auch manch' ernstes Wort dem Volke verkündet wurde, und an seiner Vorderseite steht noch das Haus, in welchem der siegreiche Gustav Adolph 1632 wohnte.

Hier nun stand, in einer Ecke des Platzes, der alte Fischbrunnen, lange Jahre so ruinös, daß sein Bassin kein Wasser mehr hielt, und nur zur Zeit des »Metzgersprunges« wurde es nothdürftig mit Cement verkittet, um den alten Volksbrauch abhalten zu können. Als nämlich im fünfzehnten, vielleicht auch erst im sechszehnten Jahrhundert, »der schwarze Tod« gar viele Münchener wegraffte, da zogen sich die Bürger ängstlich in die Häuser zurück und die Stadt schien ausgestorbener als sie es wirklich war. Da wagten die Metzger und Schäffler (Fleischer und Böttcher) sich zuerst wieder hervor; die letzteren tanzten einen anmuthigen Reifentanz, die ersteren aber sprangen lustig in das Wasser des Fischbrunnens, zu zeigen, daß es nicht mehr vergiftet sei, und warfen allerlei Obst aus dem Brunnen, womit sie die Jugend anlockten, welche sie, sobald sie die Herrlichkeit, die da am Boden lag, aufheben wollte, ordentlich mit Wasser begoß. Dies heitere Zunfttreiben gab den Bürgern den Muth zurück, sie gingen wieder ihrer Arbeit nach, und ein neues Leben blühte bald in der kurz vorher so verödeten Stadt. Zum Andenken daran ziehen jetzt jeden Faschingsmontag die freizusprechenden Metzgerlehrlinge unter Anführung ihres Altgesellen vor die

Residenz, bringen dort einen Toast dem königlichen Hause und springen, nachdem sie sich in ein wasserdichtes Gewand von Lammfellen gekleidet, in den Brunnen und treiben dann bei Musikbegleitung allerlei Schabernack.
Aus diesem Feste holte nun *Knoll*, welchen der Magistrat mit Ausführung des neuen Fischbrunnens betraut hatte, seine Motive, und schuf also einem Volksbrauch ein schönes, sinniges Denkmal. Die aufgehende Sonne beleuchtete das enthüllte Werk deutscher Kunst. Gott, was hätte in anderer Zeit das für eine Feier gegeben! Jetzt lief Alles still ab und die erstaunten Münchener sahen am Morgen den Fischbrunnen überrascht an. Auf mich machte es etwa den Eindruck, wie ein Christfest, das durch bittere Nachrichten seiner Freude beraubt wird, das man aber doch feiert, weil man den Kindern schon die Geschenke gekauft hat. Doch still! Wie einst der Metzgersprung wieder den alten Frohsinn der Stadt weckte, wie er bessere Zeiten verhieß, so sollte auch das Denkmal desselben uns frohere Zeiten verkünden und die Wunden werden heilen, die uns ein trauriger Bruderkrieg geschlagen; ich schreibe dies nicht, weil mein Heimathland unterlag, ich würde dasselbe sagen, wenn *wir* den Norden besiegt hätten: denn nie fühlte ich die Zusammengehörigkeit der deutschen Volksstämme mehr, als da sie feindlich sich gegenüberstanden. Laßt uns das schöne Feld der Kunst und der Wissenschaft neidlos miteinander bebauen, so wird keine Politik uns trennen und scheiden können!
Doch zur Sache! Aus dem granitnen Wasserbecken erhebt sich ein achteckiger Steinsockel, auf welchem, nach oben sich verjüngend, eine wenig durch Karnise[64] gegliederte Säule sich erhebt. An der Ost- und Westseite sitzen noch oben auf dem Steine die Metzgerburschen und schütten und spritzen aus ihren Kübeln Wasser. An den anderen Seiten sind Muschelbecken, getragen von den Unholden der Pest, in welche Löwenköpfe ihr Wasser speien, während an den abgestumpften Ecken Delphine einen hohen Wasserstrahl entsenden. An den Becken sitzen schnäbelnde Tauben, stark vergoldet, zur

Erinnerung, daß, als auf diesem Platze noch die Schranne (Getreidemarkt) abgehalten wurde, den zahllosen Tauben Münchens hier ihr Lieblingsort war. Im entgegengesetzten Becken erinnert ein offener Fischtrog, welchem zwei Hechte entsprungen, an den uralten Namen des Brunnens. Ueber den Delphinen stehen je 2 Knaben, welche auf Klarinete, Flöte, Waldhorn und Dudelsack den Festmarsch blasen und mit allem Liebreiz und Humor ausgestattet sind. Die glatten Wände der Brunnensäule sind sinnig von den Gipfeln junger Tannen unterbrochen, deren Stämme in Wasserkübeln stehen, just wie sie die Metzgerherberge am Fastnachtsmontag, am »Metzgerjahrtage,« zieren. Dazwischen hängen vergoldete Schilder mit dem Stadtwappen und den Namen der Künstler, denen München diese Zierde verdankt, und auf welche München so stolz sein darf, sie sind Bildhauer *Konrad Knoll* und Erzgießer *Ferd. Miller.* Das Ganze aber krönt der Altgeselle, die Rechte mit dem Römer hoch erhoben zum ersten Toast auf den König, die Linke hält den gefüllten Zinnkrug bereit für den zweiten auf die edle Königin-Mutter *Marie.* Leider ist diese Figur die wenigstgelungene. Abgesehen von dem zu langen rechten Arm, ist auch der Altgeselle viel zu jung für diese Ehrenstelle, und es konnte nichts schaden, hätte ihm Knoll den so sehr ausgeprägten Typus des altbayrischen Volkes aufgedrückt.

Indeß hat Knoll jedenfalls mit diesem Brunnen einen neuen, dankenswerthen Weg für solche Denkmäler eingeschlagen; früher würde man nach irgend einem alten Feldherren oder Fürsten sich umgesehen haben, oder man hätte in die christliche oder griechische Mythologie zurückgegriffen, aber Knoll schuf, indem er aus dem Volksleben schöpfte, ein wahrhaft edles, demokratisches Denkmal, und unserm Magistrat haben wir allen Grund zu danken, daß er dem Modell dieses Künstlers vor allen andern den Vorzug gab. f.

Platzgestaltung und Ausschmückung technischer Bauten

Platzgestaltung und Ausschmückung von technischen Bauten waren weitere wichtige Aufgaben für den Bildhauer im 19. Jahrhundert.
Das Rondell in Berlin, der alte barocke Stadtplatz, der in erster Linie als Exerzierplatz diente, wurde nach den Befreiungskriegen 1815 demonstrativ zum Belle-Alliance-Platz umbenannt, um an die Schlacht bei Waterloo zu erinnern, die im gleichen Jahr zur endgültigen Niederlage Napoleons geführt hatte (heute Mehringplatz). Der Name »Belle-Alliance«, an dem Preußen festhielt (im Gegensatz zum »Waterloo« der Engländer), erinnerte an das gute Zusammenwirken der Alliierten und das Gehöft gleichen Namens, von dem aus die Preußen am Abend des 18. Juni 1815, die Wende herbeiführend, in die Schlacht eingegriffen hatten. Zum 25. Jahrestag wurde 1840 der Grundstein für die Belle-Alliance-Säule gelegt, drei Jahre später die Einweihung vorgenommen. Um diesem in der Mitte des Platzes gelegenen Erinnerungsdenkmal mit Brunnenschale erklärende Assistenzfiguren zu geben, entwarf 1850 der Berliner Bildhauer Ferdinand August Fischer die Skulpturengruppen der an dem Sieg beteiligten vier Länder Preußen (Adler), England (Leopard bzw. liegende Löwin), Niederlande (Löwe), Hannover-Braunschweig (Pferd). Erst 1876, nach dem Deutsch-Französischen Krieg, wurden sie in ihrer endgültigen Fassung aufgestellt. Drei Jahre später kamen die Allegorien der die Geschichte der Freiheitskriege schreibenden Klio und des Friedens am Ausgang des Platzes dazu. Fischers Hauptdenkmal ist im 2. Weltkrieg zerstört worden, die Reste sind verschollen, während die beiden Allegorien der Geschichte und des Friedens heute wieder am alten Platz stehen.
Zu Schaslers Text vgl. Bd. 1, Abschn. 35 und 36.

34
Wilhelm Lübke

Professor Fischer's Gruppen für den Belle-Alliance-Platz in Berlin

(1850)

Diesmal aber berichten wir von einem anderen Denkmale, welches das Südende der Stadt, den Belle-Alliance-Platz schmücken und in vier Gruppen die bis jetzt einsame Viktoriasäule umgeben wird. Zeigt der Wilhelmsplatz uns in seinen Standbildern die Helden des siebenjährigen Krieges, so wird dieser Platz, wie schon sein Name andeutet, uns Darstellungen aus den Befreiungskriegen der Jahre 1813–15 bringen. Die Gruppen waren in den Tagen des 16. bis 19. Juni, in dem Atelier des Herrn Professors *Fischer*, zu wohlthätigen Zwekken aufgestellt. Zwei derselben sind im Modell vollendet.
Die *erste* stellt zwei Krieger dar, einen bärtigen Mann und neben ihm einen dem Knabenalter kaum entwachsenen Jüngling, der mit gespanntem Bogen dem Aelteren beisteht. Dieser bezeichnet die *Niederlande*, während der Knabe-Jüngling *Nassau* vorstellt. Als beiden Stämmen gemeinsames Wappenthier liegt der *Löwe* ihnen zu Füssen; er scheint eben sich zum gewaltigen Angriffssprunge gegen den gemeinschaftlichen Feind anzuschicken. Auf solche Weise ist in dieser Gruppe sowohl, wie in den folgenden durch einen glücklichen Griff das Wappenthier mit hineingezogen in das kriegerische Thun des Menschen, als treuer Gefährte der Kämpfe und Siege. Hierdurch tritt die Harmonie der ganzen Gruppe in schönster Vollendung hervor und die dramatische Bewegung der Darstellung erhält ein neues, reicheres Motiv.
Die *zweite* Gruppe zeigt einen jungen Krieger, der, rückwärts sich stützend, einen Angriff abzuwehren und den neben ihm hingestreckten Kameraden zu vertheidigen scheint. Eine ähnliche Stellung nimmt neben dem Kämpfer

der *Leopard* ein; er lehrt uns, dass wir hier die *Englische* Nation repräsentirt sehen. Im edelsten Style ist in dieser, wie auch in der ersten Gruppe, die Formbildung; besonders der Körper des Gefallenen zeigt hohe, untadelige Schönheit. Es ist etwas Naturalistisches in dieser Kunstrichtung, aber jener edle Naturalismus, der aus den Schöpfungen des Griechenthums hervorleuchtet. Ueberhaupt hat der Künstler wohl daran gethan, auch für die Bekleidung antike Motive zu wählen. [...]

Doch zurück zu Professor Fischer's Gruppen! Hier, wie gesagt, galt es nicht, eine historische Persönlichkeit in ihrem individuellen Wesen zur Anschauung zu bringen; hier war die Aufgabe gestellt, ein Bild der Befreiungskriege zu geben, die Völkerstämme darzustellen, welche an jenen Kämpfen thätigen Antheil genommen. In diesen bestimmten Gränzen musste sich der Künstler bewegen; er war also auf die *Allegorie* angewiesen. Damit war die streng *geschichtliche* Behandlungsweise ausgeschlossen. Der Allegorie aber hat sich die Einsicht des Bildhauers mit besonnener Mässigung bedient. Die gegebenen Andeutungen reichen überall zum Verständniss hin, ohne sich irgendwo dem Auge unangenehm aufzudringen. Gab die Antikisirung dem Ganzen einen Hauch verallgemeinernder Individualität, so erhielt diese, die wir so leicht zu inhaltsloser Nüchternheit herabsinken sehen, andrerseits frische, individuelle Lebendigkeit durch das Streben des Künstlers, die verschiedenen Nationalitäten zu charakterisiren. Das ist ihm trefflich gelungen. Aber selbst die antiken Motive hat er geschickt zu benutzen gewusst; in den Kostümen sind mit feiner Hand durch geringe Modifikationen Andeutungen an die betreffenden modernen Trachten gegeben. So namentlich an der vierten Gruppe, die Preussen darstellt.

Die dritte und vierte Gruppe sind nur erst in kleinen Skizzen angelegt. Hier war noch keine künstlerisch vollendete Durcharbeitung des Gedankens zu erwarten. Wir wollen uns nicht mit voreiligen Bemerkungen in das geheimnissvolle

Walten des Genius drängen; doch zweifeln wir nicht, dass die kunstgeübte Hand, welche die beiden ersten Gruppen zu so gediegener Abrundung ausgeführt hat, es verstehen wird, denselben in den beiden folgenden würdige Seitenstücke zu schaffen. Die *dritte* Gruppe zeigt *Braunschweig* und *Hannover* mit dem ihnen zukommenden *Ross*. Der Moment ist so gefasst, als ob ein ermattendes Zusammensinken im Kampf angenommen sei. Doch ist hier Nichts von Muthlosigkeit; schon gewahrt das männliche Auge des Sinkenden die in der *vierten* Gruppe anrückenden *Preussen*, die mit ihrem zum Siegesfluge ansetzenden *Adler* den Ausschlag geben.
Fassen wir nun die vier Gruppen allesammt in's Auge, so wird in der ganzen Auffassung ein consequent fortschreitender Gedanke klar. Man könnte für jede Gruppe leicht eine passende Unterschrift ersinnen, die jenes Verhältniss deutlich ausdrückte. Die erste würde man als den »Angriff« bezeichnen, die zweite als die »Vertheidigung«; die dritte stellte das »Ermatten« dar, und die vierte verherrlichte zu guter letzt den »Sieg«.
Wir aber wünschen zu guter letzt dem schönen Werke fröhliches Gedeihen, damit es bald Aller Augen erfreue, der Stadt zur Zierde, dem Künstler zum Ruhm.

35

Max Schasler

Tonreliefs für die Dirschauer Eisenbahnbrücke

(1859)

Die Ausstellung der großen Reliefs für die Dirschauer Eisenbahnbrücke, modellirt von Schievelbein, in Thon gebrannt von March in Charlottenburg. – Die Gelegenheit, ein Werk zu besprechen, dessen künstlerischer wie technischer Werth von epochemachender Bedeutung ist, findet sich heutzutage selten genug. Das oben genannte müssen wir, ganz abgesehen von seiner gediegenen Komposition und der trefflichen stilvollen Ausführung derselben, schon deshalb zu jenen seltenen Werken rechnen, weil es als der Triumph einer Technik dasteht, welche zwar schon im Alterthum und im Mittelalter in hoher Blüthe stand, aber noch nie, weder in Rücksicht auf Ausdehnung noch auf künstlerische Form, etwas dem Aehnliches geschaffen hat. Wer hat wohl je schon von einem gebrannten Thonwerk von beiläufig 22 Fuß Länge und 12 Fuß Höhe, also von einem Flächeninhalt von 260 Quadratfuß gehört? Zwar ist das Ganze aus verschiedenen Theilen zusammengesetzt, aber selbst diese einzelnen Theile, deren einige 9–10 Fuß Ausdehnung haben, übersteigen alles bisher Gekannte dieser Art soweit, wie – um den nahe liegenden Vergleich zu brauchen, das kolossale Werk der Dirschauer Brücke, für welche es bestimmt ist, eine gewöhnliche Brücke. Bei der Schwierigkeit des Zusammenpassens der einzelnen Theile kann schon der Umstand, daß die Fugen, welche übrigens später nach der Aufstellung durch Verkittung unsichtbar gemacht werden, nirgends mehr als ein starker Messerrücken breit sind, als ein Beweis von der ungemeinen Genauigkeit und Sicherheit der hier zum ersten Male in solcher Ausdehnung angewandten Technik gelten. Denn das größte derartige Werk neuerer Zeit ist unseres Wissens der nach dem Modell Wichmann's[65] gebrannte »Erzengel Michael« über dem Portal der Werderschen Kirche, und dieser besteht aus drei Stükken, abgesehen von den angesetzten Flügeln. Ein weiterer, sehr bedeutender Vorzug dieser Technik vor der älteren ist die Wasserdichtigkeit des Materials. Durch eine eigenthümliche Zubereitung des Thons hat das *March*'sche Institut die Aufgabe gelöst, seinem gebrannten Thon eine Härte und Wiederstandsfähigkeit gegen den Einfluß der Witterung zu verleihen, daß er ebensowenig Feuchtigkeit annimmt wie eine mit Oel getränkte Steinplatte. Hieraus wird aber nicht nur überhaupt der Vortheil größerer Haltbarkeit erzielt, sondern

auch der in künstlerischer Beziehung sehr wichtige der Unveränderlichkeit der Färbung, da wasserziehende Substanzen bekanntlich an den feuchten Stellen dunkler erscheinen.
Wir haben es für passend gehalten, das Technische des Werkes zuerst zu erwähnen, weil es sich in der That dabei um ein Princip von großer Tragweite handelt. Es steht zu erwarten, daß statt des sonst in Anwendung kommenden, durch die Witterungsverhältnisse viel mehr leidenden Sandsteins für Kolossalfiguren zu architektonischen Zwecken mehr und mehr der gebrannte Thon in Aufnahme kommen werde, da er ohnehin dem Künstler des Originals seine Aufgabe sehr erleichtert, weil dieser nur das Thonmodell auszuführen braucht. Ohnehin läßt der Thon, welcher in der von dem Originalmodell entnommenen negativen Form geformt wird, also eine Facsimilekopie des Originals ist, eine bei weitem feinere und künstlerisch vollendetere Ausführung zu als der grobkörnige und bröckelnde Sandstein. – In der That hat das *March*'sche Institut, welches nun seit einer langen Reihe von Jahren mit unermüdlichem Eifer und in wahrhaft künstlerischem Streben sich die Ausbildung dieser Technik hat angelegen sein lassen, in diesem seinem neuesten Werke sich wie der preußischen Kunst-Industrie ein Denkmal gesetzt, um welches uns das Ausland beneiden kann. Interessant ist übrigens, wie durch die Kraft des Feuers dem Werke bereits eine malerische Betonung gegeben ist, indem die hervorragenderen Stellen höher gefärbt erscheinen, als ob sie durch das Alter gebräunt wären. Dies wird, im Verein mit dem angenehmen matten Grundton, dazu beitragen, das großartige Thonwerk mit dem Material der architektonischen Umgebung des Portals und der Thürme, die es umrahmen, in eine vortreffliche Harmonie zu bringen. Außer diesem großen Relief sind noch zwei kolossale Zwickelfiguren, jede aus einem Stück, gebrannt worden, welche zu demselben Portal gehören und ebenfalls von *Schievelbein* modellirt sind.
Ehe wir auf die Arbeit des letztgenannten Künstler eingehen, müssen wir einige Worte zur lokalen Orientirung voraus-

schicken. Die vom Geheimen Oberbaurath *Lentze*[66] erbaute Brücke ist auf der Ost- wie auf der Westseite mit je einem im gothischen Stil gehaltenen, von zwei mächtigen Thürmen flankirten Portal geschlossen, über dessen Thorwölbung bis zur Krenelirung und zwischen den Thürmen eine große Fläche für Einlassung des betreffenden Reliefs freigelassen ist, während die Zwickelfiguren in den dreiseitigen Bogenecken zwischen der Thorwölbung und den Thürmen ihren Platz erhalten. Während auf der Wandfläche des westlichen Portals der Akt der »Brückenweihung durch den König« (vom Bildhauer *Bläser*) dargestellt wird – eine Komposition, die noch der Vollendung entgegensieht – wird das östliche Portal mit dem *Schievelbein*'schen Relief geziert werden, welches im Gegensatz zu dieser modernen Komposition uns in die Vorzeit zurückversetzt, welche jener Gegend durch die Herrschaft und Kulturbestrebungen des deutschen Ordens eine vorragende Bedeutung verlieh. Den Haupt- und Mittelpunkt bildet die hoch zu Roß sitzende mannhafte und doch milde Gestalt des Hochmeisters *Winrich von Kniprode*, dessen Thaten (er regierte 1351 bis 1382) im Kriege und noch mehr im Frieden ihn als den bedeutendsten Organisator der Ordens-Herrschaft erscheinen lassen. Nach beiden Seiten hin schildert ihn der Künstler in seinem Werke. Auf der einen sehen wir den überwundenen Lithauerfürsten *Kynstut*, welcher mit gebundenen Händen dem von dem Bischof Bartholomäus von Samland gehaltenen siegreichen Kreuze folgt, und mit finsterem Trotz auf ein junges lithauisches Mädchen niederblickt, welches, bereits zur neuen Lehre bekehrt, demüthig den Schaft des Kreuzes küßt. Hinter ihnen bilden einige Ordensritter zu Pferde mit der Fahne des Muttergottesbildes das Gefolge des Hochmeisters. Dieser erhebt gleichsam segnend und Frieden verheißend die Rechte über das nahende Volk, welches in Gestalt jugendlicher Landleute sich dem Zuge naht, während sein kräftiges friesisches Roß mit seinem Huf die zu Boden geschmetterten Götzenbilder des überwundenen Heidenthums zertritt. Unmittelbar vor dem Hochmeister sehen wir noch zwei Figuren, welche den geistlichen und weltlichen Einfluß des civilisirenden Ordenthums veranschaulichen. Die eine deutet auf die Bauthätigkeit des Ordens, insbesondere auf das Schloß Marienburg hin, es ist ein Baumeister mit dem Modell einer gothischen Burg, welches er Winrich knieend darbietet, die andere ist einer jener halbkriegerischen Mönche jener Zeit, welche den Landleuten das Buch der Bücher als den Inbegriff aller Bildung und Gesittung vorhält und die aufgeschlagene Stelle mit eindringlicher Rede erläutert. Auch hier erblickt man noch als Hintergrundfigur einen Ordensritter zu Pferde mit der Fahne des heiligen Georg, als des Schutzpatrons des Ordens.

Indem wir so die Komposition ihrem Hauptinhalt nach zu schildern versucht, können wir nicht umhin, die meisterhafte und wahrhaft gediegene Art anerkennend zu erwähnen, mit welcher der Künstler seine allerdings dankbare Aufgabe zu glücklichster Vollendung gebracht hat; besonders ist es Schievelbein hoch anzurechnen, daß er, angemessen der Größe der Figuren und in Rücksicht auf die Entfernung des Standpunktes, welchen nach seiner Einlassung in die 40 Fuß über dem Erdboden sich erhebende Portalmauer der Beschauer haben wird, nicht nur die ganz tiefdurchdachte und sich vortrefflich abrundende Komposition in einfachen und deutlichen Formen gehalten, sondern sich auch überhaupt auf das ausschließlich Charakteristische der plastischen Gestaltung beschränkt hat. Ein zweiter großer Vorzug ist die edle Ruhe, welche das Ganze und namentlich die Hauptfigur beseelt: Beides verleiht dem Werke eine Würde und Einfachheit, welche von feinem, plastischen Sinn zeugt und eine wahrhaft imposante Wirkung macht. Wenn wir bei der Schönheit und Kraft aller Formen und bei der durchgehenden gedankenvollen Charakteristik in Haltung und Ausdruck der Figuren ein Bedenken über die Auffassung einer Figur nicht zurückhalten, so geschieht dies nur weil der Maaßstab, den wir an das Schievelbein'sche Werk legen, in der That ein sehr hoher ist. Es scheint uns nämlich, als ob der Künstler die knieende

Figur des Architekten in der Kopfwendung so wie im Gesichtsausdruck etwas zu weich, um nicht sentimal zu sagen, gehalten habe. Unsrer Ansicht nach wäre ein mehr freudigerer, selbstbewußterer Ausdruck passender gewesen. – Meisterhaft und kühn gedacht dagegen ist die trotzige Figur des gefangenen Lithauerfürsten, welche wir rücksichtlich der prägnanten Charakteristik am höchsten stellen möchten. Auch der Bischof ist eine ausgezeichnet schöne Figur, voller Würde und imposante Ruhe. – Wir begrüßen schließlich die glückliche Vollendung des großartigen Werkes mit aufrichtiger Freude und wünschen, daß recht Viele den Weg nach Charlottenburg einschlagen mögen, um sich daran vor seiner Absendung nach seinen neuen Bestimmungsorte zu erfreuen. M. Sr.

Plastik als Zimmerschmuck

An die Stelle des figürlichen Rokoko-Porzellans des 18. Jahrhunderts traten im 19. Jahrhundert Kleinplastiken, die in Preußen mit Vorliebe zuerst noch Friedrich II. (mit und ohne Windspiele) darstellten und damit dem Kult des »großen Königs« dienten. Später, vor allem nach den Befreiungskriegen, wurden die Produkte der königlichen Eisengießereien in Berlin und Gleiwitz zum bevorzugten Zimmerschmuck des gehobenen Bürgertums. Am beliebtesten waren verkleinerte Nachbildungen von bekannten Denkmälern des Königs und der Offiziere der Befreiungskriege: Blücher, Scharnhorst, Bülow u. a. Wie den Notizen Franz Kuglers über seinen Besuch bei Rauch und die Statuetten Friedrich Drakes zu entnehmen ist, wurden aber auch in den Ateliers der bekannten Bildhauer, die in dieser Zeit oft schon den Charakter einer mittelgroßen Fabrikationsstätte hatten, Nachbildungen in

Gips und Bronze angefertigt. Die Dürer-Statuette – von Kugler fälschlich Gustav Bläser zugeschrieben, nach Rauchs Tagebuch aber von Rauch selbst und Albert Wolff angefertigt nach dem Nürnberger Denkmal (freundliche Mitteilung von Michael Puls) – zeigt, daß derartige Kleinplastiken ihren Platz auf Kommoden und Podesten in den Wohnungen derer fanden, die auch die Aufstellung der Denkmäler für »Geistesheroen« in der Öffentlichkeit förderten.

Eine Anzeige in der Zeitschrift »Dioskuren« von 1856 belegt, wie stark sich das Interesse an Kleinplastik zur Ausschmükkung der eigenen Wohnung entwickelt hatte. Nachdem schon um 1836 kleinformatige Nachbildungen von beliebten ausländischen Schriftstellern und berühmten zeitgenössischen Schauspielerinnen zum Verkauf angeboten worden waren, reichte nun das Angebot vom »großen Kurfürsten« über »König Friedrich Wilhelm I.« und die »studirende Eule« (vgl. Abb. S. 205) bis zu den »Büsten berühmter Männer« in Elfenbeinmasse. Die Berliner Gießerei Gladenbeck hatte gegen Ende des Jahrhunderts in ihren Verkaufskatalogen ein Angebot von Kleinplastiken, das in die Hunderte ging.

Der abschließende Text, die Beschreibung eines Lampenschirmes, den der Berliner Bildhauer Hermann Heidel, ein Schüler Ludwig Schwanthalers, um 1856 angefertigt hat, dokumentiert exemplarisch die Verwendung von Kleinplastik im Kunstgewerbebereich.

36

Franz Kugler

Kleinstatuen von Rauch und Drake

(1837)

Im Atelier des Herrn Prof. *Rauch*, in welchem der Gypsabguss der nunmehr vollendeten kolossalen Dürer-Statue aufgestellt und seiner Absendung nach Nürnberg (zum Bronzeguss) nahe bereit ist, sahen wir kürzlich den talentvollen Schüler des Meisters, Hrn. *Bläser*, beschäftigt, eine kleine Copie dieses Werkes, welches durch Gegenstand, wie durch Ausführung gleich anziehend ist, anzufertigen; so dass den Verehrern des deutschen Malerfürsten die Hoffnung bleibt, in solcher Weise dereinst einen eben so erfreulichen als würdigen Schmuck ihrer Wohnungen empfangen zu dürfen.

Herr *Drake* (gegenwärtig auf einer Reise in Italien begriffen) hat vor seiner Abreise eine treffliche kleine Portraitstatue, das Bildniss des Herrn Professor *Wach*, hinterlassen. Der Künstler ist in schlichter Stellung, im einfachen Ueberrock, die Palette in der Linken und den Pinsel in der Rechten, das Haupt sinnend vorwärts geneigt, dargestellt und bei jener einfachen Gesammt-Auffassung, welche die Gesetze der Plastik erfordern, von einer individuellen Lebenswahrheit, welche höchst anziehend wirkt. Diese Figur schliesst sich im Grössenmaass und in der Behandlung jenen andern Statuetten Drake's an, welche bereits so mannigfachen Beifall gefunden haben: denen von Schinkel, Rauch, Alexander und Wilhelm von Humboldt, und den auf der letzten Berliner Ausstellung gesehenen Figuren Schiller's und Beethoven's, – letztere in zwiefach verschiedener Weise, einmal mehr in nachdenkender Ruhe, das andremal in mehr begeisterter Bewegung dargestellt.

37

Zeitungsannoncen von plastischem Zimmerschmuck

(1856)

Der große Kurfürst, als Eroberer von Rügen. Verkleinerte Wiederholung der kolossalen Statue auf Rügen, von *H. Stürmer.*[67] (In Kommission der Gebr. Micheli. Berlin.)

König Friedrich Wilhelm I. auf Rügen, auf dem Schlachtfelde bei Stresow, nach der Besiegung Karl's XII. Verkleinerte Wiederholung der kolossalen Statue bei Stresow, von *H. Stürmer.* (In Kommission der Gebr. Micheli in Berlin.)

Diese beiden Statuen, welche in der Größe wie in der Komposition Pendants zu einander bilden, verdienen sowohl wegen ihrer trefflichen Ausführung, wie der der vaterländischen Geschichte angehörenden Motive wegen, besondere Aufmerksamkeit. Sie sind mit dem Sockel circa 4 Fuß hoch, und eignen sich vorzüglich zur Aufstellung auf Granitsäulen als elegante und künstlerisch gediegene Zimmerdekoration. Wir bemerken, daß die ursprünglichen Originale, welche auf Befehl Sr. Majestät des Königs von dem talentvollen Bildhauer *Stürmer* ausgeführt wurden, ebenfalls auf Granitsäulen und zwar von 40′[68] Höhe postirt sind. . . r.

Die studirende Eule, eine symbolisch-humoristische Thiergruppe von *Alex. Schiffelmann* in Berlin. (Im Selbstverlage des Künstlers, Burgstraße 25 im Atelier.)

Wir haben bereits früher auf dies treffliche Werk eines unserer talentvollsten jüngeren Künstler aufmerksam gemacht, welches sich gegenwärtig auch in Bronce-Zinkguß auf der großen Ausstellung befindet. Wir freuen uns, statt jeder weitern Beschreibung unsern Lesern eine treue Abbildung d. »studirenden Eule« geben zu können, woraus sie die eigenthümlich charakteristische Auffassung dieses antiken Minerva-Symbols am besten erkennen werden. Es dürfte sich rücksichtlich des praktischen Zwecks des Werkes kaum eine passendere Dekoration für Studirzimmer, Bibliotheken u.s.f. finden, als die »studirende Eule«; und bemerken wir schließlich, daß der Künstler durch Anwendung eines neuen Vervielfältigungs-Prozesses in den

Stand gesetzt ist, das Exemplar zu einem sehr mäßigen Preise herzustellen. In Gips kostet nämlich die »studirende Eule« (18 Zoll hoch) nur 4 Thlr., in Bronce-Zink 28 Thaler; in echter Bronce 170 Thlr., und in Marmor 230 Thlr. . . r.

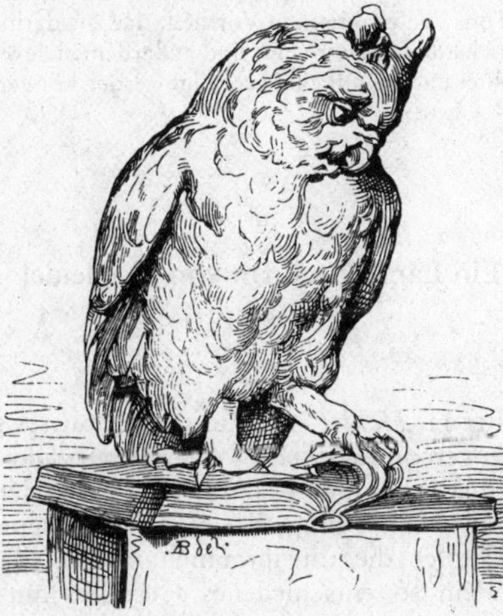

Büsten berühmter Männer, in *Elfenbeinmasse*; durchgehends 1′3″ hoch; darunter namentlich: »Se. Majestät der König« – »II. KK. HH. der Prinz von Preußen und Prinz Friedrich Wilhelm« – »Goethe« – »Schiller« – »Alexander von Humboldt« – »Shakespeare« – »Hayden« – »Beethoven« – »Mozart« – »Felix Mendelssohn-Bartholdy« u.s.f. (Verlag der Gebr. Micheli in Berlin.)

Wir haben vor einiger Zeit Gelegenheit gehabt, die reizenden Thiergruppen nach den Modellen des berühmten französischen Bildhauers *Mène*[69] zu erwähnen, welche das Institut der Gebrüder *Micheli* auf sehr anerkennenswerthe Weise ebenfalls in Elfenbeinmasse auf den Originalen abgeformt hat. Die oben verzeichneten »Büsten berühmter Männer«, ebenfalls von vortrefflicher Ausführung und großer Aehnlichkeit, zeigen, daß sich diese *Elfenbeinmasse*, welche mehr und mehr Eingang beim kunstliebenden Publikum findet, gerade für diese Gattung der Skulptur besonders gut eignet. In der That besitzt die Elfenbeinmasse vor dem Gips bedeutende Vorzüge, denn sie verbindet mit einer großen Weichheit in den Formen und einer großen Wärme des Tons den praktischen Vortheil, daß die darin geformten Gegenstände viel dauerhafter sind, und außerdem abgewaschen und demnach leichter und gründlicher gereinigt werden können. . . r.

38

Ein Lampenschirm von H. Heidel

(1856)

Der Bildhauer H. *Heidel* – beiläufig einer unsrer genialsten Künstler, der gerade deswegen, weil er dem frivolen Tagesgeschwätz zu huldigen unfähig ist, bisher minder viel zu wenig anerkannt wurde – hat einige Kleinigkeiten in seinen Mußestunden geschaffen, die trotz ihrer mehr industriellen Bestimmung doch ein so entschiedenes Gepräge künstlerischer Gediegenheit an sich tragen, daß wir sie nicht unerwähnt lassen dürfen. Es liegt uns ein Lampenschirm vor, den *Heidel* selbst für einige Freunde auf Stein zeichnete und auf Anrathen derselben der Oeffentlichkeit übergeben will. Die Komposition stellt einen Reigen theils schwebender, theils tanzender Figuren in edler griechischer Gewandung dar, welche mit Beziehung auf den Zweck des Gegenstandes sinnige Gedanken ausdrücken, wie sie die phantasiereichere und dem prosaischen Tageslichte der gewöhnlichen Werkelthätigkeit abgekehrte Stimmung des Abends mit sich führt. Dies reizende Gedankenspiel könnte sehr wohl »die Poesie einer Frühlingsnacht« betitelt werden. Die Figuren gruppiren sich von rechts nach links in folgender Ordnung: Vorauf schwebt die *Nacht*, aus deren Alles einhüllendem Schleier *Morpheus* seine süßen Träume in Gestalt von Mohnkörnern auf die ruhende Erde streut. Die *Sorge* flieht, verjagt von der Muse des *Gesanges* und der *Poesie*. An diese schließen sich die *Horen* an, welche den Blick zurückwenden auf die *Psyche*, die den Krug des Lebensbalsams tragt, und selber getragen wird von dem duftspendenden Frühlingshauche, dem leichtbeschwingten *Zephirus*. Ihre Begleiter sind *Amor* und *Phantasus*. – Außer diesem anziehenden und – unsern kunstsinnigen Leserinnen sei dies gesagt – sehr *praktischen* Lampenschirm hat *Heidel* noch einige andere kleine Sachen gefertigt, auf die wir das nächste Mal näher hinweisen wollen; wir erwähnen darunter einen *Pokal*, einen *Becher*, einen *Siegelstempel* in *Bronce* u. dgl. –

Zur Technik: Plastische Kunstwerke in Gußstein und Zink

Neben dem Eisenguß und dem traditionellen Bronzeguß gab es seit 1832 auch das Herstellungsverfahren der Zinkgießerei, zuerst für Bauornamente (z. B. von Schinkel empfohlen), später auch für vollplastische Arbeiten. Vor allem gegen Ende des 19. Jahrhunderts wurde der Zinkguß wohl wegen der Billigkeit des Materials für die Produktion von Kunstgegenständen in großer Stückzahl verwendet. Daß es auch schon frühzeitig kritische Stimmen gegenüber dem Zinkguß gab, wird aus dem Bericht über »Zinkstatuen-Gießerei« aus den »Dioskuren« Nr. 29 von 1863 deutlich (Abschn. 39).

Der zweite Text (Abschn. 40), eine Ausstellungsbesprechung von »plastischen Kunstwerken in Gußstein und Zink« aus dem Jahre 1862, gibt einen guten Überblick über das, was in diesen beiden Techniken um 1860 hergestellt worden ist.

39

Zinkstatuen-Gießerei

(1863)

Das Zink ist ein Metall, das wegen seines außerordentlich billigen Preises, und weil es sich sehr leicht bearbeiten läßt, mehr und mehr auch bei plastischen Arbeiten, namentlich bei Kunstwerken zweiten Ranges, als Material zur Verwendung kommt. Ueber seine Witterungsbeständigkeit liegen ausreichende Erfahrungen noch nicht vor, insofern seine allgemeine Anwendung für Kunstwerke, die im Freien aufgestellt wurden, noch kaum seit 15–20 Jahren datirt. Groß ist die Haltbarkeit ohne schützenden Anstrich gewiß nicht, das lehrt jedes Zinkdach oder jede Dachrinne. Seitdem man jedoch gelernt hat, seiner Oberfläche durch einen galvanoplastisch erzeugten, dünnen Kupferüberzug die täuschende Farbe eines edlen Metalles zu geben, ist Hoffnung vorhanden, daß bei sorgfältiger Ausführung des Zinkkörpers wie der galvanischen Decke eine länger Dauer erziehlt wird.
Das Zink an sich hat mehrere, besonders günstige Eigenschaften: sein Schmelzpunkt ist ziemlich niedrig, geschmolzen ist es sehr dünnflüssig, füllt die Form gut aus, zieht sich beim Erkalten nicht aus der Form zurück und giebt also scharfe Abgüsse. Dabei bedürfen die Formen keiner großen Sorgfalt, man braucht sie nicht zu glühen, man kann förmlich in nassen Sand gießen. In größeren Flächen ausgegossen, hat es jedoch Neigung zu reißen. Weil man aber bei dem geringen Werthe des fertigen Zinkgußstücks auf große, zusammenhängende Massen und somit schwierigere Formen, um den Guß gleichsam in einem Stück zu bekommen, keine größere Mühe verwenden kann, so hat man das Auskunftsmittel getroffen, auch die größeren Figuren in einzelnen sehr kleinen Stücken zu gießen, die, genau an einander passend, mit Zinnloth zusammengesetzt werden. Während also die Sta-

tuenformerei in Bronce das Modell möglichst zusammenläßt, geschieht gerade das Gegentheil bei dem Zinkgußverfahren: das Modell wird gleichsam in Kochstücke zerschnitten, jedes Flächenstückchen in ganz kleinen Kästchen für sich geformt, eins nach dem andern bis zum letzten gegossen, mittelst Löthblei und Kolben die einzelnen Platten an einander geheftet, der Körper allmälig aufgebaut, die Löthfugen vergossen und mit Löthmetall verstrichen, ciselirt, so, daß es nun endlich doch aussieht, als ob der Zinkkörper aus einem Stück wäre. Nachdem so gleichsam das Mosaikgebäude fertig und ciselirt ist, wird es mit schwacher Säure rein abgewaschen, abgebeizt und in ein großes Bassin hinabgelassen, das mit Kupfervitriollösung (Kaliumkupfercyanür) gefüllt ist. Wenn der Zinkpoldraht mit einer Batterie von mehreren Elementen verbunden, andererseits in demselben Bottich der Kupferpoldraht mit großer Messingplatte vorsichtig eingesenkt ist, überzieht sich das Zinkgußwerk in einer Zeit von 6–8 Tagen mit einer dünnen Broncehaut, die, abgescheuert, den täuschenden Eindruck gewährt, als hätte man eine ächte Bronce vor sich.

Die Gußarbeit einer Kolossalstatue in Zink macht den Eindruck, als würde der Körper aus lauter einzelnen steifen Pappstücken von verschiedener Pressung, Kante gegen Kante ängstlich, wie ein Kartenhaus, aufgebaut. Bei Darstellung einer lebensgroßen Zinkbüste geht man unbarmherzig zu Werke. Man schneidet vom Gypsmodell mit einer feinen Drahtsäge Nase, Ohren, Kinn, Haarbüschel ab, die Stirn heraus, überhaupt das Ganze in so kleine Stücke, daß manches kaum 1 Quadratzoll groß ist. Und doch vermag ein geschickter Arbeiter, nach gewissen Marken den Kopf aus allen den einzelnen hiernach gegossenen Zinkstücken wieder so täuschend genau zusammenzulöthen und zu verarbeiten, als ob Alles aus einem Guß wäre. Auch das Gypsmodell setzt er wieder zusammen. Daß eine solche hohle Zinkfigur sehr leicht sein muß und (à Pfund 2–3 Sgr.) nicht viel kosten kann, liegt auf der Hand; die Arbeit ist das Meiste, und geschieht diese mit Sorgfalt, so kann auch in Zink eine mäßig gelungene Kopie eines Kunstwerkes entstehen. – Man ist sogar mit dem Gußverfahren so kühn geworden, daß man Zink in Zinkformen gießt. Eine Hohlform von Zink wird mit Ruß angeblakt, dann heißes flüssiges Zink hineingegossen; dies erstarrt theilweise an den Wänden, den Rest gießt man wieder als noch flüssig aus und erhält so einen dünnen Zinkabguß des Gußmodells. Auf dieselbe Weise macht man verzierte Lampenfüße von Zink. Beim Zerschneiden der großen Gypsmodelle, um sie für den Zinkguß zuzurichten, leisten zuvor gesetzte Marken, welche den Abstand der einzelnen Theile wiederfinden lassen, wesentliche Dienste. –

Daß dem Bildhauer bei dem Zerschneiden seines Kunstwerkes doch mitunter kalt und warm werden kann, ist einzusehen; denn wenn der Arbeiter, der die Statue wieder zusammenzusetzen hat, nicht sorgfältig verfährt, so kann eine Figur, die unten ziemlich genügend paßt, doch oben sehr aus der Lage kommen. Genug, beim Künstler ist Zink nicht eben beliebt; es ist ihm ein verächtliches Material, es bringt ihm keinen Segen, und in Zink ist der Ruhm seiner Werke nicht von allzulanger Dauer.

40

Max Schasler

Ausstellung plastischer Kunstwerke in Gußstein und Zink

(1862)

Die *Ausstellung plastischer Kunstwerke in Gußstein und Zink*, ausgeführt von *Czarnikow* (Verlorner Weg Nr. 8) gewährt in künstlerischer wie in technischer Beziehung ein mannigfaches Interesse. Bekanntlich bietet der Cementguß gegenüber dem gebrannten Thon einen sehr erheblichen Vortheil dar, nämlich daß er beim Verhärten weder schwindet noch in der Form sich überhaupt verändert. Es bliebe also nur die Frage der Dauerhaftigkeit übrig, und diese ist durch vielfache Arbeiten in dieser Masse, namentlich für Riga, seit längerer Zeit genügend und zwar in günstiger Weise beantwortet. Dieser Umstand ist es denn auch, welcher die Bauverwaltung in Riga veranlaßt hat, die größeren plastisch-ornamentalen Stücke des dort neuerbauten Theatergebäudes in Gußstein ausführen zu lassen.

Wir haben die Absicht, über diese interessante Technik später etwas Ausführlicheres zu bringen und durch Illustrationen zu erläutern. Für heute wollen wir nur die bedeutenderen Stücke namhaft machen, welche die Ausstellung des Herrn Czarnikow bilden. – Das Hauptwerk des ganzen ornamentalen Cyklus ist

1. Ein 46 Fuß langes und 8 Fuß hohes Hautrelief, darstellend »Die Poesie in ihrer Einwirkung auf das Leben,« welches für den Frontespice des Giebelfeldes des Rigaer Stadttheaters bestimmt ist. Es ist nach einem Entwurf des Professor *Ludwig Bohnstedt*[70] von *Wittig*[71] in Berlin modellirt und in Gußstein ausgeführt. Obgleich wir es hier eigentlich nicht mit den Kompositionen selbst sondern mit der Qualität und Art ihrer technischen Ausführung zu thun haben, so wollen wir doch eine kurze Beschreibung dieser vortrefflichen Kompositionen geben: »In der Mitte des Feldes tritt als Hauptfigur der göttliche Gründer und Beschützer der Künste, der hohe Apoll, hervor, wie er auf erhabenem Sitze thront und die Saiten seiner Lyra rührt. Die Figur ist der Antike so viel wie möglich angepaßt. Rechts lehnt sich an den Musageten der kleine Liebesgott, den Tönen lauschend und wohlgefällig auf die Gruppe eines Liebespaares zu seinen Füßen niederschauend. Diese Gruppe, in sich abgeschlossen, zeigt deutlich, daß sie vom Hauche der Poesie belebt ist. Die Lampe, der Schild, die Blumen sind symbolische Andeutungen der beiderseitigen Pflichten und Lebensaufgaben sowie ihres Lohnes. Links vom Apoll sinkt der berauschte Silen gleichsam huldigend vor

der höheren Gottheit nieder, zu deren Sitze ihn zwei reizende Knaben gedrängt haben. Es ist damit der Triumph der Poesie über das sinnliche Element angedeutet, während der mit dem Bocke ringende Trinker, weiter links, nur dargestellt zu sein scheint, um das Sinnliche in seiner drastischen Nacktheit, ohne alle göttliche Weihe, zu veranschaulichen. Wie zur Abschwächung des widerlichen Eindrucks erscheint im äußersten Winkel der Delphin, der Freund der Menschen und des Gesanges. – Auf der andern Seite des Feldes lauscht der ernste Charon den Tönen des göttlichen Meisters und bekundet dadurch deren unwiderstehliche Gewalt, die selbst im Reiche des Todes empfunden wird, denn der unerbittliche Fährmann ruht von seiner unheimlichen Arbeit und sein Nachen schaukelt ohne gespenstische Fracht auf den Wogen des düstern Styx. – Zwischen dem Fährmann und den Liebenden, also zwischen dem Ursprunge und dem Ende des Lebens, breitet der Schwan, der schöne Dichtervogel, seine Schwingen aus.« –

Die Komposition hat viel Lebendigkeit, und wenn auch Apoll in seiner sitzenden Stellung (namentlich da er in einer Höhe von 60 Fuß, also in starker Verkürzung, gesehen werden wird) etwas kurz und gleichsam gedrückt erscheint, so macht das Ganze doch einen überaus harmonischen und selbst poetischen Eindruck. Die Ausführung in Gußstein, welche dem Relief einen sandsteinartig-matten Ton gegeben hat, ist vortrefflich und macht dem Verfertiger alle Ehre.

Von anderen Gußsteinarbeiten nennen wir: 2. »Die Masken der Tragödie und Komödie« in Reliefs von 4 Fuß Durchmesser: modellirt vom Professor *Hagen*, ebenfalls vortrefflich komponirt; 3. »Ionisches Kapitäl« der ebenfalls in Gußstein geformten, aber schon versandten Säulen des Portikus des Rigaer Stadttheaters. Die Säulen sind 30 Fuß hoch und wiegen 250 Ctr.; das Kapitäl mißt 5 Fuß im Durchmesser und hat ein Gewicht von 50 Ctr. 4. »Gothische Kanzel für die Kirche zu Straßburg.« – 5. »Löwe« nach *Rauch*. – 6. »Gothisches Badehäuschen.« 15 Fuß hoch. – Endlich verschiedene Vasen,

Springbrunnen, künstliche Felsen, Gartentische, Sitze, Bänke und andere Gartenzierrathe und Utensilien. Architektonische Ornamente jeder Art, polirte Säulen, Treppenstufen etc., Landwirthschaftliche und Wasserbau-Utensilien, wie Viehtränke, Röhrenleitungen etc.

Neben diesen Arbeiten aus Gußstein sind nun auch mehrere, ebenfalls für das Rigaer Theater bestimmte Zinkgüsse ausgestellt, nämlich

»Die Musen der Tragödie und der Komödie,« eine kolossale Gruppe in doppelter natürlicher Größe, bestimmt, das Parapet des 80 Fuß hohen Rigaer Stadttheaters zu krönen. Sie ist nach dem Entwurfe des Prof. *Ludwig Bohnstedt* in Petersburg vom Professor *Hagen* modellirt. Diese Gruppe, so viel Treffliches sie im Einzelnen hat, schien uns doch in Rücksicht auf die allegorische Bedeutung der beiden Figuren nicht sehr charakteristisch oder vielmehr ihre charakteristische Differenz beruht mehr in den Attributen als in ihrer Gesammtbildung, Haltung und Bewegung. Auch schienen die Oberkörper zu massenhaft gegen die unteren Körperhälften, was bei ihrer Aufstellung in der Höhe noch mehr auffallen wird. – Viel bedeutender ist »der Genius der Kunst« von *Wittich*, welcher als Mittelakrotere des Rigaer Stadttheaters den Zweck des Theaters als den Triumph der Kunst andeutet. Es ist ein schön gebildeter Jüngling, der mit dem einen Fuße auf der Kugel, dem Symbol der Erde, ruht, während die ausgebreiteten, etwas kurzen Schwingen ihn zur himmlischen Idealwelt emportragen. Mit der Rechten hält er einen springenden Panther, das Sinnbild der entfesselten Phantasie, gezügelt, um darauf hinzudeuten, daß nur das schöne Maaß, welches die Gebilde der Einbildungskraft regelt, in der Kunst walten darf. Endlich »Zwei Greife« als Seitenakroterien, 7½ Fuß lang; modellirt von *Richter*. M. Sr.

Export deutscher Plastik ins Ausland

Die USA waren das bevorzugte Ziel deutscher Emigranten im 19. Jahrhundert. Nachdem die oft mittellosen Einwanderer es dort zu Einfluß und Reichtum gebracht hatten, wollten sie – ebenso wie Vertreter der anderen Nationen – ihrer nationalen Herkunft ein Denkmal setzen. In New York waren die Aktivitäten der deutschen Emigranten so groß, daß sie immer wieder Schwierigkeiten mit den Behörden bekamen, die auf die Verhältnismäßigkeit des Einflusses der verschiedenen nationalen Gruppierungen zu achten hatten. Die Errichtung der Schiller-Bronzebüste im Central Park, im Herzen von Manhattan, erfolgte schon im Jahre 1862. Als nach der Jahrhundertwende das in Düsseldorf abgeschobene Heine-Denkmal in New York landete, war in Manhattan kein Platz mehr dafür – überall hatten die Deutschen schon ihre Denkmäler aufgestellt. Deshalb mußte es sich als »Loreley-Fountain« in einer kleinen Grünanlage an der Peripherie, in der Bronx, mit einem minderen Platz begnügen.

In einer der ältesten Städte der USA, in Philadelphia, faßte man schon 1810 den Plan, dem ersten Präsidenten der Vereinigten Staaten, George Washington, ein Denkmal zu setzen. Doch erst 1871 hatte man genügend Geld gesammelt und trat schließlich 1877/78 mit Künstlern in Kontakt. Die Entscheidung für den Berliner Bildhauer Rudolf Siemering war wohl durch den starken Anteil von Amerikanern deutscher Abstammung im Komitee und durch die überragende Stellung, die besonders die Berliner Bildhauerei im 19. Jahrhundert in der Welt hatte, zustande gekommen. Der Text von Rudolf Siemering selbst über das von ihm entworfene monumentale Reiterstandbild läßt deutlich auch die politische Bedeutung des Denkmals erkennen: Mit der Ehrung des Wegbereiters der politischen Unabhängigkeit wertete sich zugleich auch das Komitee selbst auf (vgl. Abb. S. 217).

41

Aufstellung des Schiller-Denkmals in New York

(1862)

W. *New-York*, Mitte Juli. *(Aufstellung des Schillerdenkmals.)* Der Schmuck und die Zierde von Manhattan Island, sein grüner, luftiger und duftiger, Wasser- und Straßen-reicher, Baum- und Busch-armer Park, hat neuen Schmuck und Zierde erhalten; in aller Stille wurde an einem stillen schattigen Platze, am Fuße des waldbekränzten Felsenhügels, der zu dem Irrgarten des Rambles hinaufführt, auf granitnem Piedestal die Erz-Büste *Friedrich Schiller's* aufgestellt. Das Monument des deutschen Dichters, eine bleibende Erinnerung an die ungetrübt schönen Tage der Jubelfeier seines hundertjährigen Geburtstages, ist das erste von einer Reihe plastischer Denkmäler, welche den Centralpark späterhin schmücken und die Bilder der politischen, wissenschaftlichen und künstlerischen Größen, welche dieses Land hervorbrachte, in der Erinnerung der Epigonen lebendig erhalten sollen.
Die Büste ist an einem sehr günstigen Platze aufgestellt, an einer stillen traulichen Stätte, mit einem grün bewachsenen Felsen zum Hintergrunde, von dem sich das Denkmal schön abhebt, von duftigen Laubbäumen beschattet, der Sockel von Blumen eingefaßt, – ein heimliches Plätzchen, wie es der Dichter liebte, wenn er sich seinen Phantasien hingab. Die Bronce-Büste, nach einem Modell von *Richter* gefertigt, ist drei und dreiviertel Fuß hoch, das Piedestal aus polirtem Granit ist einschließlich zweier Stufen, auf denen es ruht, acht und dreiviertel Fuß hoch. Das Monument befindet sich unweit der schön geschwungenen eisernen Brücke, welche über die schmalste Stelle des Sees führt, nahe dem Felsendurchgange, der auf die Höhe des Rambles führt. –
Die Errichtung des Denkmals, welche einem aus den Herren *Loewe, Scheitlin, Schütz, Körner, Aufermann, Miller, Tell-*

kampf und *Meyer* bestehenden Comité übertragen war, stieß auf mancherlei Hindernisse, jedoch gelang es endlich, die nöthigen Mittel aufzubringen und von den Park-Komissären die Bewilligung eines geeigneten Platzes zu erhalten.
Das Postament wurde nach dem Entwurfe des Architecten *E. C. Miller* in Stein gehauen; die Aufstellung fand in voriger Woche in aller Stille statt. Die sämmtlichen Unkosten sind ausschließlich von Deutschen bestritten worden.

42

Rudolf Siemering

Über das Washington-Denkmal in Philadelphia

(1879)

An den vier Ecken des Fundamentes befinden sich vier Figuren, die die Hauptströme der Vereinigten Staaten symbolisieren: der Mississippi als Bär und Büffel, der Hudson als Büffel und Hirsch, der Potomac als Kuh und Pferd, der Ohio als Puma und Hirsch. Aus dem Zentrum dieses Fundamentes erhebt sich der Sockel in Form eines Rechtsecks, an dessen Schmalseiten Halbkreise angefügt sind. Über diesem auseinandergezogenen Kreis ist Washington, der Befreier Amerikas, auf ein mächtiges Pferd gestiegen, in seiner linken Hand hält er ruhig die Zügel, in seiner rechten ruht das Feldglas wie ein Marschallstab auf seinem Oberschenkel. Hinten unter dem Schwanz des Pferdes sitzt eine kräftig gebaute, einfach gekleidete Frau auf hügeligem Boden gegen einen Baumstumpf gelehnt. Sie repräsentiert die Kolonie der Zeit, die dem Unabhängigkeitskampf vorausging. Plötzlich – durch die drohende Gefahr erwacht – findet sie ihre Söhne um sich im tiefen Schlummer und weckt sie durch ihren besorgten Schlachtruf. Zu ihrer Rechten reicht ihr ein kniender Jüngling

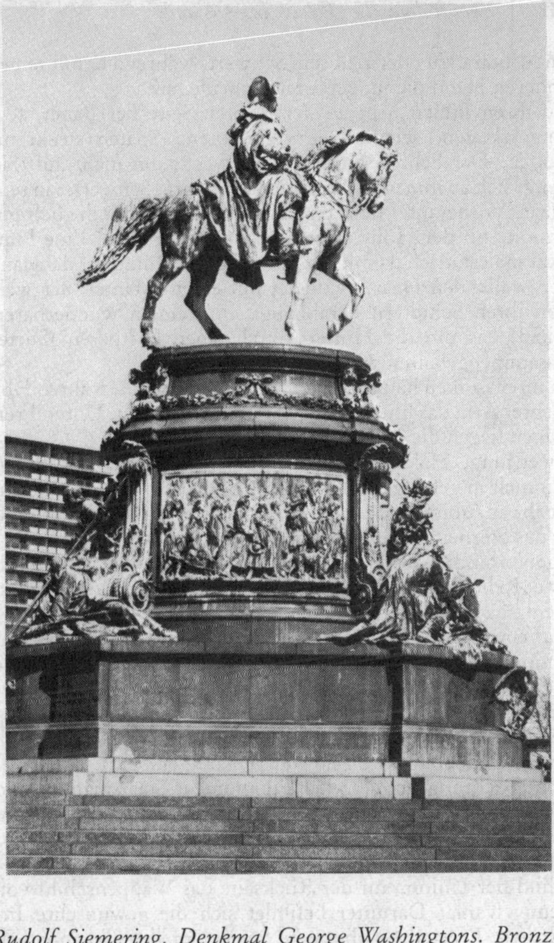

Rudolf Siemering. Denkmal George Washingtons. Bronze. 1881–97. Philadelphia, USA

im Militäranzug der Zeit sein Schwert, während er mit seiner anderen Hand die umgegürtete Scheide faßt.
Zu ihren Füßen liegt an der rechten Seite der Bauer, fest eingeschlafen, sein aufwärts gerichteter Spaten steckt im Boden. Der Schrei seiner Mutter weckt ihn nicht auf. Sie beugt sich zu ihm und drückt den Griff ihres Schwertes in sein Haar. Vorne unter dem Kopf des Pferdes thront die befreite Union, auf der Höhe ihrer Macht angekommen. Eine Frau sitzt majestätisch da mit der phrygischen Mütze auf dem langen wallenden Haar, gekleidet mit einem Mantel, der weit von ihren Schultern herabhängt, und einem wunderbaren Kleid, das um die Hüften durch einen kostbaren Gürtel zusammengehalten wird.
In ihrer Linken hält sie befehlend den Dreizack, während ihr rechter Arm das überquellende Füllhorn umfaßt. Unter ihren Füßen liegen die zerbrochenen Ketten.
Zwei junge Helden knien an ihrer Seite. Einer von ihnen sammelt in gebeugter Stellung die eroberten Fahnen auf, um sie ihr anzubieten, der andere reicht ihr den Kranz, während er das Sternenbanner an seine Brust drückt.
Die Verbindung zwischen diesen beiden Gruppen wird durch zwei Reliefs an den Längsseiten des Sockels gebildet, der ein wenig nach außen schwingt.
Auf einer Seite ist der gleichmäßig vorwärts eilende Zug der Unionsarmee, überragt durch Flaggen und sich bewegende Gestalten von Kavallerieführern und Generälen. Darunter trägt der Sockel die Inschrift, durch einen Ahornzweig geteilt: »Sic semper tyrannis. Per aspera ad astra«.[72]
Auf der anderen Seite geht mit gemäßigten Schritten in dieselbe Richtung der Zug der Emigranten, Staatsmänner und Waisen, mit der Inschrift darunter: »Westwards the Star of Empire / Takes its way«.[73]
Auf der Vorderseite des Sockels trägt der Adler das Wappenschild der Union, auf der Rückseite das Wappenschild von Pennsylvania. Darunter befindet sich die gewünschte Inschrift: »Erected by the State Society of the Cincinnati of Pennsylvania«.[74]

Denkmäler für Kaiser Wilhelm I. und die Denkmalsidee am Ende des Jahrhunderts

Wenn der Hauptvertreter einer neuen Stilrichtung in der Plastik, die den vorherrschenden Neubarock ablöste, Adolf von Hildebrand, sich zu einem Thema äußert, das beinahe als Signum für den Neubarock gelten kann, die Kaiser-Wilhelm-Denkmäler nämlich, dann überrascht das und macht zugleich besonders neugierig. Für eine Zeit, in der Hunderte von gleichartigen Denkmälern überall im Deutschen Reich errichtet wurden, ist die Stellungnahme dieses den Übergang ins 20. Jahrhundert markierenden Bildhauers von großer Bedeutung. Über den Anlaß (Berliner Wettbewerb von 1889, vgl. Abb. S. 225) hinaus ist aber Hildebrands Text als grundsätzliche Erläuterung seiner Position bedeutend. Von hier aus, am Ende des Jahrhunderts, werden noch einmal auf alte Fragen neue Antworten gegeben; für die deutschen Bildhauer der folgenden Generation sind sie maßgeblich geworden. Die Diskussion der »Kostümfrage« (s. Abschn. 6–8) und der Angemessenheit von Reiterstandbildern erweitert Hildebrand zu einer kunsttheoretischen Erörterung, die in der für die damalige Zeit radikalen Frage gipfelte: »Muß es nun nicht der Kunst überlassen bleiben, ihre Aufgaben auf ihre Weise zu lösen?« Klarheit, Linearität und architektonische Logik werden zu den entscheidenden Kriterien, nach denen sich die Wahl der Form für die gewählte Aufgabe richten soll. Wie es ihm gelingt, die Interpretation der Person des Kaisers durch ein Denkmal mit den ihm wichtigen künstlerischen Bedingungen der Formreinheit und Qualität zu verbinden, bezeichnet den Rang des als Künstler wie als Theoretiker bedeutenden Hildebrand, der überdies an einem Entwurfsmodell seine Vorstellung eines Kaiser-Wilhelm-Denkmals für

Berlin konkretisiert hat – dem Thema angemessen scheint ihm, dem Bildhauer, doch eher ein architektonisches Monument.

43
Adolf von Hildebrand
Zur Frage der Kaiser Wilhelm-Denkmale
(1889)

Die zahlreichen Kaiser-Denkmale, welche man gegenwärtig zu Ehren des Wiederherstellers des Deutschen Reiches zu errichten im Begriffe ist, haben zu Erörterungen Anlaß gegeben, welche eine große Bedeutung sowohl in praktisch-künstlerischer als ästhetisch-theoretischer Hinsicht haben.
Es ist als von oberster ausschlaggebender Wichtigkeit betont worden, daß ein Kaiser-Denkmal schlechterdings in einem Reiterstandbild bestehen müsse, welches den verewigten Kriegsherrn in seinem Waffenrock, so wie ihn die Mitlebenden an der Spitze seines Heeres erblickt haben, darstelle.
Dieser Auffassung liegt vor allem das Bedürfniß nach einem getreuen Portrait zu Grunde – ein sicherlich durchaus berechtigtes Bedürfniß, wenn anders man sich dadurch nicht zu der sehr unberechtigten Annahme verführen läßt, es sei die volle Wahrheit und Portraitähnlichkeit nur mittelst oder doch zugleich mit einer durchaus genauen Copie aller jener Einzelheiten zu erreichen, welche das äußere Costüm ausmachten, worin der Verewigte seinen Zeitgenossen entgegentrat. Dieser Annahme liegt die naive Voraussetzung zu Grunde, daß die Kunst nur eben ein anderes Material als die Natur sei, in welches man bloß direct Alles zu übertragen brauche und zu übertragen vermöge, um denselben Eindruck wie in der Natur hervorzurufen.

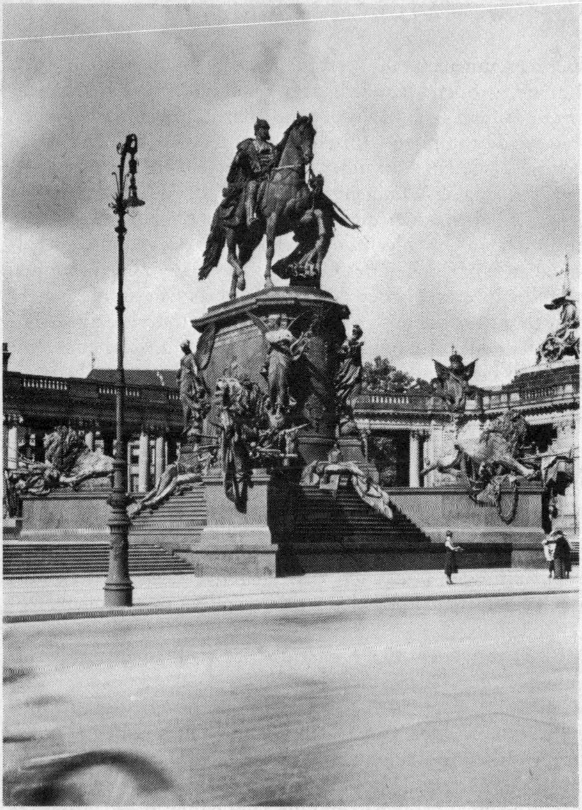

Reinhold Begas. Denkmal Kaiser Wilhelms I. Bronze. 1892–97. Ehem. Berlin, Schloßfreiheit

Wenn es nun auch sehr verständlich ist, daß die Mitlebenden, die einen großen Mann leibhaftig gekannt und gesehen haben, ihn in seinem Abbild bis auf die kleinsten Aeußerlichkeiten treu wiederzufinden wünschen, so fragt es sich doch: ob ein Portrait, wie ein Monument es darbietet, vor allem für die verhältnismäßig Wenigen bestimmt ist, die den Betreffenden gekannt haben, oder nicht vielmehr für die lange Reihe der kommenden Geschlechter, und ferner ob das genaue Festhalten aller Einzelheiten des Costüms für spätere Generationen dasselbe Interesse haben dürfte, und ob es sich für diese nicht eher darum handeln wird, das Wesen der Individualität, das, was über alle Zufälligkeiten des Zeitcostüms erhaben, ihr wirklich eigenthümlich war, in der künstlerischen Darstellung überliefert zu bekommen. Hiemit aber steht die weitere Frage in engem Zusammenhang: ob die zu gebieterische Forderung, welche auf der Festhaltung aller Einzelheiten des Costüms besteht, den Künstler nicht bei der Lösung der wichtigeren Aufgabe behindern könne, seiner Portraitdarstellung diejenige Wirkung zu verleihen, welche nicht nur dem Genauigkeitsbedürfniß der Mitlebenden Befriedigung verschafft, sondern auch den späteren Geschlechtern die eigentliche Bedeutung des großen Todten überzeugend vor Augen stellt?

Muß es nun nicht der Kunst überlassen bleiben, ihre Aufgaben auf ihre Weise zu lösen?

Zumal aber der Plastik wird man diese Freiheit nicht ohne schweren Schaden vorenthalten. In der plastischen Darstellung wirken Zufälligkeiten, wie sie das Costüm bedingt, ungleich stärker als im Leben; denn die Plastik, indem sie Alles in reine Form übersetzt, verleiht dadurch der geringsten Einzelheit einen Werth, der weit hinausgeht über den Werth, welchen sie in Wirklichkeit besitzt. Der Unterschied, welcher in der Wirklichkeit waltet zwischen dem lebenden Individuum, dem Menschen von Fleisch und Bein, und seiner Bekleidung, wird in der Plastik dadurch, daß die stoffliche Verschiedenheit aufhört, gar sehr vermindert, das Kleid, die

bloße Hülle wird durch die Gleichartigkeit des Materials im Rang erhöht, ja, es entsteht geradezu eine Art Gleichwerthigkeit mit dem lebenden Körper, mit der menschlichen Person. Dieser durch die Natur der Sache gegebene Mißstand muß vom Künstler bekämpft werden, und man darf ihm den Kampf nicht noch erschweren, indem man ihm durch die Förderung des peinlich getreuen Festhaltens am Costüm die Hände bindet. Ihm muß die Bekleidung gerade die Mittel liefern, die Wirkung des Menschen als lebendigen Individuums noch zu steigern, nicht aber sie abzuschwächen. Diese Mittel müssen ihm verstattet sein, auch wenn sie im Costüm nicht gegeben sind. Die Plastik ist ja nicht wie die Malerei im Stande, sowohl durch die Farbe als durch die Umgebung das lebendige Fleisch unter allen Umständen zur Wirkung bringen zu können, bei ihr ist eben das Costüm die Umgebung, und es fragt sich, ob dieses Costüm derart ist, daß es die Mittel an die Hand gibt, die Wirkung des Kopfes und der Gestalt als lebendiges Ganzes zu heben.
Die Costüme verschiedener Zeiten qualificiren sich sehr verschieden zu dieser Benutzung. Das heutige besonders wenig, es stellt dem Künstler die größten Hindernisse entgegen. Aus solchen Gründen hat z. B. Schlüter[75] seinen großen Kurfürsten in freiem Costüm gestaltet, und wohl Keiner würde wünschen, denselben im getreuen Zeitcostüm zu sehen. So erkennen wir denn, daß die endliche, starke, lebendige Wirkung, wie sie von der Erscheinung des Individuums ausgeht – und auf diese kommt es doch an – in der Natur und in der Kunst nicht immer durch dieselben Mittel zu Stande kommt, und daß der Rahmen, in dem das Leben gefaßt ist – als solchen müssen wir das Costüm ansehen – je nachdem in der Kunst Veränderungen und Abweichungen erleiden muß. Gerade dem wahren Eindruck zu liebe muß die Kunst auf viele Zufälligkeiten der äußerlichen Zuthaten des Lebens Verzicht leisten. Es enthält der Anspruch auf absolut gewissenhafte Treue eines Costüms, worin uns der Mensch im Leben entgegentrat, also nicht nur das gerechtfertigte Streben nach einem

überzeugenden lebendigen Portrait, sondern es ist oft ein Eingriff in die künstlerische Gestaltung, eine Vorschrift der anzuwendenden Mittel, bei der das Kunstwerk als solches überhaupt unmöglich werden kann. Darum muß es dem Künstler überlassen bleiben, über die Mittel selbst zu entscheiden. Ueber die erreichte Wirkung mag alsdann der Beschauer richten. Gerade im vorliegenden Falle erscheint es uns übrigens recht naheliegend, dem künstlerisch so dankbaren Kaiserornat den Vorzug vor der Uniform zu geben.

Zu der strengen Genauigkeit des Costüms, welche eine vielerhobene Forderung ist, scheint es nun auch zu gehören, daß ein Kaiserdenkmal schlechterdings ein Reiterstandbild soll sein müssen. Nun ist ja zuzugeben, daß ein Reiterstandbild wohl geeignet ist, einen Wilhelm I. in seiner Eigenschaft als Kriegsherrn und Kriegshelden, als ersten Soldaten des deutschen Heeres und siegreichen Generalissimus zu verherrlichen. Aber auf der anderen Seite ist doch der Wiederhersteller des deutschen nationalen Staates nicht bloß Reorganisator der Armee und militärischer Triumphator gewesen. Wir alle erkennen vielmehr dankbar und bewundernd an, daß er, so groß als Krieger und Sieger, doch nicht minder groß als friedliebender, den Frieden pflegender Herrscher gewesen ist, und daß wir seinen Entschließungen im Rath ebenso viel schuldig sind als seinen Heldenthaten auf dem Schlachtfelde. Dieser doppelten historischen Bedeutung Wilhelms I. wird ein bloßes Reiterstandbild nimmermehr gerecht.

Nun werden Manche sagen, daß, um der Bedeutung des erhabenen Kriegs- und Friedensfürsten vollen Ausdruck zu geben, man ja zu der Reiterstatue, die den Krieger verherrlicht, auf dem die Statue tragenden Postament weitere Darstellungen fügen könne, welche auch seine friedliche Regententhätigkeit zur Anschauung brächten.

Die Variationen, welche die Künstler behufs der plastischen Ausstattung der Postamente gefunden haben, sind bekannt. Einmal sind Figuren an den vier Ecken, einmal an den Seitenwänden angebracht, einmal stehend, einmal sitzend. Bei grö-

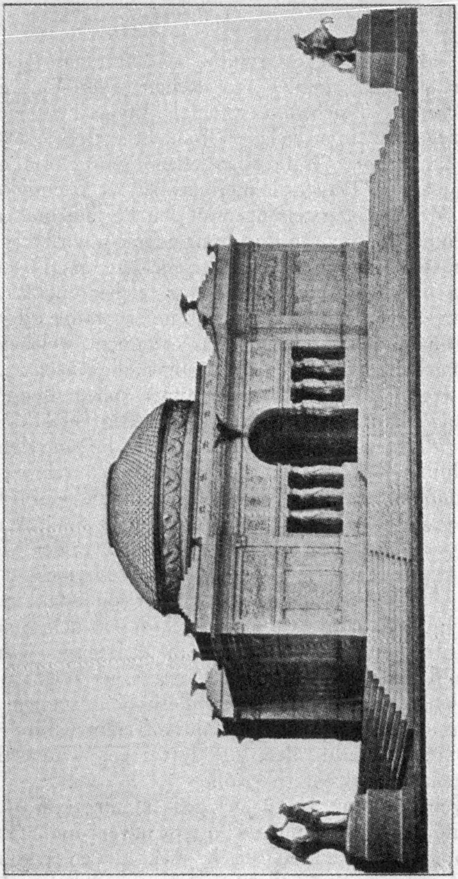

Adolf von Hildebrand. Entwurf zu einem Denkmal Kaiser Wilhelms I. in Berlin. 1889

ßerer Bedeutung des Vorwurfs bekommt das Postament mehrere Etagen, immer mit Reliefs oder Figuren geschmückt, so daß sich aus der Zahl der Etagen die Bedeutung des Verewigten ermessen läßt. Ob solche stark belebte Postamente ein Vortheil für die obenstehende Statue sind, ist freilich eine andere Frage, die meistens bei der Wichtigkeit des Sinnes, den die Darstellungen an den Postamenten auszudrücken haben, nicht in Rechnung gebracht wird.

Wir müssen hier zweierlei unterscheiden: das Postament, welches durch figürlichen Schmuck reicher und kostbarer wirken soll, wobei das Figürliche eine decorative oder ornamentale Rolle spielt, oder aber das Postament, welches Gelegenheit geben soll, Figuren anzubringen, die an sich und ihrer selbst wegen zur Darstellung kommen sollen. Beim ersten bildet das Figürliche einen untergeordneten Theil des Postaments, macht also auf eine Bedeutung, die eine detaillirte Betrachtung verlangt, keinen Anspruch; dadurch wirkt das Reiterbild als das einzig Wichtige, worauf die Aufmerksamkeit gezogen wird. Wie weit der Reichthum des Postaments gehen darf, hängt ganz davon ab, wie weit es der Künstler versteht, der Hauptfigur die unbedingte Herrschaft in der Wirkung zu wahren und den Blick nicht von ihr abzuziehen. Wo sich das Postament rein architektonisch dem Standbild unterordnet, ist die Wirkung stets die klarste, wie es uns die antiken Reiterbilder und die der Renaissance zeigen.

Das reichste und dabei doch künstlerische Postament dieser Gattung ist das des schon erwähnten Denkmals des großen Kurfürsten in Berlin; denn die dort angebrachten Sklaven spielen eine rein decorative Rolle.

Die zweite Gattung, wo für sich gedachte Figuren, vor allem Portraitdarstellungen, um das Postament versammelt sind, ist eine moderne Erfindung, welche nicht aus einer künstlerischen Anschauung, sondern aus einem gedanklichen Bedürfniß entstanden ist. Hier ist die künstlerische Beziehung der Figuren zum Postament eine ganz äußerliche, weil, so zu sagen, kein anderer Platz vorhanden ist. Ihre decorative

Anordnung am Postament wirkt ihrer eigenen Bedeutung zuwider; nicht als eins mit dem Postament, sondern als ein Drittes, das sich als Anhalt das Postament ausgesucht hat, stehen sie da. Es verträgt sich eben nicht, Figuren, die an sich Standbilder sind, in decorativer ornamentaler Rolle zu verwenden, sie sträuben sich dagegen und wollen als Persönlichkeiten wirken. Damit sind sie aber von einer künstlerischen Theilnahme am Postament ausgeschlossen. Auch bei einem nach so vielen Seiten vortrefflichen Monument wie das Friedrichs des Großen in Berlin[76] läßt sich nicht läugnen, daß die Wirkung der Statue des Königs durch die Sockelanlage beeinträchtigt wird. Es ist ein Mißgriff, das Postament als Versammlungsort von weiteren Standbildern zu betrachten, und wenn Reliefdarstellungen und decorativ-figürlicher Schmuck am Postament nicht genügen, so ist das ein Zeichen, daß der geforderten weitergehenden Bedeutung des Denkmals durch ein Reiterstandbild nicht genügt werden kann, und daß es einer allgemeinen Monumentalanlage bedarf.
An der Steigerung der Bedeutung der Statue durch den Sockel mühen sich seit Jahrzehnten die Künstler ab, einmal so, einmal anders, aber im Grunde ist das Endergebniß immer derselbe Fehlgriff. Es liegt dieß einfach an der falschen Fragestellung. Richtigerweise muß man entweder die Statue wählen – stehend oder zu Pferd – in ihrer Schlichtheit und Concentration, oder aber man muß zu einer größeren Anlage des Ganzen schreiten, wobei der Architektur eine größere Rolle zufallen wird, als die, ein bloß stützendes Postament aufzurichten.
Was nun noch speciell unsern Fall angeht, so wird die ganze historische Bedeutung Kaiser Wilhelms als eines großen Mannes, in welchem der bürgerliche Regent ebenso trefflich und bewundernswerth erscheint wie der militärische Held, schwerlich dadurch zu richtiger Darstellung gebracht, daß man die beiden Seiten seines Wesens trennt und die eine in der Statue oben verkörpert, die andere nur nebensächlich am Postament anbringt.

Es scheint deßhalb gerechtfertigt, zwei Möglichkeiten der Verherrlichung des Neugründers des Deutschen Reiches festzuhalten. An Orten, wo es gilt, zumal den großen Militär und Feldherrn zu feiern, thue man dieß durch eine einfache Reiterstatue. Wo man aber die allgemeine historische Bedeutung des Mannes, in welchem die soldatischen Qualitäten zwar viel, aber nicht alles waren, zum Ausdruck bringen will, da empfiehlt sich ein über das bloße Reiterstandbild hinausgehendes Monument. Es wird eine Frage der Opportunität und natürlich auch der Mittel sein, ob man sich im einzelnen Falle für die eine oder die andere Auffassung und Darstellungsweise entscheiden will. Durch die Natur der Aufgabe sind beide Lösungen gerechtfertigt.

Bismarck-Denkmäler

Der Bedeutung nach und auch rein quantitativ traten neben die Kaiser-Wilhelm-Denkmäler seit 1890 die Monumente für den »eisernen Kanzler« Bismarck. Ein Konversationslexikon von 1906 nennt als Gesamtzahl »aller bekannten Standbilder, Gedenksteine, Obelisken, Säulen, Türme etc.« für den 1898 gestorbenen Kanzler die beträchtliche Summe von 309. Bismarck wurde in dieser Zeit zur Identifikationsfigur des Besitzbürgertums, das in ihm den Garant wirtschaftlichen Aufschwungs und den Festiger eines auch militärisch erstarkenden Deutschlands sah. Den Höhepunkt in der Entwicklung aller Bismarckdenkmäler bildete nach Begas' 1901 vollendetem Berliner Denkmal vor dem Reichstag (vgl. Abb. S. 231), dem riesigen Bismarck-Roland-Standbild von Hugo Lederer und Emil Schaudt (1906) am Hamburger Hafen und Adolf von Hildebrands Reiterstandbild (1910) vor dem Bremer Dom die Planung des Bismarck-Nationaldenkmals bei

Bingen am Rhein für das Jahr 1915. Durch den Ausgang des Krieges unterblieb die Ausführung jedoch.
Die beiden zeitgenössischen Berichte von den Einweihungsfeiern 1895 im oberschlesischen Industrieort Bismarckhütte und 1901 in Berlin zeigen unmißverständlich, daß eine von der Industrie und dem Bürgertum betriebene Denkmalserrichtung beinahe automatisch zu einer Ehrung des »großen Kaisers« führen mußte. Das Berliner Denkmal wurde 1938/39 ohne die zugehörigen Wasserbassins und mit verkleinerten Sockeln an den jetzigen Standort bei der Siegessäule im Tiergarten versetzt.

44

Enthüllung des Kaiser-Wilhelm- und des Bismarck-Denkmals in Bismarckhütte

(1895)

Ein Doppelfest war es, welches am 2. September 1895 die Bismarckhütte feierte. War doch mit der Erinnerungsfeier für die 25. Wiederkehr der ruhmreichen Tage des grossen Krieges von 1870/71 die Enthüllung der Denkmäler für den Heldenkaiser Wilhelm I. und seinen ersten und einzigen Kanzler, den Fürsten Bismarck, verbunden. Erst einige Wochen vorher waren die Grundsteine gelegt worden, und feierlich wie das Werk begonnen, ging dann auch die Enthüllung vor sich. Was aber damals einem verhältnismässig kleineren Kreise zugänglich war, weil die Feier der Grundsteinlegung auf einen Wochentag fiel, das wurde bei der Einweihung zu einem Fest grössten Styles, sowohl in Bezug auf die Teilnehmerzahl, welche sich auf Tausende belief, als auch bezüglich der Veranstaltungen, die neben dem hohen patriotischen Sinn, der in und um Bismarckhütte herrscht und dort gehegt und gepflegt wird, edle Begeisterung, Opferfreudigkeit, soziale Eintracht und Zufriedenheit verrieten. Gegen Mittag versammelten sich die Beamten und Arbeiter der Bismarckhütte nebst einigen geladenen Gästen vor dem festlich geschmückten Directionsgebäude; rechts und links von dem Haupteingange waren, umgeben von Tannengrün und Flaggenmasten, die Hüllen sichtbar, welche die beiden Denkmäler bargen. Der Bismarckhütter Männer- und der Arbeiter-Gesangverein, welche nebst den Veteranen mit ihren Fahnen neben den Denkmälern Aufstellung genommen hatten, leiteten die Feier durch Gesang ein und Director *Kollmann* hielt eine von feuriger Begeisterung getragene Ansprache, die wiederholt durch stürmische Zustimmungskundgebungen unterbrochen wurde.

Die beiden Denkmäler sind büstenförmig in 2½facher Lebensgrösse aufgestellt und ruhen auf grossen granitenen Sockeln, die schön poliert, Datum und Inschriften zeigen. Auf dem Denkmal des Fürsten Bismarck lautet die Inschrift: »Wir Deutschen fürchten Gott, aber sonst nichts in der Welt.« An Kaiser Wilhelm II., den Fürsten Bismarck, den Kgl. Oberpräsidenten zu Breslau und Kgl. Regierungspräsidenten zu Oppeln wurden Telegramme abgeschickt, deren Text Director Kollmann zur Vorlesung brachte. Die Versammelten gaben durch wiederholte, begeisterte Zurufe zu erkennen, dass sie mit der Fassung der Depeschen einverstanden waren. Auf den Landrat *Dr. Lenz*, welcher das Fest mit seiner Gegenwart beehrte, wurden lebhafte Hochrufe ausgebracht. Hierauf hielt Director Kollmann noch eine kurze Ansprache an die 27 Veteranen der Hütte, einem jeden derselben ein Sparkassenbuch mit 100 Mk. überreichend. Die Freude der alten Krieger über diese hochherzige Schenkung war eine rührende. Die Witwen von verstorbenen Veteranen empfingen dasselbe Geschenk, die übrigen Witwen und Waisen doppelte Monatspensionen ausgezahlt. Director Kollmann erinnerte noch daran, dass am 2. September vor 22 Jahren die Schmiede der Bismarckhütte eröffnet und die ersten

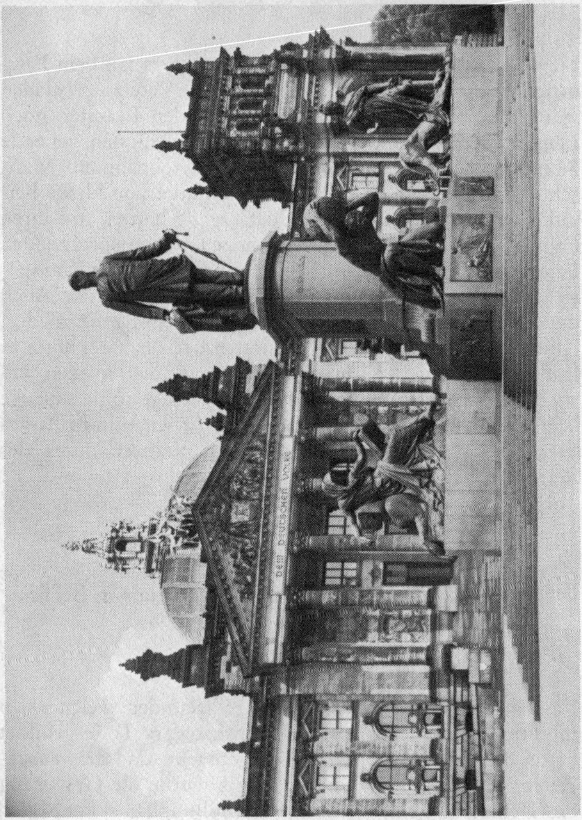

Reinhold Begas. Denkmal Otto von Bismarcks. 1897–1901.
Berlin, ehem. Königsplatz vor dem Reichstag,
heute Tiergarten

Luppen[77] geschmiedet wurden. Nachmittags fand ein Festmahl im Hüttengasthause statt, zu dem die Veteranen geladen waren und ausser den Directoren und den Beamten noch Landrat Dr. Lenz und der als Gast in Oberschlesien weilende Kommerzienrat *Haarmann-Osnabrück* teilnahmen. Während des Mahles erschienen die Schulkinder von Niederheiduk, welche an diesem Tage Spaziergang hatten, mit ihren Fahnen und legten prachtvolle Kränze unter entsprechenden Feierlichkeiten nieder. Die Schule von Oberheiduk kam später und brachte gleichfalls eine ähnliche Huldigung dar. Auch der Kriegerverein Oberheiduk legte einen Kranz nieder. Abends war ein Teil der Werkstätten der Bismarckhütte in festlich geschmückte Tanzböden umgewandelt worden und anstatt der sonst gewohnten Hammerschläge tönten lustige Weisen aus diesen Räumen ernstester Arbeit. Ein brillantes Feuerwerk trug noch wesentlich zur Verherrlichung des Festes bei.

45

Die Enthüllung des Bismarck-Denkmals in Berlin

(1914)

Rasch hatte das Komitee von Bismarckfreunden, welches sich unmittelbar nach des ersten Reichskanzlers Tode gebildet hatte, die notwendige Summe aufgebracht, und dem ausgezeichneten Künstler Reinhold Begas wurde die Gestaltung des Denkmals übertragen. Die Enthüllung [...] fand [...] erst am 16. Juni 1901, dem Tage der Siegesfeier von 1871, statt. Die Feier wurde in einfachen, würdigen Formen gehalten, ganz im Sinne Bismarcks, der allen prunkvollen und leeren Aeußerlichkeiten stets abhold war. Aber eine leere war die Feier doch nicht, das bezeugte die hohe stille Andacht der auf dem großen Königsplatze in Berlin versammelten

hunderttausend Menschen, welche der Enthüllung in Gegenwart des Kaisers und der Kaiserin entgegenharrten, und inhaltsschwer war die Antwort des Grafen von Bülow[78] auf die Rede von Exzellenz von Levetzow,[79] dem Vorsitzenden des Denkmal-Komitees, der dem Reichskanzler das Denkmal übergab. [. . .]
Langsam sank die Hülle von dem Denkmal, und es war ein gewaltiger, ergreifender Augenblick, als nun plötzlich in den Wasserbassins die Fontainen aufsprühten, als die Musikkapellen zu spielen begannen, und als Tausende von Schulkindern und alle Anwesenden die Nationalhymne anstimmten, in welche die Zehntausende draußen begeistert einfielen. Als erster von allen legte *Kaiser Wilhelm II.* seinen Kranz an dem Denkmal nieder. Der Kranz trug die Inschrift: *»Des großen Kaisers großem Diener.«*

Das Völkerschlachtdenkmal bei Leipzig

Nachdem schon 1814 der Gedanke eines kolossalen Denkmals zur Erinnerung an die Völkerschlacht bei Leipzig, die die Wende im Befreiungskampf gegen Napoleon eingeleitet hatte, von vielen Patrioten, darunter Ernst Moritz Arndt, ausgesprochen, das Denkmal später oftmals projektiert und 1863 bereits ein Grundstein dazu gelegt worden war, bedeutete die Einweihung des riesigen Monuments 1913 die Vollendung eines Jahrhundertwerks. Erst nach der Gründung des »Deutschen Patriotenbundes zur Errichtung eines Völkerschlacht-National-Denkmals bei Leipzig« im Jahre 1894 hatte die Planung konkret in Angriff genommen werden können. Nach der Ausschreibung eines Ideenwettbewerbs 1895 einigte man sich auf einen Entwurf von Bruno Schmitz (vgl. Abb. S. 237 und 243), der schon für mehrere Kaiser-Wilhelm- und andere Denkmäler die künstlerische Form entwickelt hatte, und legte 1898 den Grundstein. Die Bildhauerarbeiten wurden von dem Berliner Franz Metzner (1870–1919) seit 1906 ausgeführt. In der »Weiheschrift des Deutschen Patriotenbundes« von 1913, die zur Einweihung von Alfred Spitzner herausgegeben wurde, kam neben der ausführlichen Dokumentation zur Sammlung der Baumittel und zur Errichtung des Bauwerks auch die zeitbezogene propagandistische Wirkung, die das Denkmal haben sollte, zum Ausdruck. Bei dieser großen Aufgabe sollten alle Streitigkeiten, Klassengegensätze und sozialen Konflikte schweigen, ja sie sollten letztlich durch die Identifizierung mit der »großen Sache« ausgeräumt werden. Dieser Versöhnungs- oder, wenn man es sozialkritisch deuten will, Verschleierungstendenz entspricht die ausführliche Schilderung der Freude, mit der Mitglieder aus allen Schichten, hohe Beamte, Kaufleute, Handwerker und Industriearbeiter, für die »große Sache« gespendet hatten. Auf diese Weise sollte der »Volksgeist von 1813« wiederbelebt werden. (Ähnlich wurde mit dem »Eisernen Kreuz«, das in den Befreiungskriegen gestiftet worden war, während der Kriege 1870/71, 1914–18 und 1939–45 bewußt an 1813/14 und vor allem an die angebliche Opferbereitschaft jener Zeit erinnert.) Vielleicht stand dieses Denkmal mit seinem gewalttätigen Monumentalstil nicht ganz zufällig am Anfang eines neuen Krieges zwischen Frankreich und Deutschland.

46

Ergebnis des Spendenaufrufs des Deutschen Patriotenbundes (D. P.-B.)

(1913)

So kann man in der Tat nicht sagen, das Völkerschlachtdenkmal entbehre der Teilnahme und Mithilfe von *Zeitgenossen.* Im Gegenteil, es wird immer ein wertvolles Blatt in der bewegten Geschichte dieses Wahrzeichens deutscher Zähigkeit sein, daß mit ihm noch *würdige* Gefährten des herrlichen Heldentums der deutschen Erhebung *persönlich* verknüpft sind.
Demgegenüber muß wohl mancher der überweisen Neuzeitler, der in kühler Zurückhaltung verharrte, mit einem gewissen Gefühle der Beschämung hinter diejenigen zurücktreten, die mit *unmittelbarer* Hingabe dem Rufe des D. P. B. folgten und dem herzlichen Gedenken des *Zeitgenossen* den ebenso herzlichen *Dank* der *Nachwelt* hinzufügten.
Glücklicherweise mehrte sich deren Zahl so, daß das vorgenommene Werk ohne Aufhalten von Stufe zu Stufe wachsen und alle hemmenden Stimmen kleinlicher Krittelei zum Schweigen bringen konnte.

Eine Freude war es, zu sehen, wie Hand um Hand sich regte und eine Freudigkeit im Mittun sich ausbreitete, die nicht selten an den Volksgeist von 1813 erinnerte. Große Städte, ihre Oberbürgermeister und Bürgermeister an der Spitze, und kleine und kleinste Dörfer, reiche Standes- und Kaufherren, Beamte und schlichte Arbeiter, Gelehrte und Ungelehrte, Greise und begeisterte Kinder: alle sind mit Gaben gleicher Opferwilligkeit erschienen. Die langen, allmählich wachsenden Sammellisten des Bundes geben dafür ein schönes Zeugnis. Jeder Pfennig war aber auch willkommen.

Die Sammelliste eines Lothringer Kreises sah z. B. so aus: Bürgermeister A. P. 60 Pf.; P. S., Bauaufseher, 80 Pf.; P. W., Restaurateur, 50 Pf.; A. S. Fabrikarbeiterin, 10 Pf.; R. S., Fabrikarbeiter, 30 Pf.; T. D., Eisenbahnarbeiter, 20 Pf.; A. K., Lehrer, 50 Pf.; T. M., Arbeiter, 10 Pf.; N. K., Fabrikarbeiter, 15 Pf. usf. Zusammen 12 Mk. 30 Pf.
Die Liste einer Industriestadt zeigte folgendes Bild: G. G., Fabrikbesitzer, 2000 Mk.; Dr. N., Rechtsanwalt, 50 Mk.; Geburtstag des kleinen M. 50 Mk.; W. 50 Mk.; P. R., Architekt, 20 Mk.; Dr. M. 13,20 Mk.; Familiensammlung J. 24 Mk. usf. Zusammen 2340,50 Mk.

47

Daten zum Denkmalsbau

(1913)

I. Die Sammlung der Baumittel

Die früheren Sammlungen betrugen bis zum Jahre 1894 20 500 Mk. Dazu kamen noch 3000 Mk. aus neuerer Zeit. Mit diesen Kapitalien konnte aber der D. P.-B. nicht rechnen, da sie ihrem Zwecke erst 1910 zugeführt wurden.
Die erste Sammlung des Bundes vom Tage der Gründung am 26. April 1894 bis zum ersten Rechnungsabschluß am 18. Oktober desselben Jahres belief sich auf 13 788,54 Mk. Seitdem stiegen die Mittel von Jahr zu Jahr in der Weise:

1895:	Mk.	46 240,85	1901:	Mk.	415 139,77	1907:	Mk.	2 395 845,51
1896:	„	134 736,19	1902:	„	513 250,67	1908:	„	2 814 779,49
1897:	„	188 346,91	1903:	„	693 938,22	1909:	„	3 173 847,62
1898:	„	231 310,46	1904:	„	948 074,70	1910:	„	3 587 268,62
1899:	„	308 308,11	1905:	„	1 605 746,49	1911:	„	3 993 929,18
1900:	„	370 125,80	1906:	„	2 020 385,34	1912:	„	4 411 636,56

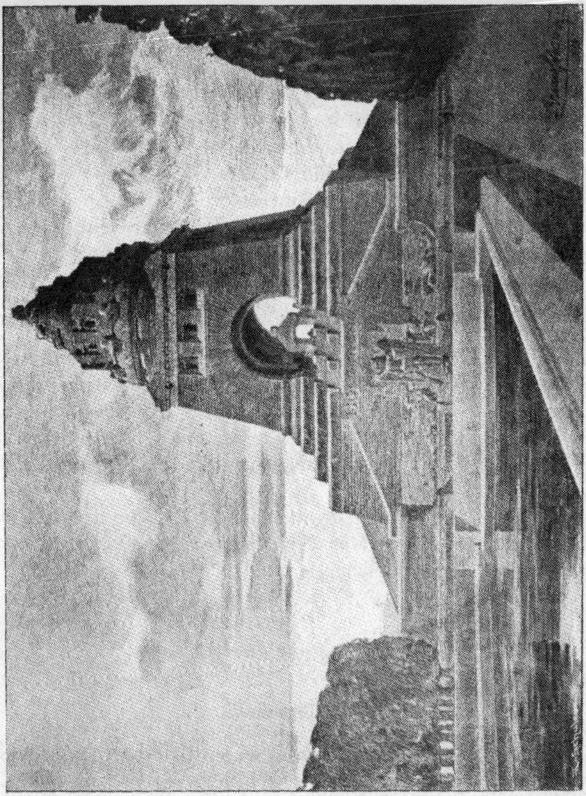

Bruno Schmitz. Vorentwurf zum Völkerschlacht-Denkmal bei Leipzig

Das Anschwellen der Summe von 1903 ab ist in der erfreulichen Aufnahme der *Lotterie* begründet, durch deren Zulassung *die Kgl. Sächsische Staatsregierung* dem Denkmalsbau die dankenswerteste Förderung zuteil werden ließ. Zwei Drittel der Sammlungen sind auf diesem Wege ihrer volkstümlichen Erweiterung gewonnen worden. Es verdient aber auch bemerkt zu werden, daß gleichzeitig dem Reiche die fast gleichhohe Summe von 2 400 000 Mk. als Stempelabgabe zugeflossen ist.
Über 1200 Stifter größerer Spenden verzeichnen die Ehrentafeln im Denkmal.
Seit dem Herbst 1909 ist der Bau den Besuchern gegen Eintrittsgeld geöffnet. Die dauernde Einnahmequelle, die ihm damit erwachsen ist, wird in Verbindung mit den noch bis 1914 genehmigten Lotterien den fehlenden Betrag an der mit 6 Millionen Mark berechneten Bausumme des Denkmals in wenigen Jahren decken.
Nach Erfüllung dieser Aufgabe wird D. P.-B. in der *Erhaltung des Denkmals und der Verschönerung seiner Umgebung* sein letztes Ziel erblicken. –

II. Die Errichtung des Bauwerks

1. Die Erdarbeiten

Unmittelbar nach dem ersten Spatenstich am 18. Oktober 1898 begann die Erdausschachtung. Im Verlauf zweier Jahre wurden 82 000 cbm Erdreich ausgeworfen und zur *Bildung des Erdhügels* verwendet, der das Denkmal umfaßt. Seine Vollendung aber und *die Anlage der Wälle* und Wege vor dem Denkmal erforderten noch gegen 1 Million cbm Erdmasse, die angefahren werden mußte. Dabei fand der aus der Stadt zu entfernende Schutt, Müll und Kehricht fast zehn Jahre lang eine nutzbare Ablagerungsstätte.

Das Denkmalsgelände war nach der Völkerschlacht zunächst als Kiesgrube benutzt und dann wieder mit Boden ausgefüllt und bedeckt worden. So ist es erklärlich, daß bei den Ausschachtungsarbeiten auch nicht ein einziger Gegenstand gefunden wurde, der an das gewaltige Ringen erinnert hätte, das hier stattgefunden hat.

2. Die Gründungsarbeiten

Um die Beschaffenheit des Baugrundes zu ermitteln, wurden im Sommer 1900 vier Bohrlöcher hergestellt. Die Untersuchung ergab, daß eine 3 und 4 m starke *Kiesschicht* auf einem 6 und 7 m tiefen *Lettiggrund* lagerte, *daß also der Boden eine sehr günstige Bebauungsfähigkeit aufwies.*
Sorgfältige *Belastungsproben* bestätigten dies. Der Druck von 10 kg auf 1 qcm bewirkte eine so unwesentliche Zusammenpressung, daß die wirkliche Belastung von 6 kg auf 1 qcm ohne alle Gefahr in Aussicht genommen werden konnte.
Am 5. Oktober 1900, 13 Tage vor der Grundsteinlegung, begann 4,28 m unter dem Fußwege, der jetzt am Wasser entlang führt, die Arbeit an der *ersten Bauschicht*. Sie erhebt sich auf einer nach der Stadt zu gerichteten rechteckigen Grundfläche von 79,86 m Längen- und 67,46 m Breitenausdehnung in einer Mächtigkeit von 2 m. In ihr liegt da, wo sich jetzt der Michael erhebt, *der Grundstein* eingebettet, der seit 1863 wie ein alter Opferaltar in einem Felde gelagert hatte. Er ist in zwei Teilen an den Ort seiner Bestimmung gebracht und dort verlegt worden, jeder etwa 70 Zentner schwer und 1½ m im Quadrat.
Zur Ausführung des Denkmals wurde *Zementstampfbeton* gewählt, da er außer seiner Festigkeit und Beständigkeit auch eine bedeutende Formgefügigkeit besitzt, eine Eigenschaft, die gerade für ein Bauwerk mit vielen Bogen, Gewölben und Kuppeln, wie es das Völkerschlachtdenkmal ist, besonderen Wert hat. Verwendet wurde in der Hauptsache »Sächsisch-

Böhmischer Portlandzement« der Dresdener Portland-Zementfabrik. Als günstiger Umstand kam hinzu, daß sich *Kiessand*, der ohne weiteres die Verwendung zum Beton gestattete, in nächster Nähe in reichlicher Menge vorfand. Er wurde einer 1,7 km vom Bauplatz entfernten Grube entnommen, die der D. P.-B. vom *Rate der Stadt Leipzig* erpachtete. Auf einer zu dem Zwecke eigens erbauten *Drahtseilbahn* sind die Kiesmassen bequem in solcher Menge zur Baustelle geleitet worden, daß täglich 90–100 cbm *Beton* im Mischungsverhältnis von 1 : 9 hergestellt werden konnten.

Auf der Gründungssohle wurden nun 65 *Pfeiler* errichtet, 4 Haupt- und 61 Zwischen- und Nebenpfeiler. Sie sind in 26,04 m Höhe überwölbt und mittelst steigender Gurtbogen untereinander verbunden. Die vier Hauptpfeiler beginnen auf der Grundplatte mit 19 m Breite und verjüngen sich bis auf 11,50 m.

Die Errichtung der Fundamente erfolgte in 1 m hohen Lagen, die sich nach oben regelmäßig um 10 cm verkürzten. Die dabei entstandenen Vorsprünge dienten zu Stützpunkten für das nächste Gerüst und die neue Schalung, so daß die große *Pfeilerhalle* ohne besonderes Baugerüst ausgeführt werden konnte.

Die mächtigen Säulen, auf denen das ganze obere Bauwerk ruht, sind auf diese Weise in den Jahren 1901–1905 in reinem Beton ohne jede Eiseneinlage erbaut worden. Ihre Festigkeit ist bedeutend. Ein Granitquader, der einmal wegen eines Kettenbruches am Kran zwischen den Pfeilern in die Tiefe stürzte, kam auf dem Grunde in Stücken an. Die Anschlagstellen aber zeigten nur leichte Schrammen.

Die horizontale *Eisenbetondecke*, die das Pfeilergewölbe in der Mitte abschließt, ist unten mit vorspringenden Balken verankert. Oben ruht auf ihr der kreisrunde *Fußboden der Krypta*, auf einer Sandunterlage aus schwarzen und grünen geschliffenen Granitplatten zusammengesetzt. Sein Durchmesser beträgt 11,60 m.

3. Der Oberbau

Der sichtbare Teil des Bauwerkes ist in *Beuchaer Granitporphyr (Diorit)* aufgeführt, einem außerordentlich festen Gestein aus der Leipziger Ebene, dessen rote und blaue, dunkelglimmernde und goldschimmernde Färbung dem Denkmal einen angenehm belebten und warmen Ton verleiht.

Die *Aufschichtung* der *riesigen Quadermassen* geschah in der Weise, daß jedesmal nach der Versetzung einer wagerecht laufenden Stufe der dahinterliegende Teil mit Beton ausgestampft wurde. Dieses Verfahren ersparte die Schalung und bewirkte die innigste Verbindung der beiden Baustoffe. *Eine besondere Verankerung der Steine mit dem Beton war darum nicht nötig.*

Im ganzen wurden 26 500 Granitwerkstücke mit zusammen 12 500 cbm Rauminhalt versetzt und 120 000 cbm Zementstampfbeton hergestellt, wozu gegen 20 Millionen kg Zement nötig waren. Dies bedeutet einen Erddruck von 300 Millionen kg oder reichlich 6 kg auf 1 qcm der 4900 qm großen Grundfläche der Pyramide.

Die ungeheuern Lasten – die Granitquader wogen bis zu 10 000 kg – wurden von *elektrisch betriebenen Maschinen* gehoben und an Ort und Stelle geleitet. Es waren darum verhältnismäßig nur wenig Arbeiter nötig – durchschnittlich 40 Mann –, um den Bau flott zu fördern.

An der Hand der *geometrischen Darstellung des Außenwerkes* und des *perspektivischen Durchschnitts des Innern* lassen die folgenden genauen Angaben der Einzelteile und ihrer Höhen- und Maßverhältnisse *den Aufbau und den Werdegang* des Bauwerkes deutlich verfolgen. Bemerkt sei vorher, daß die Höhenmarke ± 0,00 m in Straßenhöhe liegt.

Die im unteren Teil auf Ord.[80] + 23,01 m eingebaute *Krypta* hat einen Durchmesser von 23,16 m. Ihre Pfeiler mit der Schicksalsmaske sind 5 m hoch und die vor ihnen stehenden Krieger 3,50 m. Das auf den Pfeilern ruhende Gebälk mit einem lichten Durchmesser von 13,20 m trägt den in Ord. + 29,31 liegenden Fußboden der großen Ruhmeshalle.

Bis zu dieser Höhe führen außen 4 *Sockelschichten*, die je 2,80 m hoch sind. Ihr Unterglied mißt 0,525 m, die Platte 1,575 m und die Abdeckung 0,70 m.

Den unteren Teil der *Ruhmeshalle* überspannt ein *Kugelgewölbe* von 28,86 m Durchmesser. Es wird an allen vier Seiten von 13,66 m breiten *Rundbogen* durchbrochen, in die je sieben kleine und zwei große, innen mit 24 Bildwerken geschmückte *Steinrippen* eingebaut sind. Eine künstlerisch fein abgetönte *farbige Verglasung* füllt die Zwischenräume. Das Gewölbe ist vollständig in Stein ausgeführt, ohne besondere Eisenanker. Den obersten *Schlußring* mit 19,68 m Durchmesser bilden 40 Quader, von denen jeder 5000 kg wiegt. Auf dieser Kuppel ruht in Ord. + 49,26 m der Fußboden des *oberen inneren Umganges.*

Von hier aus steigt die noch 30,19 m hohe steil emporstrebende *obere Kuppel* bis Ord. + 79,45 m. Während ihr unterer Durchmesser 22,50 m beträgt, mißt ihre obere Öffnung im Lichten noch 4,40 m. An ihrer Innenfläche sind in elf übereinanderstehenden Reihen 324 *Reiterfiguren* plastisch herausgearbeitet. Dieser Teil des Bauwerks zeigt die ausschließliche Verwendung der Stampfbetontechnik. Der untere Ring bis zur Höhe der 12 *Fensteröffnungen* wurde in Form einzelner Lamellenabschnitte nur in Stampfbeton hergestellt; der Abschluß oberhalb der 1 m breiten und 3,60 m hohen Fenster erhielt eine entsprechende Eiseneinlage.

Die plastische Arbeit an der Innenfläche erfolgte in der Weise, daß zunächst negative Gipsformen hergestellt wurden, die durch eine Eiseneinlage die nötige Festigkeit erhielten. Sie wurden der jeweiligen Gewölbeform genau angepaßt und im geschlossenen Ringe aufgestellt. Hierauf wurde der Beton eingebracht und das Ganze in der gewöhnlichen Weise behandelt.

Über der großen Kuppel liegen noch zwei kleinere mit 8,40 m und 7,60 m Durchmesser. Die Wand der oberen, der soge-

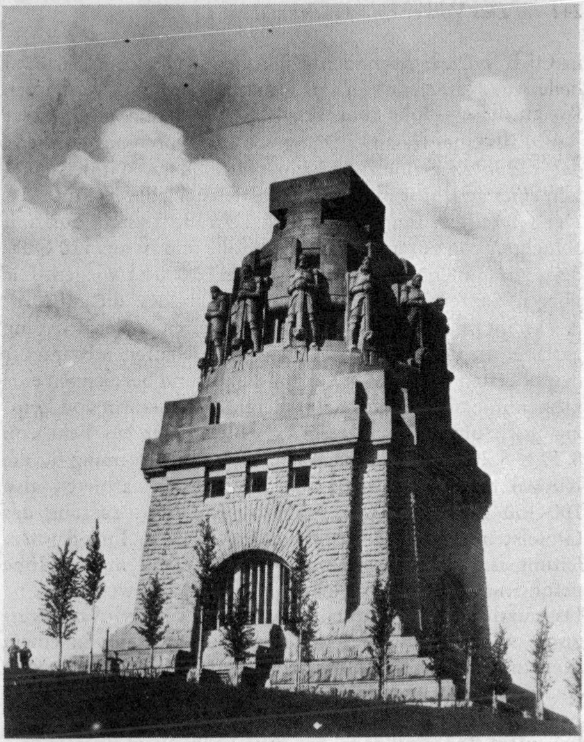

Bruno Schmitz. Völkerschlacht-Denkmal bei Leipzig.
1898–1913

nannten *Stifterkuppel*, ist mit acht Bronzetafeln verziert, auf denen die Namen der um das Denkmal besonders verdienten Spender verzeichnet sind. Die Beleuchtung empfängt dieser Raum aus einer freien Öffnung von 2 m Durchmesser, die in der darüberliegenden Abschlußplatte, dem »Gipfelstein«, von einem dachförmigen Oberlichtfenster überdeckt ist.

Der Gipfelstein umfaßt reichlich 1 Ar. Er besteht aus fünf Schichten von zusammen 3,57 m Höhe und ist aus 120 Quadern zusammengesetzt, deren größte 10 000 kg wiegen. Die oberen Kanten dieses quadratischen Gebildes, die auf Ord. + 91 m liegen, sind 10,60 m lang. Sie laufen an der Brüstung entlang, die den auf Ord. + 89,70 m geschaffenen Raum für den obersten freien Ausblick umsäumt, und bezeichnen eine Höhenlinie, die den an sich höheren Rathausturm von Leipzig noch um 15 m überragt. Es bleibt hier ein Feld von 8,20 × 8,20 m frei, das nach Abzug der Lichtöffnung für die Kuppel eine begehbare Fläche von 50 qm darbietet, also 100–150 Personen Platz gewährt. Auf der Brüstung des Gipfelsteins enden vier *Blitzauffangestangen*. Ihre Kupferleitung ist vom Anbeginn des Baues an mit in die Höhe geführt und in die Betonschichten eingebettet worden.

Das auf die Plattform auffallende *Regenwasser* wird zur Nutzung in einen besonderen Behälter geleitet, der in einem Nebenraume der Stifterkuppel aufgestellt ist. In demselben Raume ist auch ein Motor für den Lastenaufzug untergebracht. Eine einfache Rechnung ergibt, daß der Gipfelstein bei einem Regenfall von 1 cm etwa 1 cbm Wasser sammelt.

Über dem Mittelteil des Bauwerkes, wo die 1 m hohe Inschrift: 18. Oktober 1813 zu lesen ist, liegt außen *das Hauptgesims*. Es weist eine Höhe von 5,80 m und eine Ausladung von 1,10 m auf. Hinter ihm läuft auf Ord. + 56,65 m ein 0,70 m breiter *Umgang*. Weitere Umgänge befinden sich in Ord. + 67 m und + 75 m, der erstere hinter den Füßen der Hüter, der letztere hinter ihren Köpfen vorübergehend.

Zu diesen Umgängen führen vom Boden der Krypta aus in

den beiden vorderen Hauptpfeilern *zwei Wendeltreppen* mit je 500 Stufen empor. Sie weisen einen Durchmesser von 2,30 m auf; die Laufbreite der Stufen geht aber im oberen Teile wegen der äußerst schwierigen Einfügung in die Konstruktion von 1 m auf 0,60 m zurück. Die Stufen sind mit einem Ende im Beton eingelagert, das andere Ende liegt frei, als Spindel gearbeitet. Bis Ord. + 56,65 m, d. h. bis zum Hauptgesims, führen die Treppen senkrecht aufwärts, von hier aus aber winden sie sich teils durch die außen stehenden Pfeiler und Kriegergestalten, teils durch die oberen Kuppeln, zwischen den inneren und äußeren Wandungen hindurch bis zur Plattform des Gipfelsteins bei Ord. + 89,70 m.
Im hinteren östlichen Hauptpfeiler ist ein *elektrischer Personenaufzug* eingebaut, der ebenfalls auf dem Kryptafußboden beginnt. Nach einer Zwischenhaltestelle am oberen inneren Rundgang bei Ord. + 49,26 führt er bis zum Umgang am Hauptgesims empor. Seine Förderhöhe beträgt bis dahin 33,84 m, er hebt mit dem Führer 11 Personen. Die erforderliche elektrische Kraft und der Beleuchtungsstrom werden vom städtischen Elektrizitätswerk gegen tarifmäßige Bezahlung bezogen. Die Treppen werden ausschließlich elektrisch beleuchtet, da in ihnen keine Fensteröffnungen angebracht wurden, um die Tragfähigkeit der Pfeiler nicht zu schwächen.

Der Aufbau des Denkmals begann, wie bereits erwähnt, Anfang Oktober 1900, bei Ord. – 3,03 m und wurde am 13. Mai 1912 bei Ord. + 91 m beendet. Während der elf Zwischenjahre stieg er von Oktober zu Oktober in folgender Weise empor: 1901: Ord. – 1 m, 1902: + 1 m, 1903: + 7 m, 1904: + 17 m, 1905: + 23,01 m, 1906: + 29,31 m, 1907: + 39 m, 1908: + 53 m, 1909: + 59 m, 1910: + 71 m, 1911: + 88 m.

4. Das Gerüst

Da es bei den starken Stürmen, die im Frühjahr und Herbst auf der Höhe des Denkmalsgeländes ziemlich kräftig wehen, ausgeschlossen war, das Bauwerk im ganzen einzurüsten, wurde erst an der Vorderseite des Denkmals bis Ord. + 31 m *ein kleines Aufzugsgerüst* errichtet. Als dann der Bau bis dahin geführt worden war, benutzte man im Sommer 1906 die breiten Sockel zur *Aufstellung des Hauptgerüstes*, das vorläufig bis Ord. + 54 m reichte. Danach stieg es im Sommer 1909 bis Ord. + 75 m, und zuletzt fand es im Herbst 1911 in Ord. + 94 m als hochragendes *Zwölfeck* seinen Abschluß. Es ist berechnet worden, daß die Holzmenge dieses großartigen Gerüstwerkes, das allein ¼ Million Mark kostete, eine Balkenlinie von Leipzig bis Breslau darstellen würde.

5. Die Bildwerke

Von den Bildwerken des Denkmals sind die Kryptafiguren schon erwähnt. Die *vier sitzenden Riesengestalten der Ruhmeshalle*, die Denkmale des deutschen Erwachens, nehmen das größte Interesse in Anspruch. Sie sind 9,35 m hoch und bestehen aus je 100–116 Quadern, die über 200 000 kg wiegen. Zuerst wurden die einzelnen Steine versetzt, dann einbetoniert und schließlich an Ort und Stelle vom Steinbildhauer bearbeitet. Einige Maße mögen die ungeheuern Größenverhältnisse beleuchten, die hier dargestellt worden sind: Der Kopf des opferwilligen Reichen ist 1,65 m hoch und 0,94 m breit. Das Ohr mißt 0,40 m, die Nase 0,35 m. Die Schulterbreite beträgt 4 m. Der Oberarm ist 1,10 m stark, der Unterarm 0,92 m. Der Mittelfinger ist 1,10 m lang, der Fuß 2,25 m, die große Zehe 0,70 m. Der betende Knabe im Schoße des Vaters hat eine Körperlänge von 7 m, die beiden Säuglinge der nährenden Mutter sind 4,70 m groß. – Die *zwölf Krieger der Freiheitswacht* sind 12,76 m hoch und bestehen je aus 47 Quadern, die ebenfalls ein Gewicht von 200 000 kg haben. Sie sind gleich im Steinbruch fertiggestellt worden, so daß am Bau selbst nur noch ein geringes Zusammenarbeiten nötig war.

Die Mittelwand mit dem großen *Relief* ist 60 m breit und 19 m hoch. Die Michaelgestalt ist 11 m groß, ihre Kopflänge beträgt 1,60 m. Die Adler spannen 7 m und die Buchstaben der Inschrift: »Gott mit uns« sind 1,80 m hoch.

6. Das Wasserbecken und das Vorgelände

Zu den letzten Arbeiten gehörte die Herstellung des Wasserbeckens vor dem Denkmal. Die 1 m starke *Umfassung* der trapezförmigen Anlage ist auf Eisenbetonpfähle gegründet. Da der Untergrund nur aufgefüllter Boden war, wurde *die Sohle* mit einer 0,30 m starken festgerammten Lehmlage bedeckt und darauf noch eine dünne Tonschicht naß aufgetragen. Diese wurde schließlich mit einer 0,10 m dicken Kiesschicht überzogen, um für die Klärung des Wassers zu sorgen. Das Becken, das bestimmt ist, das Denkmal in voller Ausdehnung widerzuspiegeln, hat eine Länge von 161,80 m und eine größte Breite von 79 m. Sein Wasser bedeckt eine Fläche von 11 240 qm. Der Zufluß desselben kommt von der städtischen Wasserleitung, sein Abfluß mündet in das städtische Schleusennetz.

Die trapezförmige Gestalt der ganzen Anlage ordnet sich von der Höhe des Denkmals aus durch die perspektivische Verkürzung zwischen den terrassenförmig abfallenden, baum- und rasenbepflanzten Wällen zum vollkommenen Rechteck, so daß der Blick auf sie ein überaus wohltuend harmonischer ist. Zwischen *vier Pfeilerpostamenten*, die am Eingang in der Form altägyptischer Grabpylonen errichtet sind, mündet die Straße des 18. Oktober ein und setzt sich zu beiden Seiten der Brustwehr des Wasserbeckens als breiter Fußweg fort. Von ihm aus führt eine 40 m breite *Freitreppe* zum *Denkmalsvorplatz* empor, der links und rechts von zwei sich an die Stützmauer der Stirnseite unmittelbar anschließenden Steingebäuden begrenzt wird. Diese Gebäude dienen Verwaltungszwecken.

Der Schmuck der *gärtnerischen Anlage*, die das gesamte Vorgelände des Denkmals reizvoll belebt, ist *Werk und Stiftung der Stadt Leipzig*. Sie hat mit dieser Gabe und mit der notwendigen Erweiterung des 1895 überlassenen Platzes [...] auf weit über 80 000 qm ihre Verdienste um das Denkmal bedeutend vermehrt. Der Wert des Platzes allein ist dadurch auf über 1½ Millionen Mk. gestiegen.

7. Der Plan der deutschen Kampfbahn

Der Gedanke, mit dem Völkerschlacht-Nationaldenkmal eine deutsche Kampfspielstätte zu verbinden, beschäftigt den Vorstand des D. P.-B. fast ebenso lange wie seine Hauptaufgabe. Bereits im Februar 1896 ergingen entsprechende Anregungen an die Turnerschaft, die Jugendspielvereinigungen, die Sänger usw., und auch später ist wiederholt darauf hingewiesen worden. Die Verwirklichung des Gedankens freilich blieb zunächst nur als frommer Wunsch bestehen, da es galt, anfänglich die ganze Kraft auf das Hauptsächliche zu verwenden. Als aber die Überzeugung gewonnen war, daß das Völkerschlachtdenkmal seiner glücklichen Vollendung entgegengeführt werden würde, wurde der verhaltene Wunsch zur Tat geleitet.

Unser Bild zeigt den von Prof. Schmitz vorläufig entworfenen Plan der Kampfbahn in harmonischer Verbindung mit dem Völkerschlachtdenkmal. Zwischen der Brücke über die Verbindungsbahn und dem Vorgelände des Denkmals soll sie inmitten schöner Parkanlagen erstehen. Die Bahn wird 80 m breit und 280 m lang sein. Sie umschließen, allmählich aufsteigend, die Sitz- und Stehreihen zur Aufnahme der Zuschauer. Die ganze Anlage wird in ihrer künstlerischen Durchführung die Wirkung des Denkmals bedeutend erhöhen. Die jetzt auf der Straße des 18. Oktober vorhandenen sechs Baumreihen würden in nicht zu ferner Zeit den Blick nach dem Denkmal von der Stadt aus vollständig verdecken. Die Kampfbahn aber, wie geplant, mit dem Völkerschlacht-

denkmal unmittelbar in Verbindung gebracht, vervollkommnet die ganze Anlage zu einem Gesamtbild, das den mächtigen Bau nicht nur in seiner Höhen-, sondern vor allem auch in seiner wuchtigen Breitenentfaltung erst zur vollen Geltung kommen läßt.
In Zeiten der Ruhe wird die Bahn als künstlerisch fein abgestimmter Eingangsraum zum Denkmal Tausenden willkommene Erholung bieten. Was kann aber willkommener sein, als der packende Gedanke, mit dem deutschen Freiheitsdom zugleich eine Stätte bleibender, regelmäßig sich wiederholender ernsthafter Veranstaltungen für alle die zu gewinnen, die um die Erhaltung und Stärkung der gesunden Kräfte unseres Volkes – namentlich der Jugend – besorgt sind?
Dem schaffensfreudigen Führer des D. P.-B. ist es gelungen, auch für diese Aufgabe bereits so viele Mittel aufzubringen, daß die baldige Erbauung der deutschen Kampfbahn gesichert ist.

8. Die Leiter und die Werkleute des Baues

Die Errichtung des Baues erfolgte nach den Plänen, die *Professor Dr. ing. Bruno Schmitz in Charlottenburg* entworfen hat. Professor *Metzner in Berlin* schuf in großzügiger Weise die Modelle des gesamten plastischen Figurenschmuckes von der Krypta bis zur Krone, sein Vorgänger, der im Jahre 1905 in Breslau verstorbene *Professor Behrens*, das Michaelrelief.
Die Oberleitung und Überwachung des Baues übernahm in Vertretung des Bundes, des Bauherrn, *ehrenamtlich* der Urheber des ganzen Unternehmens, *Architekt Kammerrat Clemens Thieme*, unterstützt vom *Baumeister Otto Rudolph* in *Leipzig*, den der Bund zum Bauführer und zur Ausarbeitung der Einzelpläne berief.

Die Arbeiten am Bau

verteilen sich auf *die beteiligten Firmen* in folgender Weise:
[Es werden etwa 30 Firmen aufgeführt.]

Der Bau ist mit Gottes Hilfe ohne wesentlichen Unfall durchgeführt worden, obgleich ganz gewaltige Massen und Schwierigkeiten zu überwinden waren. Der Rückblick auf seine Entwicklung wird darum allen, die dabei mitgewirkt haben, immerdar eine erhebende Erinnerung bleiben. Der rührigen und umsichtigen Baugemeinde aber, die mit dem herrlichen Bauwerk zugleich der deutschen Arbeit ein Denkmal gesetzt hat, gebührt der ehrende Dank der Mit- und Nachwelt.

Die Siegesallee im Berliner Tiergarten

In einem Erlaß an den Magistrat und die Stadtverordneten der Stadt Berlin verkündete Kaiser Wilhelm II. an seinem 36. Geburtstag, dem 27. Januar 1895: »Als Zeichen meiner Anerkennung für die Stadt und zur Erinnerung an die ruhmreiche Vergangenheit unseres Vaterlandes will ich einen bleibenden Ehrenschmuck für meine Haupt- und Residenzstadt Berlin stiften, welcher die Entwicklung der vaterländischen Geschichte von der Begründung der Mark Brandenburg bis zur Wiederaufrichtung des Reiches darstellen soll. Mein Plan geht dahin, in der Siegesallee die Marmor-Standbilder der Fürsten Brandenburgs und Preußens, beginnend mit dem Markgrafen Albrecht dem Bären und schließend mit dem Kaiser und König Wilhelm I., und neben ihnen die Bildwerke je eines für seine Zeit besonders charakteristischen Mannes, sei er Soldat, Staatsmann oder Bürger, in fortlaufender Reihe errichten zu lassen.« Schon 1898 wurden die ersten Denkmalgruppen fertiggestellt, 1901 wurden die letzten von insgesamt 32 Gruppen (jeweils aus einer Statue und zwei Büsten bestehend) eingeweiht. Zwischen Königsplatz und Kemperplatz war eine Allee entstanden, die weniger »Sieges-« als »Ehrenschmuckallee« war und die trotz ihres enormen Aufwandes eher den End- als den Höhepunkt einer Entwicklung markiert. Der folgende Text, Ausschnitt aus der Einweihungsrede des Kaisers am 18. Dezember 1901, steht mit gutem Grund am Ende dieser Quellensammlung. Er bringt in naiv-unverblümter Weise den Anspruch zum Ausdruck, den die herrschende Macht an die Kunst stellte – schon damals in stärkstem Gegensatz zu den Maximen und dem Bewußtsein vieler Künstler.

48

Kaiser Wilhelm II.

Rede anläßlich der Einweihung der Siegesallee des Berliner Tiergartens

(18. Dezember 1901)

[. . .] noch ist die Bildhauerei zum größten Teile rein geblieben von den sogenannten modernen Richtungen und Strömungen, noch steht sie hoch und hehr da – erhalten Sie sie so, lassen Sie sich nicht durch Menschenurteil und allerlei Windlehre dazu verleiten, diese großen Grundsätze aufzugeben, worauf sie auferbaut ist! Eine Kunst, die sich über die von Mir bezeichneten Gesetze und Schranken hinwegsetzt, ist keine Kunst mehr, sie ist Fabrikarbeit, ist Gewerbe, und das darf die Kunst nie werden. Mit dem vielmißbrauchten Wort »Freiheit« und unter seiner Flagge verfällt man gar oft in Grenzenlosigkeit, Schrankenlosigkeit, Selbstüberhebung. Wer sich aber von dem Gesetz der Schönheit und dem Gefühl für Ästhetik und Harmonie, die jedes Menschen Brust fühlt,

ob er sie auch nicht ausdrücken kann, loslöst und in Gedanken in einer besonderen Richtung, einer bestimmten Lösung mehr technischer Aufgaben die Hauptsache erblickt, der versündigt sich an den Urquellen der Kunst.
Aber noch mehr: Die Kunst soll mithelfen, erzieherisch auf das Volk einzuwirken, sie soll auch den unteren Ständen nach harter Mühe und Arbeit die Möglichkeit geben, sich an den Idealen wieder aufzurichten. Uns, dem deutschen Volke, sind die großen Ideale zu dauernden Gütern geworden, während sie anderen Völkern mehr oder weniger verloren gegangen sind. Es bleibt nur das deutsche Volk übrig, das an erster Stelle berufen ist, diese großen Ideale zu hüten, zu pflegen, fortzusetzen, und zu diesen Idealen gehört, daß wir den arbeitenden, sich abmühenden Klassen die Möglichkeit geben, sich an dem Schönen zu erheben und sich aus ihren sonstigen Gedankenkreisen heraus- und emporzuarbeiten. Wenn nun die Kunst, wie es jetzt vielfach geschieht, weiter nichts tut, als das Elend noch scheußlicher hinzustellen, wie es schon ist, dann versündigt sie sich damit am deutschen Volk. Die Pflege der Ideale ist zugleich die größte Kulturarbeit, und wenn wir hierin den anderen Völkern ein Muster sein und bleiben wollen, so muß das ganze Volk daran mitarbeiten, und soll die Kultur ihre Aufgabe voll erfüllen, dann muß sie bis in die untersten Schichten des Volkes hindurchgedrungen sein. Das kann sie nur, wenn die Kunst die Hand dazu bietet, wenn sie erhebt, statt daß sie in den Rinnstein niedersteigt.

Anmerkungen

1 Jutta von Simson, *Das Berliner Denkmal für Friedrich den Großen. Die Entwürfe als Spiegelung des preußischen Selbstverständnisses*, mit einem Beitr. von Friedrich Mielke, Frankfurt a. M. / Berlin / Wien 1976.

2 Die *Beschreibung Griechenlands*, ein Reisebericht des Schriftstellers Pausanias (um 110/115 – nach 175 n. Chr.) aus Magnesia, ist vor allem wegen der reichhaltigen Beschreibung der antiken Stätten und ihrer Kulte von großer Bedeutung für die Kenntnis der antiken Topographie und Kunstdenkmäler.

3 Der Hunnenkönig Attila, der Großchan der Mongolen Dschingis-Khan (um 1155–1227) und der persische Schah Nadir (1688–1747), die ihre Politik mit äußerster Härte durchsetzten, galten seit der Zeit der Aufklärung immer als Vertreter tyrannischer Grausamkeit. Von Schah Nadir sind die Schädelpyramiden bekannt, die er zur Abschreckung überall da aufrichten ließ, wo er als Feldherr siegreich gewesen war.

4 Der Harthauer Beckmann war ein Handwerksmeister aus Hamburg.

5 Der Steinmetz Wittgreff war ein Handwerksmeister aus Hamburg, der auch gelegentlich bei anderen Denkmälern mit herangezogen wurde.

6 Gemeint ist der Kasseler Hofmaler Johann Heinrich Wilhelm Tischbein d. Ä. (1722–89).

7 Karl Hassenpflug (1824–90), Bildhauer. Schüler Ludwig Wilhelm Wichmanns in Berlin, Schallers in München. Viele seiner Werke entstanden in Rom, so auch »Amor und Psyche«.

8 Rudolf Schweinitz (1839–96), Berliner Bildhauer. Schüler Schievelbeins. War an der Ausschmückung der Berliner Nationalgalerie beteiligt (Giebelfiguren).

9 Carl Wolgast (Lebensdaten unbekannt), Berliner Bildhauer. Rauch-Schüler.

10 Julius Flaeschner (Lebensdaten unbekannt), Berliner Bildhauer.

11 Vielleicht Ludwig Wilhelm Stürmer (* 1812), Berliner Bildhauer. Schüler Ludwig Wilhelm Wichmanns in Berlin, Schwanthalers in München. Schuf u. a. Statuetten preußischer Regenten. Das Goethe-Zitat stammt aus dessen Gedicht »Der Fischer«.

12 Aurelio Micheli (Lebensdaten unbekannt), Berliner Bildhauer. Schuf u. a. Kaiserbüsten.

13 Gustav Früh (Lebensdaten unbekannt), Berliner Bildhauer. Tieck-Schüler.
14 Alexander Tondeur (1829–1905), Berliner Bildhauer. Schüler von Bläser. Schuf Statuen; außerdem Dichter- und Schauspielerbüsten am Berliner Schauspielhaus. Die Gruppe »Mutterliebe« ist eines seiner Hauptwerke.
15 László Dunaiszky (1822–1904), ungarischer Bildhauer. Schuf vor allem religiöse und dekorative Bildwerke.
16 Bernhard Afinger (1813–82), Bildhauer. Rauch-Schüler. Hauptwerke: Christus-Relief der Kirche Dinkelsbühl (1842), Statuette der Schauspielerin Rachel (1850), Medaillons mit Gelehrten- und Künstlerbildnissen, Denkmäler und Grabmäler.
17 Johannes Janda (1827–75), Bildhauer und Bildschnitzer. Rauch-Schüler. Schuf hauptsächlich Büsten und Bildnisstatuetten.
18 Elisabeth Ney (1830–1907), Bildhauerin. Schülerin von Rauch u. a. Wanderte um 1870 nach Texas aus.
19 Wahrscheinlich ist der vielgereiste Düsseldorfer Bildhauer Julius Bayerle (1826–73) gemeint, der hauptsächlich in den Rheinlanden tätig war. Hauptwerke: Christus am Kreuz mit Maria und Martha, Statuen in Wesel, Elberfeld, Kalkar, Düsseldorf u. a.
20 Hermann Wittig (1819–91), Berliner Bildhauer; schuf die Figurengruppe »Abschied des Kriegers von seiner Gattin« auf der Königsbrücke in Berlin u. v. a.
21 Ernst Julius Wilhelm Mehnert (1823–78), Bildhauer. Schüler der Berliner Akademie.
22 Rudolf Pohle (* 1837), Bildhauer der Gründerjahre. Drake-Schüler. Hauptwerk ist das Denkmal für den Erfinder der Lithographie Alois Senefelder in Berlin (1892).
23 Melchior Anton Zur Strassen (1832–96), Bildhauer. Rauch-Schüler. 1862–70 in Berlin tätig.
24 Georg Christian Freund (1821–1900), Bildhauer. Schüler der Kopenhagener Akademie. Schuf vor allem Genrebildwerke.
25 Friedrich August Theodor Dietrich (* 1817), Bildhauer. In Berlin Schüler von Drake und der Akademie unter Rauch, Tieck u. a.
26 Vgl. Anm. 16.
27 Vgl. Anm. 18.
28 Alexander Gilli († 1880), Bildhauer italienischer Abstammung. Schüler von Rauch und Tieck. Schuf mythologische Reliefs, ideale Figuren, Büsten u. a.
29 Vgl. Anm. 14.

30 Vgl. Anm. 17.
31 Vgl. Anm. 9.
32 Vgl. Anm. 21.
33 Wilhelm Kullrich (1821–87), Medailleur und Bildhauer. Schüler der Berliner Akademie. Schuf als Kgl. preußischer Hofmedailleur zahlreiche Medaillen.
34 Vgl. Anm. 25.
35 Wilhelm Wolff (1816–87), Berliner Bildhauer. Schuf hauptsächlich Tierdarstellungen, daher »Tier-Wolff« genannt.
36 Adolf Rosenthal (1838–60), Bildhauer. Rauch-Schüler. Schuf Tierplastik u. a.
37 Adolph Stahr (1805–76), Kunst- und Reiseschriftsteller, Verfasser historischer Romane.
38 Jacques Louis David (1748–1825) malte im September 1801 die erste Version des berühmten Gemäldes »Bonaparte franchissant le Grand-Saint-Bernard«. Es zeigt den Konsul in der Nachfolge Karls des Großen und Hannibals auf dem Wege zum Gipfel des Passes. Er überwindet die Wildheit der Natur, exemplarisch in der Bändigung des »feurigen Rosses« veranschaulicht. Die bekannteste Fassung dieses Gemäldes befindet sich heute im Louvre in Paris: »Calme sur un cheval fougueux«.
39 Der amerikanische Bildhauer Thomas Crawford (1813–57) fertigte neben den Kolossalstatuen für das Kapitol in Washington u. a. auch das Reiterstandbild für George Washington in Richmond (Virginia) mit sechs Assistenzfiguren. Die Beurteilung dieser Reiterstatue war schon zu Lebzeiten des Künstlers nicht besonders günstig.
40 Das von dem Berliner Bildhauer Albert Wolff entworfene Reiterdenkmal für Ernst August König von Hannover (1771–1851) wurde 1860 vor dem damaligen Zentralbahnhof aufgestellt. Es gehört heute noch zu den bekanntesten Sehenswürdigkeiten der Landeshauptstadt, mehr aber als beliebter Treffpunkt denn als kunsthistorisches Denkmal.
41 Die genannten Teilnehmer des Wettbewerbs waren fast durchweg Rauch-Schüler.
42 Moritz August von Bethmann Hollweg (1795–1877) war als enger Vertrauter Friedrich Wilhelms IV. und als Minister für geistliche, Unterrichts- und Medizinalangelegenheiten (1858–62) für den organisatorischen Ablauf dieser staatspolitisch so wichtigen Denkmalskampagne verantwortlich.

43 Gemeint ist die 1826 entstandene Porträtbüste, die König Friedrich Wilhelm III. als vorbildlichen, charaktervollen Menschen und Herrscher zeigt.

44 Zu Peter Cornelius (1783–1867) vgl. Bd. 1, S. 379. Neben Schinkel war Cornelius einer der Künstler, die als Symbolfiguren für eine über Preußen hinausgehende Nationalkunst dienen konnten. Die Illustrationen zum *Faust* und die Entwürfe für die *Nibelungen* machten Cornelius zum einflußreichen Staatskünstler.

45 Albrecht Thaer (1752–1828) war im Steinschen Ministerium von 1807 bis 1810 wichtigster Reformer in der Landwirtschaft. Sein Werk *Grundsätze der rationellen Landwirtschaft* (1809–10) wurde zum einflußreichsten Lehrbuch für die naturwissenschaftlich betriebene Landwirtschaft im Königreich Preußen. – Peter Christian Wilhelm Beuth (1781–1853) war ebenso wie Thaer Mitglied in der Reformkommission des Steinschen Ministeriums von 1807 bis 1810. Neben der Neuorganisation des Steuer- und Gewerbewesens war vor allem auch die Verbesserung im Baubereich (Beuth war Direktor der Bauakademie) sein Verdienst.

46 Zu den Pflichten der bis 1807 erbuntertänigen Bauern gehörten auch die Dienstleistungen im Weidebereich, die sog. Weideservituten.

47 Karl Freiherr vom Altenstein (1770–1840) war im Reformministerium des Freiherrn vom Stein 1808–10 Finanzminister, 1817–38 erster preußischer Kulturminister. Mit der Einführung der allgemeinen Schulpflicht, dem Ausbau der Universitäten und der Einbeziehung der kirchlichen Bildungsinstitute in die Bezirksregierungen schuf er die wichtigsten Erziehungsinstrumente für den preußischen Staatsbürger.

48 Vgl. Anm. 42.

49 Rulemann Friedrich Eylert (1770–1852) war seit 1806 als Hof- und Garnisonsprediger zu Potsdam, seit 1818 als evangelischer Bischof und Mitglied des Staatsrates und des Kultusministeriums engster Vertrauter von König Friedrich Wilhelm III. Seine Biographie *Charakter-Züge und historische Fragmente aus dem Leben des Königs von Preußen Friedrich Wilhelm III.* (3 Bde., Magdeburg 1843–46, Volksausg. 1847) bildete die Basis des Geschichtsbildes, das man im 19. Jahrhundert von diesem streng protestantischen Preußenkönig hatte. Eylert war als Hofprediger auch eine der typischen Integrationsfiguren, die die evangelische Kirche im 19. Jahrhundert zur Staatskirche machten. Fast bei allen wichtigen Einweihungsfeierlichkeiten von Kriegerdenkmalen

war ein Repräsentant der evangelischen Kirche als Redner oder als Gebetssprecher beteiligt (Eylert war z. B. auch bei der Einweihung des Kreuzbergdenkmals in Berlin zugegen). Außer dieser Biographie verfaßte Eylert eine Vielzahl von Predigten, die als Orientierungsmaßstab für kirchlich gefeierte Staatsaktionen von sehr großem Einfluß waren (*Neuestes Magazin von Fest-, Gelegenheits- und anderen Predigten und kleinern Amtsreden*, 6 Bde., Magdeburg 1816–22).

50 Goethe hatte für das Rostocker Denkmal eine Widmungs-Inschrift verfaßt, wahrscheinlich in der Antwort auf die erste Entwurfsskizze vom August 1815.

51 Die Nebris, ein rauhes Kleid aus Rehkalbfell, gehört zur charakteristischen Kleidung des Dionysos und den Mänaden.

52 »Detriment« (frz.): altertümlicher Ausdruck für ›Niederlage‹.

53 Vgl. Anm. 19.

54 Als oberster Baumeister Friedrichs II. von Preußen bestimmte Georg Wenzeslaus von Knobelsdorff (1699–1753) den Ausbau der preußischen Schlösser und war hauptverantwortlich für die Prägung des ›Friderizianischen Rokoko‹.

55 Die Denkmäler des Feldmarschalls von Gneisenau und des Generals von Yorck sind die letzten beiden Standbilder gewesen, die, zusammen mit den schon fertigen Statuen Scharnhorsts, Bülows und Blüchers die Gruppe der Feldherrn aus den Befreiungskriegen darstellten. Diese beiden Bronze-Standbilder, wie alle genannten von Rauch entworfen, wurden erst 1855 aufgestellt. Sie stehen seit 1964 neben dem Opernhaus in Berlin-Ost. Das Denkmal Albrecht von Thaers wurde erst 1860 errichtet.

56 Hans Victor von Unruh (1806–86) war als Techniker und Politiker nach Mitgliedschaft in der preußischen Nationalversammlung vor allem als liberaler Oppositionspolitiker von Einfluß. Er äußerte sich, wie dieser Leserbrief zeigt, auch in künstlerischen Fragen.

57 Neben Lavaters physiognomischen Studien war vor allem die Gallsche Schädellehre für Danneckers Heiland-Figur vorbildlich. Franz Joseph Gall (1758–1828) veröffentlichte seine Vorlesungen über Phrenologie (Lehre vom Schädel) in Paris: *Anatomie et physiologie du système nerveux en général et du cerveau en particulier* [. . .] (4 Bde., 1810–20).

58 »Durch mich zum Vater«, lateinische Kurzform von »Niemand kommt zum Vater, denn durch mich« (Joh. 14,6).

59 Schorn meint wahrscheinlich eine 1,25 m hohe römische Kopie

einer späthellenistischen (2./1. Jh. v. Chr.) Statuengruppe, die Dannecker während der Entstehungszeit in Rom sehen konnte. Die Skulptur befindet sich heute im Capitolinischen Museum in Rom.

60 Nach Schillers Tod 1805 plante Dannecker sofort die Herstellung einer Büste: »Ich will Schiller lebig machen, aber der kann nicht anders lebig sein, als colossal. Schiller muß colossal in der Bildhauerei leben, ich will eine Apotheose« (zit. nach: Adolf Spemann, *Dannecker*, Berlin/Stuttgart 1909, S. 73). 1810 war die Marmorbüste fertig, und es wurde eine große Anzahl von Abgüssen in Gips hergestellt. Der »Amor« als Auftragsarbeit für den König beschäftigte Dannecker von 1810 bis 1815. Die »Ariadne« wurde 1816 fertiggestellt.

61 1825 wurde eine Replik der »Psyche« als Auftrag des Königs von Württemberg fertiggestellt.

62 Eine Kopie für Lord Russel ist nicht nachweisbar.

63 Die »Aegineten« sind die 1811 aufgefundenen und 1813 vom bayerischen Kronprinzen Ludwig (als König Ludwig I.) erworbenen Giebelskulpturen des Aphaia-Tempels auf Ägina (um 510–480 v. Chr.). Mit den Ergänzungen, die Thorvaldsen 1816/17 in Rom vorgenommen hatte, bildeten sie das Herzstück der 1830 eröffneten Münchner Glyptothek. Seit 1966 sind diese in mancher Hinsicht beachtlichen Anstückungen, denen allerdings keine ganz zutreffende Rekonstruktion der Figurenstellungen und des kompositorischen Zusammenhangs zugrunde lag, entfernt.

64 S-förmiges Profilglied an Gesims oder Sockel.

65 Ludwig Wilhelm Wichmann (1788–1859), Bildhauer. Schadow-Schüler. Lehrer an der Akademie der Künste in Berlin. Schuf hauptsächlich Bildnisplastik.

66 Karl Lentze (1801–83), Architekt. Seit 1844 mit der Planung der Eisenbahnbrücken über Weichsel und Nogat befaßt.

67 Die Sandsteinstatue des »Großen Kurfürsten« von Wilhelm Stürmer (* 1812) war 1854 auf der Insel Rügen in der Nähe des Ortes Neukamp errichtet. Sie erinnerte an die Einnahme Rügens im Jahre 1678, das von den Schweden besetzt war, durch die preußisch-brandenburgischen Truppen.

68 ′ bedeutet ›Fuß‹, ″ ›Zoll‹.

69 Pierre Jules Mène (1810–79), Pariser Tierbildhauer, dessen Tierdarstellungen weite Verbreitung fanden.

70 Ludwig Franz Karl Bohnstedt (1822–85), Architekt. Professor an der Akademie in Petersburg. Bekannt wurde er vor allem durch

seinen Entwurf zum Reichstagsgebäude in Berlin (1872). Von ihm stammen auch mehrere Denkmalsentwürfe.

71 Vgl. Anm. 20.

72 »So immer gegen die Tyrannen. Über rauhe Pfade zu den Sternen.«

73 »Der Stern des Reiches nimmt seinen Weg nach Westen.«

74 »Errichtet von der Staatlichen Gesellschaft Cincinnati in Pennsylvania.«

75 Gemeint ist Andreas Schlüters (um 1660–1714) Reiterdenkmal des Großen Kurfürsten (1696–1709) vor dem Schloß Charlottenburg in Berlin.

76 Das Denkmal für Friedrich II. wurde von Christian Daniel Rauch 1840–51 fertiggestellt und steht heute wieder in Berlin (DDR) Unter den Linden.

77 Luppen sind Roheisenstücke in Klumpenform, wie sie aus den Öfen kommen.

78 Bernhard von Bülow (1849–1929), Reichskanzler und preußischer Ministerpräsident, war ein enger Vertrauter des deutschen Kaisers.

79 Albert Erdmann Karl Gottfried von Levetzow (1828–1903) war 1881–84 und nach 1887 bis zu seinem Lebensende Reichstagspräsident.

80 Abkürzung von ›Ordinate‹ (Koordinate).

Umrechnungstabelle historischer Maße

Fuß und Zoll

Preußisch (rheinisch)
1 Fuß = 12 Zoll

1 Fuß	0,31385 m	21 Fuß	6,59085 m
2 Fuß	0,62770 m	22 Fuß	6,90470 m
3 Fuß	0,94155 m	23 Fuß	7,21855 m
4 Fuß	1,25540 m	24 Fuß	7,53240 m
5 Fuß	1,56925 m	25 Fuß	7,84625 m
6 Fuß	1,88310 m	26 Fuß	8,16010 m
7 Fuß	2,19695 m	27 Fuß	8,47395 m
8 Fuß	2,51080 m	28 Fuß	8,78780 m
9 Fuß	2,82465 m	29 Fuß	9,10165 m
10 Fuß	3,13850 m	30 Fuß	9,41550 m
11 Fuß	3,45235 m	31 Fuß	9,72935 m
12 Fuß	3,76620 m	32 Fuß	10,04320 m
13 Fuß	4,08005 m	33 Fuß	10,35705 m
14 Fuß	4,39390 m	34 Fuß	10,67090 m
15 Fuß	4,70775 m	35 Fuß	10,98475 m
16 Fuß	5,02160 m	36 Fuß	11,29860 m
17 Fuß	5,33545 m	37 Fuß	11,61245 m
18 Fuß	5,64930 m	38 Fuß	11,92630 m
19 Fuß	5,96315 m	39 Fuß	12,24015 m
20 Fuß	6,27700 m	40 Fuß	12,55400 m

1 Zoll	0,026 m	7 Zoll	0,183 m
2 Zoll	0,052 m	8 Zoll	0,209 m
3 Zoll	0,078 m	9 Zoll	0,235 m
4 Zoll	0,104 m	10 Zoll	0,261 m
5 Zoll	0,130 m	11 Zoll	0,287 m
6 Zoll	0,156 m	12 Zoll	0,313 m

Editorische Notiz

Den Texten liegen nach Möglichkeit die Erstdrucke zugrunde, in einigen Fällen kritische oder andere maßgebliche Ausgaben. Auf besonderen Wunsch des Herausgebers sind Orthographie und Interpunktion nicht modernisiert worden; lediglich offenkundige Druckfehler wurden stillschweigend verbessert.

Abbildungsnachweis

Musées de la Ville de Strasbourg: 17
Ullstein Bilderdienst Berlin [West]: 61, 243
Landesbildstelle Berlin [West]: 75, 95, 131, 221, 231
Rheinisches Bildarchiv Köln: 99
Klaus Lehnartz, Berlin [West]: 103
Kreisbildstelle Tübingen: 117
Das malerische und romantische Westfalen. Aspekte eines Buches. Ausstellungskatalog. Münster: Aschendorff, 1974. Taf. 57: 155
Graphische Sammlung der Staatsgalerie Stuttgart: 176, 179
Kunstsammlungen des Bistums Regensburg: 182, 183
Stadtarchiv München: 189
Die Dioskuren. Jg. 1. Nr. 12. 15. September 1856. S. 121: 205
Dr. Volkmar Essers, Düsseldorf: 217
Handbuch der Architektur. Bd. 4,8,2b. Stuttgart: Kröner, 1906. S. 808: 225
Handbuch der Architektur. Bd. 4,8,2a. Stuttgart: Kröner, 1906. Vor S. 229: 237

Öffentliche Kunstsammlung Basel [illegible] 34, 74

Quellenverzeichnis

ANONYM

(1) Johann Georg Büsch [. . .] dargest. von Johann Heinrich Vincent Nölting [. . .]. Hamburg: Bohn, 1801. S. 68–70. — (2) Die Diosku-

ren. Jg. 2 Nr. 19. 1. Oktober 1857. S. 175. — (3) Volksfreund. Jg. 58. 28. September 1928. 3. Beilage. — (4) Die Dioskuren. Jg. 6. Nr. 1. 6. Januar 1861. S. 7 f. — (5) Kunst-Blatt. Nr. 105. 30. Dezember 1824. S. 420. — (6) Die Dioskuren. Jg. 2. Nr. 10. 15. Mai 1857. S. 96. — (7) Die Dioskuren. Jg. 12. Nr. 23. 9. Juni 1867. S. 184. — (8) Die Dioskuren. Jg. 7. Nr. 22. 1. Juni 1862. S. 171 f. — (9) Kunst-Blatt. Nr. 61. 31. Juli 1838. S. 241–243. — (10) Kunst-Blatt. Nr. 81. 9. Oktober 1838. S. 329 f. — (11) Kunst-Blatt. Nr. 23. 20. März 1838. S. 89 f. — (12) Die Dioskuren. Jg. 11. Nr. 37. 14. Oktober 1866. S. 292 f. — (13) Die Dioskuren. Jg. 1. Nr. 12. 15. September 1856. S. 121. — (14) Die Dioskuren. Jg. 1. Nr. 2. 15. April 1856. S. 17. — (15) Die Dioskuren. Jg. 8. Nr. 29. 19. Juli 1863. S. 223 f. — (16) Die Dioskuren. Jg. 7. Nr. 33. 10. August 1862. S. 255. — (17) Max Ehrhardt-Apolda: Das Bismarck-Denkmal in Bismarckhütte, Ob.-Schles. In: M. E.-A.: Bismarck im Denkmal des In- und Auslandes. Bd. 1. 149. Blatt. Eisenach/Leipzig: Thüringische Verlags-Anstalt, 1903. Nr. 10. — (18) Bruno Garlepp: Bismarck-Denkmal für das Deutsche Volk. Berlin: Vaterländischer Verlag, 1914. S. 446, 448. — (19, 20) Deutschlands Denkmal der Völkerschlacht, das Ehrenmal seiner Befreiung und nationalen Wiedergeburt. Weiheschrift des Deutschen Patriotenbundes. Bearb. von [. . .] Alfred Spitzner. Leipzig: Deutscher Patriotenbund, 1913. (19) S. 84 f. (20) S. 95–109.

WILHELM GOTTLIEB BECKER

[Wilhelm Gottlieb Becker:] Vom Costume an Denkmälern. Leipzig: J. C. Müller, 1776. S. 17 f., 22, 27 f., 43 f.

RUDOLPH EICKEMEYER

Rudolph Eickemeyer: Ueber den Sittlichen- und Kunstwerth öffentlicher Denkmäler. Leipzig: Baumgärtner, 1820. S. 50 f.

LUDWIG FRIEDRICH VON FRORIEP

Ueber öffentliche Ehrendenkmäler (1836) 20

Ludwig Friedrich von Froriep: Was durch Monumente bezweckt werden könne? In: L. F. v. F.: Ueber öffentliche Ehrendenkmäler. Weimar: Landes-Industrie-Comptoir, 1836. S. 8 f.

JOHANN WOLFGANG GOETHE

(1) Verein der deutschen Bildhauer (1817) 48
(2) Betrachtungen bey einem Modell des Blücher'schen Monuments für Rostock (1815) 106
(3) Brief an Johann Gottfried Schadow (1817) 108

(1) Goethes Werke. Weimarer Ausgabe. Im Auftrage der Großherzogin Sophie von Sachsen. Weimar: Böhlau, 1887–1919. Abt. 1. Bd. 49,2. 1900. S. 58–63.
(2, 3) Johann Gottfried Schadow: Kunst-Werke und Kunst-Ansichten. Berlin: Decker, 1849. (2) S. 176 f. (3) S. 179 f. Abdr. nach: Goethes Werke. Weimarer Ausgabe. (2) Abt. 4. Bd. 26. 1902. S. 117–119. (3) Abt. 4. Bd. 28. 1903. S. 19–21.

GEORG FRIEDRICH WILHELM HEGEL

[Bekleidung in der Skulptur] (1835–38) 31

Georg Wilhelm Friedrich Hegel's Vorlesungen über die Aesthetik. Hrsg. von D. H. G. Hotho. 3 Bde. Berlin: Duncker und Humblot, 1835–38. Bd. 2. S. 405–416. Abdr. nach: Georg Wilhelm Friedrich Hegel. Werke. 20 Bde. Red.: Eva Moldenhauer und Karl Markus Michel. Bd. 14: Vorlesungen über die Ästhetik II. Frankfurt a. M.: Suhrkamp, 1970. S. 401–404, 409–412.

ADOLF VON HILDEBRAND

Zur Frage der Kaiser Wilhelm-Denkmale (1889) 220

Allgemeine Zeitung. Nr. 203. 24. Juli 1889. Beilage. S. 2 f.

FRANZ KUGLER

(1) Das Denkmal König Friedrich Wilhelms III. im Thiergarten zu Berlin (Geschichte seiner Entstehung und Ausführung, in den Grundstein eingelegt) (1849) 74

(1) Franz Kugler: Kleine Schriften und Studien zur Kunstgeschichte. T. 3. Stuttgart: Ebner & Seubert, 1854. S. 696–698.
(2) Deutsches Kunstblatt. Jg. 2. Nr. 47. 22. November 1851. S. 376–378.
(3) Franz Kugler: Kleine Schriften und Studien zur Kunstgeschichte. T. 3. S. 233. [Die dort angegebene Quelle: Museum 1837, Nr. 4, ist unrichtig.]

WILHELM LÜBKE

Deutsches Kunstblatt. Jg. 1. Nr. 28. 15. Juli 1850. S. 222 f.

FRIEDRICH JOHANN LORENZ MEYER

Johann Georg Büsch [. . .] dargest. von Johann Heinrich Vincent Nölting [. . .]. Hamburg: Bohn, 1801. S. 65–67.

GOTTLOB HEINRICH RAPP

Kunst-Blatt. Nr. 70. 30. August 1824. S. 277–279.

JOHANN GOTTFRIED SCHADOW

(1) Gottfried Schadow: Die bronzenen Arbeiten in Stockholm und St. Petersburg betreffend. Ein Vortrag, Ende des Jahres 1791 gehalten. In: G. S.: Aufsätze und Briefe. Nebst einem Verzeichnis seiner Werke. [. . .] Hrsg. von Julius Friedlaender. 2., verm. Aufl. Stuttgart: Ebner & Seubert, 1890. S. 32 f. – Gottfried Schadow: Die Werkstätte des Bildhauers. In: Eunomia. Jg. 2. Bd. 2. 1802. S. 346 ff. Abdr. nach: G. S.: Aufsätze und Briefe. S. 62.

(2, 3) Johann Gottfried Schadow: Kunst-Werke und Kunst-Ansichten. Berlin: Decker, 1849. (2) S. 24–31. (3) S. 177–186.

MAX SCHASLER

(1) Die Dioskuren. Jg. 4. Nr. 53. 1. März 1859. S. 39 f.
(2) Die Dioskuren. Jg. 5. Nr. 39–43. 23. September – 21. Oktober 1860. S. 318 f., 325 f., 334 f., 342 f., 351.
(3) Die Dioskuren. Jg. 7. Nr. 32–34. 10.–24. August 1862. S. 248 f., 257 f., 265–267.
(4) Die Dioskuren. Jg. 8. Nr. 3. 18. Januar 1863. S. 18 f.
(5) Die Dioskuren. Jg. 4. Nr. 63/64. 1/15. August 1859. S. 131 f.
(6) Die Dioskuren. Jg. 7. Nr. 23. 8. Juni 1862. S. 182 f.

KARL LUDWIG SCHORN

(1) Kunst-Blatt. Nr. 1. 2. Januar 1826. S. 1–4.
(2) Kunst-Blatt. Nr. 101. 17. Dezember 1821. S. 401 f.

RUDOLF SIEMERING

Volkmar Essers: Johann Friedrich Drake. 1805–1822. München: Prestel, 1976. (Materialien zur Kunst des 19. Jahrhunderts. 20.) Zugleich Diss. Berlin, Freie Universität, 1972. S. 123 f.

JOHANN GEORG SULZER

Johann Georg Sulzer: Allgemeine Theorie der Schönen Künste [. . .]. T. 1. Leipzig: Weidmanns Erben und Reich, 1773. S. 317–320.

KAISER WILHELM II.

Ernst Johann: Reden des Kaisers. Ansprachen, Predigten, Trinksprüche Wilhelms II. München 1966. S. 99.

Biographische Hinweise

JAKOB ALBERTY (* 1811)

Bildhauer und Holzschnitzer. Schüler von Ludwig Wilhelm Wichmann (1788–1859). Fertigte zahlreiche Holzskulpturen für das preußische Königshaus, u. a. Büsten des Königspaares für Friedrich Wilhelm III., Sakralplastik für Kirchen in Sakrow und Memel.

MICHAEL ARNOLD (1824–1877)

Bildhauer. Werke: Veteranendenkmal in Mannheim (vor 1848); zahlreiche Büsten; Statuen in Kissingen, wo er erst als Zeichenlehrer im Gymnasium, später als Leiter der Zeichenschule arbeitete.

ERNST VON BANDEL (1800–1876)

Bildhauer. Ausbildung in München und Rom. Sein Lebenswerk ist das Hermanns-Denkmal im Teutoburger Wald (1830–75).

WILHELM GOTTLIEB BECKER (1753–1813)

Professor für »Moral und Geschichte« an der Ritterakademie, Leiter der Antikengalerie und des Münzkabinetts in Dresden. Verfaßte, von den Anschauungen des Leipziger Oeser-Kreises ausgehend, Schriften zur Kunst, darunter ein Gartenwerk in der Nachfolge Christian Cajus Lorenz Hirschfelds.

REINHOLD BEGAS (1831–1911)

Nach Schadow und Rauch wichtigster Berliner Bildhauer im 19. Jahrhundert. Begründer des neubarocken Stils. Wurde nach dem Regierungsantritt Wilhelms II. 1888 zum bedeutendsten Staatskünstler im Bereich der öffentlichen Plastik. Zahlreiche Kaiser-Wilhelm-Denkmäler, Bismarck-Denkmal vor dem Reichstag (1897–1901), heute am Großen Stern.

GUSTAV BLÄSER (1813–1874)

Bildhauer. Schüler von Rauch. Werke: Berliner Schloßbrücken-Gruppe »Athena unterstützt den Krieger« (1864); in Köln Marmorbüsten von Wallraf und Richartz (1861), Reiterstandbild Friedrich Wilhelms IV. auf der Eisenbahnbrücke (1867), Hauptanteil am Heumarkt-Denkmal, dem Reiterstandbild für Friedrich Wilhelm III. (erst 1878 eingeweiht, heute nur noch in einigen Assistenzfiguren erhalten).

JOHANN HEINRICH VON DANNECKER (1758–1841)

Bildhauer. In Paris bei Augustin Pajou (1730–1809), in Rom an Canova geschult, Mitbegründer des sog. Stuttgarter Klassizismus. Werke: Schiller-Büste (1794), »Ariadne auf dem Panther« (1804–14) und zahlreiche Bildnisbüsten.

JOHANN FRIEDRICH DRAKE (1805–1882)

Bildhauer. Schüler von Rauch. Porträt-Statuetten preußischer Künstler, Beamter und Gelehrter (Rauch, Beuth, Wilhelm und Alexander von Humboldt u. a.), Standbild Friedrich Wilhelms III., Victoria auf der Siegessäule in Berlin, Denkmal für Johann Friedrich von Sachsen in Jena.

RUDOLPH E. EICKEMEYER (1753–1825)

Seit 1779 oberster kurfürstlich-mainzischer Ingenieuroffizier. Tritt 1792 in die französische Armee über, erfolgreiche Tätigkeit bis 1802 als Brigadegeneral, bis zu seinem Tode Bürgermeister in Gaualgesheim bei Bingen. Schriftstellerische Arbeiten, meistens über Staats- und Kriegskunst. Die meisten Schriften erschienen posthum: *Untergang des Kurfürstenthums Mainz* (1839), Selbstbiographie (1845).

FRIEDRICH WILHELM ENGELHARD (1813–1902)

Bildhauer und Maler. Schüler von Thorvaldsen und Schwanthaler. Eddafries auf Schloß Marienburg (bei Hannover) und in der Aula der Technischen Hochschule Hannover; mehrere öffentliche Denkmäler in Berlin; Künstlerstatuen vor der Hamburger Kunsthalle.

FERDINAND AUGUST FISCHER (1805–1866)

Berliner Bildhauer und Modelleur. Neben einigen Monumentalplastiken (Kriegergruppen mit den Verbündeten für den Belle-Alliance-

Platz, dem heutigen Mehringplatz, in Berlin) fertigte Fischer hauptsächlich Kleinplastiken und Medaillen (z. B. Enthüllung des Rauchschen Friedrich-II.-Denkmal von 1851).

JULIUS FRANZ (1824–1887)

Bildhauer. In loser Verbindung mit der Rauch-Schule. Fertigte hauptsächlich Bildnis-Büsten, Genregruppen, dekorative Statuen für Börse und Zeughaus in Berlin. An Konkurrenzen für öffentliche Denkmäler (Turnvater Jahn, Prinz Friedrich Karl von Preußen und Friedrich Wilhelm III.) beteiligte er sich ohne Erfolg.

LUDWIG FRIEDRICH VON FRORIEP (1779–1847)

Der Mediziner, Universitätsprofessor und Leibarzt (1816–18) des Königs von Württemberg übernahm 1818 das »Geographische Institut«, den Verlag seines Schwiegervaters Friedrich Bertuch in Weimar, damit die Herausgabe mehrerer Buchreihen und Zeitschriften von geschmacksbildendem Einfluß, wie des *Journal des Luxus und der Moden*.

CHRISTIAN F. GENSCHOW

Bildhauer. Schüler von Ludwig Wilhelm Wichmann (1788–1859). Bildnisbüsten; Medaillons und Genregruppen; Bauplastik am Schweriner Schloß. Berühmtestes Werk: Schiller-Büste nach der Totenmaske.

JOHANN WOLFGANG GOETHE (1749–1832)

Gab die 1798–1800 bei Cotta erscheinende Zeitschrift *Propyläen* heraus, in der er seine wichtigsten kunsttheoretischen Schriften publizierte.

HUGO HAGEN (1818–1871)

Bildhauer. Schüler von Ludwig Wilhelm Wichmann (1788–1859) und Christian Daniel Rauch. 1865–77 Direktor des Rauch-Museums. Bekanntestes Werk: Wrangelbrunnen (1877, heute Grimmstraße, Berlin-Kreuzberg).

GEORG WILHELM FRIEDRICH HEGEL (1770–1831)

Philosoph. Die *Vorlesungen über die Ästhetik* (1835–38) sind keine Originalschrift Hegels, sondern eine Summe von Nachschriften seiner Vorlesungen über »Ästhetik oder Philosophie der Kunst« in Heidelberg und Berlin, redigiert von seinem Schüler Heinrich Gustav Hotho. Grundlage bildeten insbesondere die Berliner Vorlesungen von 1823 und 1826.

HERMANN HEIDEL (1810–1865)

Bildhauer. Schüler von Schwanthaler. Nach anfänglichen Erfolgen auch im Arbeitsgebiet öffentlicher Denkmäler beschränkte er sich später hauptsächlich auf kunstgewerbliche Entwürfe.

FRIEDRICH VON HEINITZ (1725–1802)

Preußischer Staatsminister. Seit 1777 Leiter des preußischen Berg- und Hüttendepartements; Kurator der Berliner Akademie.

ADOLF VON HILDEBRAND (1847–1921)

Bildhauer. Befreundet mit Hans von Marées und dem Kunstphilosophen Konrad Fiedler; ausgebildet in Nürnberg und München; seit 1872 in Florenz, von 1892 an in München und Florenz. 1904 geadelt. Seine theoretische Schrift *Das Problem der Form in der bildenden Kunst* (1893) war von großem Einfluß auf das Entstehen der formalistischen Kunstbetrachtung.

THEODOR KALIDE (1801–1864)

Bildhauer. Nach Ausbildung in einer Eisengießerei Schüler von Rauch. Neben einer Anzahl von Zinkgüssen ist die Marmor-Gruppe in der Ost-Berliner Nationalgalerie »Bacchantin auf dem Panther« (1848) Kalides berühmtestes Werk; diese als schamlos und provozierend verstandene Darstellung wurde auch in Zusammenhang mit der Revolution von 1848 gebracht.

GUSTAV KAUPERT (1819–1897)

Bildhauer und Medailleur. Schüler von Johann Christian Ruhl (1764–1842). 1843–67 Aufenthalt in Rom; 1867–92 Professor für

Bildhauerei am Städelschen Kunstinstitut in Frankfurt a. M. Genregruppen und Sakralplastik.

AUGUST KISS (1802–1865)

Berliner Bildhauer. Ausbildung unter Leonard Posch (1750–1831) als Ziseleur und Modelleur in der Eisengießerei, dann Schüler von Rauch. Sein berühmtestes Werk ist die »Amazone« (1837–41) auf der Treppenwange des Alten Museums in Berlin. Kiss galt als einer der besten Pferde-Bildhauer, deshalb erhielt er viele Aufträge für Reiterstandbilder.

KONRAD KNOLL (1829–1899)

Bildhauer. Seit 1868 Professor für Bildhauerei an der Polytechnischen Hochschule in München. Knoll hinterließ ein überaus umfangreiches Werk, das aus Bauplastik, Reliefs mit mythologischen Darstellungen (Tannhäuser u. a.), Brunnen (Fischbrunnen) und vor allem Statuen von Herrschern und Geistesheroen (König Ludwig I., Kaiser Wilhelm I., Luther, J. Ph. Palm) bestand.

FRANZ KUGLER (1808–1858)

Kunstschriftsteller. Philologiestudien, künstlerischer Autodidakt, Architekturstudium in Berlin, dort Mittelpunkt zahlreicher künstlerischer und literarischer Gruppierungen und Vereine, Versuche als Dichter, 1831 kunsthistorische Dissertation. Begründet 1833 das *Museum, Blätter für bildende Kunst*. Seit 1835 Professor an der Berliner Akademie, von 1843 an Beauftragter für Kunstangelegenheiten im preußischen Kultusministerium. Seit 1842 Mitarbeiter des *Kunst-Blattes*, seit 1850 *Deutsches Kunstblatt*. Zu seinen Werken zählen das *Handbuch der Geschichte der Malerei* (1837), die *Pommersche Kunstgeschichte* (1840) und das *Handbuch der Kunstgeschichte* (1842), ferner die *Geschichte Friedrichs d. Gr.* (1840) mit Illustrationen von Menzel.

HUGO LEDERER (1871–1940)

Bildhauer. Gehilfe von Johannes Schilling in Dresden; Mitarbeiter von Toberentz am Luther-Denkmal in Berlin. Seit 1915 Lehrer an der

Berliner Akademie. Schuf Denkmäler, Bronzeakte, Bildnisbüsten. Hauptwerk: Bismarck-Denkmal in Hamburg (1906), mit dem er den Typus der zahlreichen späteren Bismarck-Denkmäler prägte.

WILHELM LÜBKE (1826–1893)

Kunsthistoriker. Professor an den Polytechniken Zürich, Stuttgart (1866–85) und Karlsruhe; nach Übergang von der Philologie zur Kunstgeschichte beim Studium in Bonn und Berlin unter dem Einfluß Gottfried Kinkels, Gustav Friedrich Waagens, Franz Kuglers und Carl Schnaases. Lübkes Epochen- und Gattungsdarstellungen fanden weite Verbreitung und hatten populäre Wirkung, so schon das *Handbuch der Architekturgeschichte*, die erste – mit Holzstichen – illustrierte Publikation dieser Art (1855), und sein auflagenreicher *Grundriß der Kunstgeschichte* (1860), das dritte bedeutende Kompendium nach Kuglers *Handbuch* (1842) und Schnaases *Geschichte der bildenden Künste* (1843–64). *Die Geschichte der Renaissance in Frankreich* (1868) und *Geschichte der Renaissance in Deutschland* (1873) stärkten die Rehabilitierung eines lange verpönten Stils und seine Aufnahme in die Vorlagenbücher für Architekten und Kunsthandwerker.

ERNST G. MATTHÄI (1779–1842)

Bildhauer. Nach einigen kleineren Arbeiten in Hamburg (u. a. Bildnisrelief zum Büsch-Denkmal) Schüler von Thorvaldsen in Rom 1805–17. Danach Lehrer an der Akademie und Inspektor am Museum für Gipsabgüsse in Dresden.

WILHELM MATTHIÄ (1807–1888)

Bildhauer. Schüler an der Berliner Akademie. Seit 1829 in Rom, Gehilfe von Thorvaldsen. Mitarbeit an der Ausstattung des Konzertsaales in St. Petersburg (Büsten von Beethoven, Gluck, Palestrina, Mozart).

ERNST MAYER (1776–1844)

Bildhauer. Schüler von Klenze und Thorvaldsen. Neben einigen freiplastischen Arbeiten, dekorativen Statuen u. a. gibt es von ihm vor allem Bauplastik im Münchner Raum.

FRIEDRICH JOHANN LORENZ MEYER (1760–1849)

Hamburger Domherr, Gelehrter und Schriftsteller. Mitglied der Hamburger »Gesellschaft zur Beförderung der Künste und nützlichen Gewerbe« und Herausgeber ihrer Schriften. Kunstwissenschaftliche Schriften, Reiseberichte.

FERDINAND MILLER d. Ä. (1813–87)

Erzgießer. Seit 1844 Direktor der Kgl. Erzgießerei in München, aus der Schwanthalers »Bavaria« in München, das Tor des Kapitols in Washington, Schillings »Germania« auf dem Niederwald-Denkmal und viele andere große Gußwerke hervorgingen.

KARL HEINRICH MÖLLER (1802–1882)

Bildhauer. Schüler von Rauch. Neben allegorischen und antikisierenden Figuren auch eine Schloßbrücken-Gruppe »Athene bewaffnet den Krieger« (1851) in Berlin.

JULIUS MOSER (1832–1916)

Bildhauer. Schüler von August Fischer und Friedrich Drake. Zahlreiche öffentliche Denkmäler und Reliefs an Brücken und anderen öffentlichen Bauwerken Berlins.

JOHANN AUGUST NAHL (1710–1785)

Bildhauer und Innenarchitekt. Schlüter-Schüler. 1741 von Friedrich II. an den Berliner Hof berufen. Seit 1755 arbeitete er für den Landgrafen in Kassel und wurde Direktor der Akademie dort. Sein von Sulzer beschriebenes Grabmal für die bei der Geburt ihres Sohnes 1751 gestorbene Pfarrersfrau Langhans in Hindelbank (Kanton Bern) war bis zur Mitte des 19. Jh. eine bedeutende Sehenswürdigkeit der Schweiz, ein Pilgerziel der Bildungsreisenden. Das Originalmodell hat sich in der Musée des Beaux-Arts in Straßburg erhalten, verkleinerte Terrakottanachbildungen stehen in vielen anderen Museen. Für die weiteste Verbreitung des Denkmals sorgte Nahl selbst durch einen eigenen Kupferstich.

LEOPOLD VON RANKE (1795–1886)

Historiker. 1834–71 ordentlicher Professor an der Berliner Universität. Als Historiograph des preußischen Staates (seit 1841) war er in alle größeren Staatsaufträge mit einem politischen Programm als Ratgeber einbezogen. Begründer einer konservativ positivistischen Geschichtsschreibung. Hauptwerk: *Weltgeschichte* 1881–88.

GOTTLOB HEINRICH RAPP (1761–1832)

Kaufmann und Kunstschriftsteller. Mit Karl Ludwig Schorn und Heinrich Dannecker befreundet; gründete 1827 in Stuttgart den Schillerverein.

CHRISTIAN DANIEL RAUCH (1777–1857)

Nach Johann Gottfried Schadow, dessen Schüler er war, bedeutendster Bildhauer in Preußen. Durch Kontakte in Rom mit Wilhelm von Humboldt erhielt Rauch wichtige Staatsaufträge für Berlin (Grabmal der Königin Luise, Reiterstandbild Friedrichs II., Kreuzberg-Denkmal u. a.). Den größten Einfluß hatte er als Begründer einer ganzen Generation von Berliner Bildhauern, der sog. Rauch-Schule. Von hier aus ging sein stilbildender Einfluß in alle Regionen des Königreiches Preußen und auch, mit Auftragswerken für Ludwig I., in das Königreich Bayern.

ERNST RIETSCHEL (1804–1861)

Bildhauer. Schüler und Freund von Rauch. Seit 1832 Akademielehrer in Dresden. Viele Auftragsarbeiten für Dresden und Weimar (Goethe-Schiller-Denkmal 1853–56). Wichtiger Briefwechsel mit Rauch (1829–57).

JACQUES F. J. SALY (1717–1776)

Bildhauer. Nach Fertigstellung eines Marmorstandbildes für Ludwig XV. in Valenciennes Auftrag für das Reiterdenkmal Friedrichs V. in Amalienborg, Kopenhagen. 1754–71 Direktor der Kunstakademie in Kopenhagen. Verfaßte Denkschriften über öffentliche Denkmäler.

JOHANN GOTTFRIED SCHADOW (1764–1850)

Klassizistisch-realistischer Bildhauer. Französisch geschult; 1785–87 in Rom, 1788 Hofbildhauer in Berlin, 1816 Direktor der Berliner Akademie. Großes Atelier für Denkmälerplastik. Theoretische Schriften zur Proportionslehre und Physiognomie: *Polyklet oder von den Maßen des Menschen nach dem Geschlecht und Alter* (1834), *Nationalphysiognomien* (1835) und *Kunst-Werke und Kunst-Ansichten* (1849).

LUDWIG SCHALLER (1804–1865)

Bildhauer. Schüler von Schwanthaler. Sakralplastik und Statuen von Geistesheroen.

MAX SCHASLER (1819–1903)

Philosoph. 1851–77 in Berlin, später in Jena, als Privatgelehrter Kunstkritiker und Herausgeber der Kunstzeitschrift *Dioskuren*. Aus politischen Gründen ohne amtliche Stellung. Seine *Ästhetik* (1866) auf Hegelscher Basis.

EMIL SCHAUDT (* 1871)

Architekt. Schüler von Paul Wallot (1841–1912). Entwarf mit Lederer das Bismarck-Denkmal in Hamburg; in Berlin zahlreiche Großbauten wie Kaufhaus des Westens, Tauentzien-Palast, U-Bahn-Haltestelle Stadtpark Schöneberg u. a.

FRIEDRICH ANTON HERMANN SCHIEVELBEIN (1817–1867)

Bildhauer. Schüler von Ludwig Wilhelm Wichmann (1788–1859). Arbeiten in St. Petersburg (Ausstattung des Winterpalais) und in Berlin. Hauptwerk: Denkmal des Freiherrn vom Stein auf dem Berliner Dönhoff-Platz (1860–64, nach 1970 abgetragen).

KARL FRIEDRICH SCHINKEL (1781–1841)

Architekt, Maler und Bühnenbildner. Seit 1810 als Beamter in der Baudeputation tätig, deren Leiter er 1830 wurde. Seit 1820 Professor an der Bauakademie in Berlin. Wohl der einflußreichste, nicht nur der bedeutendste deutsche Architekt des 19. Jahrhunderts. Durch seine amtliche Stellung hatte Schinkel riesigen Einfluß auf Staatsbauten in den preußischen Provinzen; auch alle fremden Entwürfe gingen über seinen Schreibtisch. Hauptwerke: Altes Museum (1824–29), Schauspielhaus (1818–21) und Friedrich-Werdersche Kirche (1824–30) in Berlin, Nikolaikirche (1830–37) in Potsdam, Schloß Orianda (1838) auf der Krim, Bauakademie Berlin (1832–35).

BRUNO SCHMITZ (1858–1916)

Architekt. Die monumentalen Kaiser-Wilhelm-I.- und Bismarck-Denkmäler in ganz Deutschland prägen sein Œuvre. Höhepunkt in seinem Werk bedeutet das Völkerschlacht-Denkmal in Leipzig. Außer den Denkmalbauten gibt es eine Anzahl bedeutender Platzanlagen, so z. B. »Rosengarten« in Mannheim u. a.

JOHANN KARL LUDWIG VON SCHORN (1793–1842)

Kunsthistoriker. Redigierte vom Gründungsjahr 1820 bis 1842 Cottas renommiertes *Kunst-Blatt* und nahm damit starken Einfluß auf das aktuelle Geschehen. Wurde in München Generalsekretär der Kunstakademie und Universitätslehrer, in Weimar 1832 Leiter der großherzoglichen Kunstanstalten. Skizzierte eine erste Systematik der Kunstgeschichte (*Umriß einer Theorie der bildenden Künste*, 1835). Die von Schorn begonnene Übersetzung und Kommentierung der Viten Vasaris, es war die erste Übertragung ins Deutsche, führte sein Nachfolger beim *Kunst-Blatt*, Ernst Förster, zu Ende (1832–49).

HERMANN SCHUBERT (1831–1917)

Bildhauer. Ausbildung an der Akademie in München; lebte 1856–72 in Rom. Vorwiegend Sakralwerke, aber auch allegorische Figuren für öffentliche Gebäude.

LUDWIG VON SCHWANTHALER (1802–1848)

Münchner Bildhauer, Hauptvertreter des Münchner Klassizismus. Schüler der Münchner Akademie. In Rom Kontakte zu Thorvaldsen. Sein Hauptwerk ist das Standbild der Bavaria in München (1844–50). Außerdem: Gruppe der Hermannsschlacht für die Walhalla bei Regensburg und viele Denkmäler, u. a. Goethe in Frankfurt a. M. (1844).

LEOPOLD RUDOLF SIEMERING (1835–1905)

Bildhauer. Schüler von Bläser. Zahlreiche Denkmäler von Herrschern und Geistesheroen. Gehört zu den wichtigsten Künstlern der Berliner Bildhauerschule. Bekanntestes Werk im Ausland ist das Washington-Denkmal in Philadelphia (1897 enthüllt).

JOHANN HEINRICH STRACK (1805–1880)

Berliner Architekt. Schüler von Schinkel. Seit 1842 Arbeit als Hofbauinspektor im Hofbauamt, als Nachfolger von Stüler Professor an der Bauakademie. Wichtige Bauten: Borsigsche Fabrik vor dem Oranienburger Tor (1858–60), Siegessäule (1868), Nationalgalerie auf der Museumsinsel (1866–76), Unterbau des Kreuzbergdenkmals (1878).

JOHANN GEORG SULZER (1720–1779)

Schweizer Theologe und Gymnasiallehrer, für den die ästhetischen Überzeugungen des Züricher Bodmer-Breitinger-Kreises bestimmend wurden. Herder qualifizierte daher Sulzers enzyklopädische *Allgemeine Theorie der schönen Künste* (1771–74, 2., verm. Aufl. 1792–94) als »landsmannschaftlich« und »parteilich«. Das Werk fand weite Verbreitung. Sulzers Maxime, alle Kunst ziele »auf die Erwekkung eines lebhaften Gefühls des Wahren und des Guten«, bestätigte einen Grundsatz des bürgerlichen Idealismus. Seit 1747 in Berlin, anfangs als Mathematiklehrer am Joachimsthalschen Gymnasium, 1750 Mitglied der Akademie der Wissenschaften, 1775 Direktor ihrer Philosophischen Klasse. 1750 Schweiz-Reise mit Klopstock.

CHRISTIAN FRIEDRICH TIECK (1776–1851)

Berliner Bildhauer. Bruder des Dichters Ludwig Tieck. Begründete zusammen mit Rauch und Schinkel die staatliche Bildhauerwerkstatt, in der die meisten staatlichen Aufträge in der Regierungszeit Friedrich Wilhelms III. ausgeführt wurden. Zahlreiche Statuen, Büsten und Reliefentwürfe gehen auf Tieck zurück.

JULIUS TROSCHEL (1806–1863)

Bildhauer. Schüler von Rauch. Nach seiner Berliner Zeit, wo er viel an Akademie-Ausstellungen beteiligt war, ging er 1834 ganz nach Rom. Arbeiten von ihm u. a. in der Kirche S. Maria del Popolo und in der Villa Torlonia.

KARL VOSS (1825–1896)

Bildhauer. Ausbildung in München und Brüssel; lebte 1850–94 in Rom. Allegorische und mythologische Figuren in Berlin, Potsdam und Köln.

GUSTAV ADOLF FRIEDRICH WILLGOSS (* 1819)

Bildhauer. Skulpturen für Schloß Schwerin und Burg Hohenzollern.

ALBERT WOLFF (1814–1892)

Berliner Bildhauer. Schüler von Rauch. Wichtigste Werke: Schloßbrücken-Gruppe »Athena begeistert den Krieger« (1853, heute wieder am Originalplatz aufgestellt), »Löwenkämpfer« für die Treppenwange des Alten Museums (1854–61) und Reiterdenkmal Friedrich Wilhelms III. im Lustgarten (1871 eingeweiht, nach dem 2. Weltkrieg abgetragen).

EMIL WOLFF (1802–1879)

Bildhauer. Schüler von Schadow. Wechselte 1822 von Berlin für immer nach Rom. Arbeitete einige Auftragswerke für Berlin und Potsdam, u. a. für die Berliner Schloßbrücke die Gruppe »Nike lehrt den Knaben Heldengeschichte« (1847, heute wieder am Originalaufstellungsort), in Rom viele Porträtbüsten u. a. für Winckelmann und Schadow.

JOHANN CONRAD WOLFF (1768–1815)

Bildhauer. 1792/93 Schüler von Alexander Trippel (1744–93) in Rom. Seit 1806 Hofstukkateur in Kassel. Mehrere Kopien nach der Antike, Ausstattung der kurfürstlichen Schlösser, Wilhelmshöhe u. a.

AUGUST WREDOW (1804–1891)

Bildhauer. Schüler von Rauch. 1827–41 Aufenthalt in Rom. Wichtigste Werke: in Berlin die Schloßbrücken-Gruppe »Iris, den siegreich fallenden Krieger zum Olymp führend« (1857); Apostelfiguren, entworfen für die Nikolaikirche in Helsinki, aufgestellt in der Katharinenkirche in Brandenburg.

Personenverzeichnis

Inhalt

Texte und Quellen zur Bildenden Kunst

IN RECLAMS UNIVERSAL-BIBLIOTHEK

Hans-Georg Gadamer, Die Aktualität des Schönen. Kunst als Spiel, Symbol und Fest. 9844

Martin Heidegger, Der Ursprung des Kunstwerkes. Mit einer Einführung von Hans-Georg Gadamer. 8446 [2]

Wilhelm Heinse, Ardinghello und die glückseligen Inseln. Herausgegeben von Max L. Baeumer. 9792 [9]

Herder / Goethe / Frisi / Möser, Von deutscher Art und Kunst. Einige fliegende Blätter. Herausgegeben von Hans Dietrich Irmscher. 7497 [3]

Gotthold Ephraim Lessing, Laokoon oder Über die Grenzen der Malerei und Poesie. Nachwort von Ingrid Kreutzer. 271 [3]
– Wie die Alten den Tod gebildet. Eine Untersuchung. Herausgegeben von Ludwig Uhlig. 8027

Frans Masereel, Die Sonne. Ein Holzschnittzyklus. Einleitung und Nachwort von Carl Georg Heise. 8492 [2]

Friedrich Wilhelm Schelling, Texte zur Philosophie der Kunst. Ausgewählt und eingeleitet von Werner Beierwalter. 5777 [3]

Ludwig Tieck, Franz Sternbalds Wanderungen. Herausgegeben von Alfred Anger. 8715 [5]

Wilhelm Heinrich Wackenroder / Ludwig Tieck, Phantasien über die Kunst. Herausgegeben von Wolfgang Nehring. 9494 [2]
– Herzensergießungen eines kunstliebenden Klosterbruders. Nachwort von Richard Benz. 7860 [2]

Johann Joachim Winckelmann, Gedanken über die Nachahmung der griechischen Werke in der Malerei und Bildhauerkunst. Herausgegeben von Ludwig Uhlig. 8338 [2]

Philipp Reclam jun. Stuttgart